广东省质量工程精品教材类项目

中国文化概论

Chinese Culture Introduction

孟建安　苏文兰　主编

暨南大學出版社
JINAN UNIVERSITY PRESS

中国·广州

图书在版编目（CIP）数据

中国文化概论/孟建安，苏文兰主编. —广州：暨南大学出版社，2016.3（2018.7 重印）
ISBN 978－7－5668－1556－9

Ⅰ.①中…　Ⅱ.①孟…②苏…　Ⅲ.①中华文化—概况　Ⅳ.①K203

中国版本图书馆 CIP 数据核字（2015）第 159349 号

中国文化概论
ZHONGGUO WENHUA GAILUN
主　编：孟建安　苏文兰

出 版 人：徐义雄
策划编辑：杜小陆　潘江曼
责任编辑：潘江曼　杜晓杰
责任校对：何镇喜
责任印制：汤慧君　周一丹

出版发行：暨南大学出版社（510630）
电　　话：总编室（8620）85221601
营销部（8620）85225284　85228291　85228292（邮购）
传　　真：（8620）85221583（办公室）　85223774（营销部）
邮　　编：510630
网　　址：http：//www. jnupress. com
排　　版：广州良弓广告有限公司
印　　刷：虎彩印艺股份有限公司
开　　本：787mm×1092mm　1/16
印　　张：13. 375
字　　数：252 千
版　　次：2016 年 3 月第 1 版
印　　次：2018 年 7 月第 2 次
定　　价：39. 80 元

目　录

第一讲　绪　论

中国文化之所以能立于世界文化之林，不仅因为它历史悠久，更因为它不断焕发的强劲生命力和无与伦比的延续性。中国文化作为一种独特的文化现象，色彩斑斓，内涵丰富，具有强大的影响力和吸引力。在产生和发展的过程中，中国文化面临了多次的冲突和挑战，仍然表现出强大的再生能力，成为世界文化史上罕见的、不曾中断的古老文化。究其根源，在于中国文化的独特性和深厚的精神内涵，特别是贵和持中、刚健有为、崇德利用的精神，是中国文化持续发展的血脉。

第一节　文化界说

一、文化的内涵

据统计，关于文化概念的界定不下三百种，可谓是五花八门、异彩纷呈。叶澜教授将“文化”作为动词来理解，认为文化指以文教化；有的专家把文化理解为人类在社会历史发展过程中所创造的物质财富的总和与人类生活方式的总和，强调文化的人为性；还有专家把文化理解为社会某一种具体的活动或社会生活的某些方面。我们可以将纷繁复杂的文化定义概括为两种定义方式。第一种定义方式可以称作文化的“社会定义”，第二种定义是“观念的文化概念”。根据文化的社会定义，文化被视为某一时期的某一种特殊社会生活方式的整体称谓，包括生产活动、经济和社会交往方式、政治运作方式、宗教信仰与礼仪活动以及伦理规则、价值规范等，是人类创造的物质成果与精神成果的总和。20 世纪 50 年代以后，许多人类学家和文化学家认为，文化的社会定义太过宽泛，于是提出了观念的文化概念。观念的文化概念揭示，“文化本身是由某种知识、规范、行为准则、价值观等人们精神或观念中的存在所构成”，“文化不是一个物质现象。它不是由事物、人、行为和情感所构成，而是它们的组合（organization）”。基于文化是一种人的心智和观念存在，“文化具有公共的性质”①，可见，文化是一个观念体系，离不开人的实践活动，文化的形成与发展决定于人的价值观，并通过一定的制度和符号系统得以表现。

二、对文化的界定

文化现象纷繁复杂，我们可以通过不同视角加以界定。一般而言，我们通过广义文化和狭义文化进行界说。广义的文化指人类社会历史实践过程中所创造的物质财富和精神财富的总和；狭义的文化指社会的意识形态以及与之相适应的制度和组织机构。

（一）广义文化

广义文化包括物质文化和精神文化。物质文化是人类的物质生产活动及其产品的总和，是可感知的、具有物质实体的文化事物，构成整个文化创造的基础。物质文化以满足人类最基本的生存需要（衣、食、住、行）为目标，直接反映人与自然的关系，反映人类对自然界的认识、把握、利用、改造的深入程度，反映社会生产力的发展水平，因而也包括科学技术、发明创造在内。例如中国的四大发明——火药、指南针、造纸术、印刷术，曾经对人类物质文明作出了巨大的贡献，也属于物质文化。

（二）狭义文化

狭义文化是指精神文化，即排除人类社会的物质创造活动及其结果部分的文化，主要包括制度文化、行为文化和心态文化。

1. 制度文化

人类在社会实践中建立的各种社会规范构成了制度文化。人的物质生活活动是一种社会的活动，只有结成一定的社会关系才能进行。人类高于动物的根本之处，就是他们在创造物质财富的同时，又创造了一个属于他们自己、服务于他们自己同时又约束他们自己的社会环境，创造出一系列的处理人与人（个体与个体、个体与群体、群体与群体）相互关系的准则，并将其规范化为社会经济制度（如中国封建社会中的土地制度、赋税制度等）、婚姻制度（如一夫多妻制、一夫一妻制等）、家族制度（如宗法制度等）、政治法律制度（如皇帝制度、官僚制度等）、文化制度（如文化专

① 韦森．文化与制序［M］．上海：上海人民出版社，2003．11～30．

制制度、科举制度等）等。制度文化以特定的方式保证和促进家族、民族、国家、经济、政治、宗教社团、教育、科技、艺术等社会现象的形成与发展。

2．行为文化

人类在社会实践中约定俗成的习惯构成了行为文化。行为文化常常以民风民俗的形态出现，见之于日常起居行动中，具有鲜明的民族、地域特色。一个民族如果没有自己独特的风俗习惯就不成其为民族。行为文化最主要的表现就是风俗习惯。它包括衣、食、住、行习俗；生产、交易习俗；家族、亲族结构、婚丧礼仪习俗；思维方式和心理习惯；民间信仰、岁时节日习俗，以及民间传承的各种语言艺术、游艺竞赛等。通常情况下，我们根据行为文化划分不同的文化类型。例如，在汉民族中，有齐鲁文化、荆楚文化、川蜀文化、岭南文化、客家文化、吴越文化等区域文化，不同文化类型都有自己独特的风俗习惯和节日信仰等；少数民族也有各民族固有的行为文化，这些行为文化与他们所处的地域环境、生产方式、宗教信仰等有关。

3．心态文化

人类社会实践和意识活动中长期孕育出来的价值观念、审美情趣、思维方式等构成的心态文化，是文化的核心部分。具体而论，心态文化又可以再区分为社会心理和社会意识形态两个层次。社会心理指人们日常的精神状态和思想面貌，是尚未经过理论加工和艺术升华的流行的大众心态，诸如人们的要求、愿望、情绪等等。社会心理较直接地受到物质文化和制度文化的影响与制约，并与行为文化交融，互为表里。

社会意识形态则指经过系统加工的社会意识，它往往是由文化专家对社会心理进行归纳、整理和完善，通常以著作、艺术作品等物化形态固定下来，播向四方，传于后世。依其与社会存在关系的疏密程度，我们可将社会意识形态区别为基层意识形态（如政治理论、法权观念）和高层意识形态（如哲学、文学、艺术、宗教）。作为基层意识形态的政治理论和法权观念，是经济基础的集中表现，与社会存在保持着较密切的联系，但它的产生和发展仍然要经过社会心理这一中间环节起作用。作为高层意识形态的哲学、文学、艺术、宗教，具有较强的独立性，其终极根源要追溯到社会存在。

第二节　文化的形成与发展

文化是人的一切活动领域内在的、机理的东西，从深层制约人的生存方式和社会活动形式。“作为稳定的生存方式的文化一旦生成，它一方面对于置身于这一文化之中的个体的生存具有决定性的制约作用，它像血脉一样构成人的存在的灵魂；另一方面，它构成了社会运行的内在机制，从深层制约着社会的经济、政治和其他领域的发展。正因为如此，文化的变迁或转型总是人的世界的最深刻的变革，因为它代表着人的根本生存方式的转变。”①

一、文化形成的要素

文化的实质是人类主体通过社会实践活动，适应、利用、改造自然界客体而逐步实现自身价值的过程。这一过程的成果，既反映在自然面貌、形态、功能的不断改观，更反映在人类个体与群体素质（生理与心理、行为与道德、自律与律人）的不断提高和完善。因此，凡是超越本能的、人类有意识地作用于自然界和社会的一切活动及其结果，都属于文化。梁启超在《什么是文化》一文中说：“文化者，人类心能所开释出来之有价值的共业也。”这“共业”包括众多领域，诸如认识的（语言、哲学、科学、教育）、规范的（道德、法律、信仰）、艺术的（文学、美术、音乐、舞蹈、戏剧）、器用的（生产工具、日用器皿以及制造它们的技术）、社会的（制度、组织、风俗习惯）等。梁启超的这段话，清楚地说明了构成文化所必须具有的要素：人类和社会。

文化只有人类才能创造，因为只有人类具有创造的能力。在漫长的进化过程中，人类善于积累，把一切经验保留和记录下来。人类通过劳动和生产斗争，创造了文化；通过积累，使文化不断进步。

社会是人类创造文化的第二个要素。长期以来，人类在原始群体和氏族群体中聚居，进而出现家庭私有制和国家组织。社会组织不断成熟，人类创造的文化为社会群体所认同，因而得以形成和发展，得到传承和创新发展。

二、文化发展理论

（一）文化选择理论

文化发展离不开文化主体的选择。“人类文化进步的历史就是一个不断进行文化选择的历史，……一种文化模式正是为了自身存在与发展的目的才有选择地采用了某种变化的因素，并且在周围地区可能存在的文化特质中选择着能为自己的文化目的所

---

① 衣俊卿．文化哲学［M］．昆明：云南人民出版社，2005. 20.

利用的特质，舍弃那些不可用的特质，同时也改造其他一些特质，使之合乎自己文化目的的要求。"[①] 美国社会学家科勒（Albert G. Keller）系统审查了文化进化的三个要素：变化、选择和复制，首次彻底地表述了文化选择理论，并描述了许多不同的选择机制。

文化选择是伴随着文化流动与发展出现的一种文化调节和适应机制。"面对文化流动和更新过程中出现的新因素，既有文化必然要通过文化评价做出抉择：吸纳、撷取或是排斥、拒绝。通过选择达到维护文化稳定，要么吸收新的文化特质、更新文化的内涵，要么通过文化变迁从而实现文化进化。"[②] 可以说，文化选择是在两个层面上的双向适应与不断调节机制：一是在与自然界的关系中，在自然条件改变的环境下，通过选择吸收新的文化要素改变已有文化特质，以文化的改变或进步适应和改造自然；二是在与其他文化的关系中，吸收其他文化先进的要素实现发展，同时又通过自身文化的传播改变其他文化的面貌。文化选择是文化创新的有效机制，特别是在全球化和多元文化时代，文化选择的空间和可能性更大，文化选择的难度也随之加大。

（二）文化成本理论

文化的本质是价值观体系。价值观体系如同计算机安装的操作系统，一切新的要素在接受过程中都要在原有的价值观体系中得到定位。价值观体系支配着人的选择行为。例如，信奉儒家文化的人遵循"万般皆下品，唯有读书高"的价值准则，热衷于"修身、齐家、治国、平天下"。按经济学利益最大化的理论假设，人类之所以接受某种文化或价值观体系，是因为这种文化具有给予其拥有者或享用者使用价值的特性，也就是说，文化可以给享用者带来收益。"人类学家的研究表明，文化的基本核心由两部分组成，一是传统（即从历史上得到并选择）的思想，二是与人有关的价值"[③]，据此，文化是指人们所习得的与遵从的特定价值观体系。价值观体系可以减少人们选择的成本，降低决策过程获得准确信息必须付出的时间和精力，使一定文化的拥有者成为文化"体制内"的受益者。"三是由于文化具有价值和功用，可以为拥有者带来收益，所以文化当然地成为一种资本。在大多数时候，大多数人都会不加考

---

① 尹继佐．当代文化论稿［M］．上海：上海社会科学院出版社，2006. 38.

② 封海清．西南联大的文化选择与文化精神［M］．昆明：云南人民出版社，2006. 14 ~ 20.

③［美］克鲁柯亨．文化概念［A］．庄锡昌．多维视野中的文化理论［C］．杭州：浙江人民出版社，1987. 116.

虑地接受一系列共同的价值观。”① 价值观体系指导着我们如何行事，并保持着组织稳定。

与此相对，由于人们普遍地遵从特定的文化观念，文化成本也会成为一种包袱或负担。当我们处于变革时代或新的环境中，需要顺应新规则和放弃习得的价值观体系时，就要付出相应的代价。这样看来，在文化选择时，对某一种文化的态度取决于其文化收益和需付出的文化成本的多少。按照文化成本理论，如果人类可以自由地选择文化，那么他们将倾向于成本最低的那种。也可以说，文化发展就是通过改变文化成本进而推进文化变迁的过程。

第三节　中国文化的特点

一、鲜明的民族性

中国是我国各民族文化的摇篮，其内涵经历了一个从地理概念渐次扩展为国家概念的过程。上古时，华夏族活动于黄河流域，自认为居天下之中央，故称“中国”，而将周边地区称为“四方”。秦汉时代进一步扩大了统一国家的疆域，纳入了更多的民族群体，汉族人口向少数民族地区迁徙，先进的经济和文化传入周边民族。各民族之间的交往，对于国家的统一和增强中华民族的凝聚力起了很大作用。经过数千年的历史发展，在中国这块辽阔的土地上终于形成了民族多元一体的格局。因此，中华民族是中国文化的创造主体。在中华民族多元一体的格局中，各民族的相互学习和交融贯穿始终。

中国是一个多民族国家，各民族在中国历史发展中都作出了自己特有的贡献。不可否认，华夏（汉）族文化在中华大地上长期处于领先地位。但是，华夏文化也是在与各民族文化的水乳交融中不断发展、繁荣的。一方面，周边地区各族人民的生产技能与文化成果，不断影响着华夏族；另一方面，华夏族先进的经济和发达的文化，也给周边地区各民族带来巨大影响。正是在这个基础上，民族文化、民族意识、民族理念逐渐形成，成为至今仍凝结于人们心中的民族精神。

在漫长的历史中，随着疆域的扩大和社会的发展，中国各民族间的联系纽带愈益

① ［美］米尔顿·弗里德曼. 弗里德曼文萃［M］. 胡雪峰，武玉宁译. 北京：首都经济贸易大学出版社，2001. 11.

强化，民族共同体诸要素（共同语言、共同地域、共同经济生活以及表现于共同文化上的共同心理素质）渐趋完备。进入近代，由于西方资本主义殖民势力的侵入，中国各民族更增进了政治、经济、文化上的整体意识，进一步形成自觉的民族观念，“中华民族”成为中国各民族的共同称谓。正如梁启超所说，在全世界范围内，“凡遇他族而立刻有‘我中国人’之一观念浮于其脑际者，此人即中华民族一员也”①。

世界上任何文化都有其民族性。文化的民族性是指能够反映民族精神、民族特性的价值观、思维方式、国民品性、人格追求、伦理情趣等思想文化的本质特征，是民族风格、民族气派的表现。文化的民族性能够反映特定民族文化类型的基本特质，具有不同于别的民族的文化心理和文化结构。文化能够反映特定民族的内在精神，具有超越时代、阶级的特性，并具有相对的稳定性，与民族存亡共始终。文化的民族性是经过长期的积淀而形成的，但它同时又在民族文化的发展过程中不断发展和创新。我们的祖先给我们留下了崇尚民族气节的优秀传统，“天下兴亡，匹夫有责”，“苟利国家生死以，岂因祸福避趋之”，这些都是祖先在历史长河中总结的民族精神。在外族入侵时，中国历史上涌现了像岳飞、文天祥、史可法等铁骨铮铮的英雄，他们的气节千百年来鼓励着中国各族人民反抗外来侵略的斗志。“人生自古谁无死，留取丹心照汗青”，这种爱国主义精神是中华民族自强不息、永不灭亡的保证。

二、多元性

在中国特定的地理条件和历史背景下，中国传统文化形成儒、道、佛“三教”并流的特征。儒家以“人”为本位，着重从人的角度来观察人生、社会和宇宙，强调人要在现实世界中提升品德，形成了人本主义的传统。道家以“自然”观察人类社会，力主用自然性质、自然原因、自然原理来观察、解释人生、社会和宇宙，强调人的一切作为都要合乎事物的本来面貌和变化规律，构成了一种自然主义传统。佛教以“解脱”为坐标来观察众生，宣扬众生要通过修持，以求从迷惑、妄念、烦恼、痛苦和生死轮回中解脱出来，建构了解脱主义传统。儒、道、佛三家从不同层面、不同角度满足复杂社会生活的文化需要，适应不同人群的精神需求。三种传统长期影响着中华民族的精神生活，是促进社会和谐、推动历史发展的内在动力。

中国文化具有兼容性和多元性的特点。中华文化是以汉族文化为主体的文化，但中国是由多民族组成的国家，因而除汉文化外，还有少数民族文化。由于各民族所处

① 梁启超．中国历史上民族之研究［A］．梁启超全集（第六册）［C］．北京：北京出版社，1999．3435．

不同的地域、生产方式和社会发展水平，因而民族之间存在着差异。各个民族受宗教和周围民族和国家文化的影响，每个民族都形成了自己独特的文化。

汉族受儒学思想影响最深，其思想意识、行为准则、伦理观念、文学艺术无不留下儒学的烙印。儒学又与道教、佛教互相渗透，因而汉文化兼具儒、道、佛色彩。少数民族则信仰藏传佛教（俗称喇嘛教）、伊斯兰教和其他宗教，但与中国传统文化共存，并互相影响。例如伊斯兰教是外来宗教，信仰伊斯兰教的回族多居中原，与汉族杂居，这就要求伊斯兰教必须中国化。所以，从明朝中期开始，回族穆斯林就开始用儒家语言来解释伊斯兰教义，出现了许多“回儒”。同样，许多少数民族的宗教文化也在内地大放光彩，如藏传佛教和伊斯兰教风格的建筑在内地屡见不鲜，其建筑艺术也传到内地汉族地区。

在几千年的文明史上，尽管汉族人民创造了居于世界前列的科技文化，然而在汉族人民创造的文化中，几乎每一个领域都留下了少数民族文化的痕迹。汉语中就吸收了不少少数民族语言，宋词、元曲中有些词牌即来自少数民族。少数民族音乐舞蹈热情奔放，对汉族文学艺术影响深远。唐朝时，龟兹舞曲风靡长安，甚至出现了“洛阳家家学胡乐”的情景。不少少数民族的乐器也传入中原，流传至今，例如羌笛是羌人发明的，琵琶、胡琴、唢呐等是由西域传入中原。少数民族饮食和服饰独具特色，深受中原人民的喜爱，如清真食品、维吾尔族食品、满族食品等。少数民族服饰对汉族的服饰也有较大影响，现在汉族妇女喜欢穿的高雅大方的旗袍，就是满族的服装。

三、伦理性

中国文化总是把人放在一定的伦理关系中来考察，把个人价值的实现、个体道德精神境界的升华寄托于族群等整体关系的良性互助。政治上的君臣关系，家庭中的父子、夫妇、兄弟关系，社会上的朋友关系，构成了“五伦”。这五种伦常关系，各有其特定的道德行为规范，如君仁臣忠、父慈子孝、夫敬妇从、兄友弟恭、朋友有信，形成了一整套与社会发展相适应的伦理要求。每个人在社会中都要履行一定的义务，彼此关联，相互制约，维系社会的正常运转，实现各自的价值目标。

民本思想是中国文化基本精神的重要内容。民本思想萌生于周代，周公姬旦提出了“敬天保民”的主张。到春秋战国时期，儒家学者坚持以人为本，反对以神为本。儒家所推崇的大同，就是民本思想主导的理想社会。孟子提出了“民为贵，社稷次之，君为轻”的著名论述。可见先秦儒家的民本思想具有人道主义和原始民主精神。

在漫长的封建社会里，民本思想得到广泛认同和发展。民本思想不仅有助于人们合理地对待人与神的关系、增强人的主体意识，而且有助于抵制宗教神学。儒家治国十分强调仁政德治，孔子力图重整社会秩序，一再宣传施行“仁政”，达到“天下有道”的理想境界。他要君王做到“克己复礼”，“其身正，不令而行；其身不正，虽令不从”①。这种思想对后世也有很大影响。

在中国漫长的封建社会里，很多王朝建立之初，帝王以史为鉴，为了不重蹈历史覆辙，多推行休养生息的轻徭薄赋政策。如唐太宗李世民，反复领会“水可载舟，亦可覆舟”的道理，从隋末农民起义中吸取教训，在治理国家中取得了卓越的成绩，出现了历史上著名的“贞观之治”。以德治国的中国传统文化和思想对我们今天建立和谐社会仍有许多借鉴意义。

中国传统文化中孝悌、忠信、恭敬等伦理传统，要求对自己，严于律己、廉洁奉公，“先天下之忧而忧，后天下之乐而乐”；对别人，‘己所不欲，勿施于人”，“己欲立而立人，己欲达而达人”。这些都是中华民族的美德，也是中华民族自立于世界民族之林的文化根基。

第四节　中国文化的基本精神

中国文化即中华民族的文化。中华民族是由许多民族共同构成的一个整体，各族文化在长期发展过程中相互交融，共同构成丰富灿烂的中华民族文化。中国文化是一个独立发展的体系，有着独特的民族性，并保持着自己的独立性，其基本精神是贵和持中、刚健有为、崇德利用，这是中华民族文化不断前进的基石和动力。

一、贵和持中

和合文化是中国社会和谐的思想基础。老子提出“万物负阴而抱阳，冲气以为和”（《老子·四十二章》），认为万物都包含着阴阳，阴阳相互作用而构成和。有子曰：“礼之用，和为贵。”（《论语·学而》）把“和”作为处事、行礼的最高境界。“和合”概念在先秦时期基本形成，中国文化也经过“百家争鸣”逐渐“和合”，形成儒、道两大学派。“和合”被中国传统文化的儒道佛所通用，并被其他文化流派普

① 杨伯峻．论语译注［M］．北京：中华书局，2012.172，188．

遍接受与广泛运用。钱穆先生认为，中国人常抱着一个天人合一的大理想，中国文化的伟大之处在兼容并包、共存并处、相互调济。

就词义本身而言，“和”指和谐、和平、祥和，“合”是结合、合作、融合。“和合”是实现“和谐”的途径，“和谐”是“和合”的理想状态。《国语·郑语》记载：“夫和实生物，同则不继。以他平他谓之和，故能丰长而物生之。若以同裨同，尽乃弃矣。”“以他平他谓之和”，就是聚集不同的事物而得其平衡，叫作“和”，这样就能产生新事物，所以说“和实生物”；“以同裨同”，即把相同的事物加起来，那是不能产生新事物的。和是要求多样的平衡，是一种促进文化发展的思想。

贵和持中是和合文化的具体实践，表现在两个方面：一是“天人合一”，指人与自然关系的和谐；二是“中庸”，指人际关系，即人与人、人与社会关系的和谐。“天人合一”旨在承认人与自然的统一性，“中庸”则强调对待事物关系要把握一个度，“贵和”“持中”有利于处理社会矛盾、保持社会稳定。

（一）天人合一

“天人合一”是古人处理人与自然关系的基本思想，这一思想贯穿于古代的哲学、科学和艺术中。在中国古代哲学中，关于人与自然的关系，有三种学说。庄子主张顺其自然：“不以人助天”，“无以人灭天”；荀子主张改造自然：“大天而思之，孰与物畜而制之？从天而颂之，孰与制天命而用之？”；《周易大传》提出“辅相天地”：“天地交泰，后以裁成天地之道，辅相天地之宜，以左右民。”所谓裁成、辅相，亦即加以调整辅助。《周易·文言》说：“先天而天弗违，后天而奉天时。”此所谓先天，即引导自然；此所谓后天，即随顺自然。做到天不违人，人亦不违天，即天、人相互协调。

人是自然界的一部分，人服从自然规律，人性即天道，道德原则与自然规律一致，人生理想就是天人合一。老子讲“人法地，地法天，天法道，道法自然”（《老子·二十五章》），认为宇宙间有四大，人居其一，人以地为法则，地以天为法则，天以道为法则，从而确立了人与天的相互关联。庄子提倡“与天为一”，《庄子·达生》云：“弃事则形不劳，遗生则精不亏，夫形全精复，与天为一。”抛弃世事，忘怀生命，使形体健全，精神饱满，从而达到与天合为一体的自然无为境界。《周易·文言》提出“与天地合其德，与日月合其时，与四时合其序，与鬼神合其凶吉，先天而天弗违，后天而奉天时”的顺应自然思想。宋代理学“天人合一”思想更趋精致和完善。张载提出：“儒者因明致诚，因诚致明，故天人合一，致学可以成圣。”（《正蒙·诚明》）

《黄帝内经》提出“天人相应”的命题，强调人“与天地相应，与四时相副”，与天地如一。天人同构，人体的小宇宙与天地的大宇宙相对应。书中列举了诸如“天圆地方，人头圆足方以应之；天有日月，人有两目；地有九州，人有九窍；天有风雨，人有喜怒”等天人同构表征。

（二）中庸之道

中庸之道是“和合文化”在为人处世方面的具体准则，被视作人生和道德的至高境界。孔子说：“君子和而不同，小人同而不和。”进而提出了“中庸”的观念，中庸思想在中国文化史上产生了深远的影响。“中庸之为德”就是既不过，亦不是不及。中庸思想有正反两方面的作用：既保证了民族文化发展的稳定性，又对文化变革起了一定的阻碍作用。

《中庸》篇云：“君子中庸，小人反中庸。君子之中庸也，君子而时中；小人之反中庸也，小人而无忌惮也。”又云：“舜其大知也与，……执其两端，用其中于民，其斯以为舜乎！”这里以“时中”“用中”来解说中庸，“时中”即随时处中，依条件的不同随时选取适当的标准；“用中”即不陷于某一极端，随情况的不同而采取确当的方法。中庸之道塑造了中国人的思维与行为方式，守中、不走极端成为古代中国人固守的人生信条。中庸之道的真谛在于：坚守中正，寻求适度，不偏不倚，无过无不及。

二、刚健有为

《周易大传》提出“刚健”的学说。《彖传》说：“需，须也，险在前也。刚健而不陷，其义不困穷矣。”又云：“大有，其德刚健而文明，应乎天而时行。”《说卦》云：“乾，健也。坤，顺也。”健是阳气的本性，顺是阴气的本性。在二者之中，阳健居于主导的地位。“天行健，君子以自强不息。”天体运行，永无已时，故称为健。健含有主动性、能动性以及刚强不屈之义。君子法天，故应自强不息。《周易大传》强调“刚健”，主张“自强不息”。

孟子鄙视“以顺为正”，提出“富贵不能淫，贫贱不能移，威武不能屈”的处世准则。大丈夫应有独立的人格，不屈服于外在的压力。孔子重“刚”，自称“发愤忘食，乐以忘忧”，主张有所作为，表现了“自强不息”的精神。道家的“柔静”则是“刚健”思想的一种补充，两者相互引发构成了中国传统文化的独特面貌。

刚健有为指导着人们合理地处理天人关系和各种人际关系，是中国传统文化的主导精神。坚持独立人格的思想是刚健自强思想的又一重要表现。孟子“舍生而取义”的豪言表现了他坚持独立的人格和气节。这种不畏强暴、不受诱惑、顶天立地的独立的人格精神，成为中国人奋发图强的精神动力。“自强不息”推动中国文化向前发展。

三、崇德利用

春秋时代，“正德、利用、厚生，谓之三事。”正德，端正品德；利用，便利器用（用指工具器物之类）；厚生，丰富生活。正德是提高精神生活，利用、厚生是提高物质生活。《左传》云：“民生厚而德正，用利而事节。”生活丰厚，器用便利，然后端正德行加以节制。“三事”之说兼重精神生活与物质生活。

崇德、利用思想是以人为本的文化精神，是中国文化史上一个重要的指导思想。以人为本就是反对神而提倡现世人生的意义，认为每一个个体都有自己的价值，蕴含着完善自我的能力。这种思想充分肯定了人进取向善的天性。

中国文化的基本精神使中华民族具有强大的凝聚力，它超越地域、阶级、种族、时代的界限，将中华民族凝聚成坚定的一体，激励着人们主动去发现和实现人身价值，自强不息、求真务实。中国文化保持自身传统，吸纳异质文化的精华，洋溢着生生不息的文化活力。

【思考与练习】

1. 何为文化，如何理解文化的内涵？
2. 文化发展理论的主要观点有哪些？
3. 简要分析中国文化的民族性和多元性。
4. 为什么中国文化能成为世界上独具特色的文化体系？
5. 中国文化的精神特质是什么？

第二讲　中国传统文化的发展历程（上）

中国传统文化博大精深，历经五千年绵延不断，不仅是中华民族的精神支柱，也是世界文化的重要组成部分。中国文化的产生和发展就像川流不息的黄河，有源头汇聚的滔滔干流，九曲十八弯，峰回路转，不断吸纳支流，后成为波澜壮阔的生命之源。中国文化经历了曲折的发展历程，经过史前的长期积累，造就了多元的文化源流；历经上古时代的不断发展和演变，已经呈现出特色鲜明的中国文脉，造就了春秋战国时期百家争鸣的文化高峰。

第一节　中国文化的发生

中国文化源远流长、博大精深。华夏民族在古代就创造出了灿烂的文明，并且不断延绵传承创新至今。中国历史研究将中国古代史分为上古、中古和近古，这不仅是时间的划分，也揭示了承前启后的历史演变和文化脉络。但实际上，华夏大地在文字发明之前就已经有丰富的文化现象，史前文化是中国文化的源头。

一、史前文化分布

史家将没有文字出现之前的文化称为史前文化。考古证据显示，50 万年前，中国区域内就有直立人居住，如元谋人、蓝田人、北京人等，标志着人的诞生，他们是中国文化的首轮主角。近代考古在中原地区发现的裴李岗文化、仰韶文化等，表明华夏先祖于 5 000 年前已经进入以原始农业、畜禽饲养业和手工业生产为主，以渔猎业为辅的原始氏族社会。仰韶文化由于遗物中常有彩陶，故又称彩陶文化，陶器是农业文化的重要标志。

当华夏文化在中原发展的时候，现在的中国疆域内还分布着其他多种文化。其中，分布于长江下游、中游和上游等地的文化，如嘉兴马家浜文化、余姚河姆渡文化、潜山薛家岗文化、天门石家河文化、巫山大溪文化等，尤其是三星堆遗址发现的古蜀文明，更是达到了非常高的程度。后来的老官台文化和其延续的龙山文化，黄河下游的大汶口文化，辽河中上游地区的红山文化，长江中下游地区的良渚文化等都是中国文化的重要代表。可以说，史前文化范围遍及中国各地，呈现多地并起的特征，且各具风格和特点。

传说中的三皇五帝，是夏以前远古中国杰出首领的代表。中国神话始于盘古开天辟地，盘古可能是早期开辟疆土的领袖。女娲补天造人的神话，则表明女娲可能是教化婚配生育的首领。传说燧人氏钻木取火，神农开创农业及医药，伏羲教民渔、猎、畜牧，创造八卦、文字。父系氏族社会已经进入铜石并用时代，传说中的五帝就生活在这个时代，比较通行的说法是黄帝、颛顼、帝喾、唐尧、虞舜为五位上古帝王。上古有权力禅让的传说，古黄河水患严重，大禹以疏导之法成功治水，被推为王，即是禅让制度文化的记载。

二、原始物质文化

中国的原始社会经历了原始人群和氏族公社两个时期。氏族公社又经历了母系氏族公社和父系氏族公社两个阶段。华夏民族创造了卓越的物质文化。物质文化蕴含着丰富多彩的文化内涵，具有极高的审美价值和艺术价值。物质文化生产是精神文化生产的基础和源头。

物质文化的最重要的代表是生产工具。人类最早使用的工具是石块，历史学家根据石块的加工形态将原始社会分为旧石器时代和新石器时代，大致相当于母系氏族时期和父系氏族时期。旧石器时代人类使用的多为简单的打制石器，非常粗糙，可视为工具使用的初级阶段。而新石器时代主要使用磨制石器，表面平滑锐利，已经相当精致。新石器时代的工具材质已经不限于石器，竹器、木器、陶器、骨器等已经被大量使用，标志着生产工具的巨大进步。

火对人类文明的进步起着重大作用，旧石器时代的先民就开始使用火。据考古发现确认，北京猿人已经能够熟练使用火，并能有效保存从自然界取来的火种。人类开始用火来烹调食物以延长寿命，并且用火来烧制陶器与玉器，火的使用标志着人和动物的揖别。

新石器时代末期，人类已开始使用天然金属，后又学会了制作纯铜器。但是由于纯铜的质地不如石器坚硬，不能取代石器，这一时期也称为铜石并用时代。到了公元前3000—前2000年，人类学会了制造青铜。青铜器的发明是人类划时代的创举，标志着人类已经掌握了合金冶铸技术，人类社会进入了青铜时代。到了公元前

1000 年—公元初年，随着铁器的使用，人类进入铁器时代。

三、原始灵魂观念

原始社会生产力很低，人们对自然界和人自身不能做出正确认识，因而形成了灵魂不灭和鬼神观念。灵魂观念是随着社会的发展而发展的，距今两万年以前的山顶洞人已产生灵魂观念，他们在死者墓葬周围撒上赤铁矿粉末，并以石器和装饰品作随葬品。五六千年以前的仰韶文化和约三千年以前的龙山文化表明，氏族公社得到进一步发展，财产共有，实行族外对偶婚，仰韶文化遗址墓葬的次序排列反映了氏族血缘关系的密切和牢固。在半坡遗址的儿童瓮棺上有供灵魂出入的小孔，反映了当时人们的灵魂观念。随着私有制的发展，原始社会解体，逐渐进入阶级社会，从墓葬中可以看出贫富不均的现象。例如，在山东大汶口文化遗址中，富人的墓坑很大，有的坑内还用木材做椁，随葬物达三四十件，最富裕的达一百八十多件。而穷人的墓葬中，只有极少随葬品或没有随葬品。可见，当时人们认为死后的灵魂也是有贫富差别的。

四、原始社会组织

原始社会生产力水平很低，生产资料公有，氏族成员具有同等社会地位。随着生产力水平的提高，出现了贫富分化和私有制。我们根据生产力的发展水平，将原始社会分为旧石器时代和新石器时代。

（一）旧石器时代

旧石器时代，人们通过血缘维持着家族内部的关系，婚姻按照辈数来划分，同一辈分的人互为夫妻，不同辈分之间不通婚。一个家族就是一个社会集团和生产单位。旧石器时代晚期，血缘家族为氏族公社所取代，形成了族外婚制，互相通婚的两个氏族就形成了部落。在这种情况下，人们只知有母而不知有父，氏族的世系只能按母系计算，叫做母系氏族公社。从旧石器时代到新石器时代的过渡阶段，细石器和弓箭被大量使用，在一些地方还发现了独木舟和木桨。

（二）新石器时代

新石器时代婚姻由群婚转向对偶婚，形成了比较确定的夫妻关系。在氏族内部，所有财产归集体公有。有威望的年长妇女担任首领，氏族的最高权力机关是氏族议事会，参加者是全体的成年男女，享有平等的表决权。每个氏族都有自己的名称、共同信仰和领地。在新石器时代，产生了农业和畜牧业，磨光石器流行，并出现了陶器。

从铜石并用时代到铁器时代，是原始社会的解体时期，也是阶级社会形成的时期。随着农业和畜牧业在生产中地位的提升，男性逐渐取代女性的主导地位，父系氏族公社形成。在父系氏族公社内，出身和世系按男子的系统计算，实行父系财产继承制。对偶婚向一夫一妻制或一夫多妻制过渡。氏族首领改由男子担任，氏族议事会由全体成年男子参加。集体劳动逐渐被个体劳动取代，私有制和阶级随之出现，氏族中出现了贵族阶层和平民阶层。到了末期，以血缘关系结成的氏族开始破裂，出现了按地域划分的农村公社，原始社会解体，人类进入了奴隶社会。

第二节　文化初兴——殷商西周时期

东亚大陆文明发生在距今4 000年前的夏朝，而距今3 600至3 000年的商朝则正式跨入文明门槛。大约在公元前14世纪，长期流动的商族定都于殷，结束迁徙生活后，文明水平有了大幅度提高，特别是甲骨文的出现，标志着中国文字进入成熟阶段，商人率先“有册有典”（《尚书·多方》）。殷都遗留下城市基址、带字甲骨和大量青铜器，提供了一个完整的早期文明社会范本。西周（公元前11世纪至前771年）建立了完备的宗法制和分封制，并“制礼作乐”（《礼记·明堂位》），构建了比较系统的制度文化、行为文化和观念文化，奠定了中国传统文化的基础。

一、夏商的神本文化

《礼记·礼运》提出“大同”与“小康”两种先后相承而又彼此对立的社会模式。前者是“天下为公，选贤与（举）能”的原始共产社会，后者是“天下为家”“大人世及以为礼”的私有制阶级社会。而夏朝初期正处在由“大同”转向“小康”的关键时段。有关于父系氏族社会后期部落联盟首领尧、舜、禹禅让的记述，是“公天下”时代部落首领“公举”“让贤”的写照，是大同社会的政治生活方式。但禹以后，情形转变，标志着“各亲其亲，各子其子”时代的到来，特殊的公共权力开始凌驾于社会之上，国家正式出现。二里头宫殿遗址及登封古阳城遗址的发现表明，夏代已经进入铜石并用时代，夏文化已经达到相当高的阶段，同时也是国家政权建立的旁证。

（一）对天的崇拜

上古时期，由于人们不能正确地认识和控制自然界，产生了对自然的崇拜，认为万物都有灵魂，日月星辰、山川湖海、风雨雷电等，都有神灵。商代人保留着原始宗教的自然崇拜，天神、地祇、人鬼都是顶礼膜拜的对象。商代统治者认为，天上存在着主宰自然和人类社会的至上神，它有人格和意志，称为“上帝”或“天”。无论是“上帝”还是“天”，都是人们的自然崇拜在脑中的幻想反映。“上帝”或“天”有好恶意志，能发号施令，一切自然现象、农业、人事、战争等都由它主宰。

周朝统治者鉴于商朝灭亡的教训，认为民心向背不可忽视，天命和民众的利益是息息相关的，天的意志往往通过民众表现出来，于是提出“顺天”和“敬德保民”的思想，认为这样才会得到上帝的保护，使统治巩固。周代发展了殷商的至上神观念，称至上神为“天”，认为王权为天所授，故周人敬天法祖。于是，宗教与政权、族权三位一体，水乳交融，形成以天帝为皈依、以宗法家族为基础、以君权为核心的国家民族宗教。“敬天法祖”自此成为中国人的基本信仰。

（二）鬼神观念盛行

古代人们认为，人死后灵魂是不灭的，这个不灭的灵魂就是鬼。“神”和“鬼”没有严格的界限。古人一般认为，神鬼有尊卑之别，神住天上，鬼游荡世间。一般人死后的灵魂称为“鬼”，历史人物因受到人民爱戴和拥护，死后称为“神”，如三皇五帝就被尊为神。夏、商、周的统治者把他们的祖先说成是在天帝周围的神，与天帝共同享受他们的祭祀，这叫做“配天”。

在奴隶制社会，奴隶主生前残酷地奴役广大奴隶，死后还要杀众多奴隶殉葬。在他们的意识中，死后也要依靠剥削奴隶继续作威作福。例如，在河南安阳殷墟西北的武官村、侯家庄和西北岗，曾挖出 11 座巨大的商代王陵和 1 200 多座奴隶杀殉坑。王陵用来陪葬的奴隶达三四百人。在殉葬物中有贵重的青铜器具，也有金质装饰品、玲珑精巧的玉饰和少量象牙器物等。可以看出，当时的人们认为灵魂在另一个世界也能过着与他们一样的生活。而在进入阶级社会以后，人们认为灵魂也分成不同的阶级和等级，有的役使众多奴隶、享受富贵，有的则是被人驱使宰割的奴隶。

商代人信仰的神有三类——上帝神、祖先神和自然神，又以上帝神为主。甲骨卜辞多次出现的“帝”或“上帝”，被认作宇宙万物的最高主宰，能呼风唤雨、给人间降祸赐福，所谓“帝其令雨”“帝其令风”“帝其降祸”。商人频繁祭祀祖先神，商王认为祖先是上帝派到人间主宰一切的，祭祀先公先王与祭祀天帝彼此呼应。

（三）商代的文化标志

1. 甲骨文

文字是文明时代来临的一个基本标志。中国古来即有黄帝史官仓颉造字的传说。其实，文字是在漫长世代由无数先民集体创造的。中国正式的古文字，出现于商代，有甲骨文、金文、陶文和玉石铭文等类型。甲骨文是商朝文字，是殷商王室从事祭祀、征伐、田猎等活动时进行占卜的记录，因刻在龟甲兽骨之上，故称甲骨文，也称甲骨卜辞。甲骨文字形结构独特，已出现后世汉字的六种造字方法——指事、象形、形声、会意、转注、假借，其中尤以象形文字为多。殷墟出土的带字甲骨有16万片，约6 000单字，已识别约1 500字。甲骨文上承陶符，下启金文，是汉字发展的关键形态。

2. 巫、史、祝、卜

商朝和西周是“学在官府”（《周礼》）的时代，典籍文献以及天文历法、医药学、历史、预卜等专门知识资料均藏于王室，由巫、史、祝、卜等专门文化官员世袭掌管，秘不示众，外人无法染指。巫、史、祝、卜是第一批较正式的文化人，他们从事卜筮、祭祀、书史、星历、教育、医药等多种文化活动，并参与政治活动。巫是知天知地的智者圣者，是当时的职业文化匠师。例如殷商名医巫咸便是一位大巫，传说他发明占筮，其“筮法”奠定易占的基础。商代始设史，原为驻守在外的武官，后来成为掌管祭祀和记事的官员，殷人的典册便出自史的手笔。商代的史有多种名称，甲骨文作“大史”“小史”“西史”“东史”和“作册”。西周的史有“太史”“内史”“左史”和“右史”之别，太史掌管起草文书，记载史事，编写史书，兼管国家典籍、天文历法、祭祀等。史与巫往往一身二任，故后世并称“巫史”。史是典型的文化官员。祝人负责祭祀时致告鬼神之词。卜为专掌占卜的官员。商代占卜极盛，商王及贵族无日不卜，诸如祭祀、年成、征伐、天气、祸福、田狩、疾病、生育，无事不卜。占卜活动由卜官主持，甲骨文中称其为“卜”或“贞人”。贞卜不仅是预测学专家，而且是甲骨文的缮写者和推广应用者。

二、周文化从神本走向人本

如果说，夏代是服从命定的“尊命文化”，殷代是崇尚鬼神的“尊神文化”，那么，周代则是礼乐刑政合一的“尊礼文化”。周文化对中国传统文化影响深远，后人往往声言“崇周”“复周”，便是对这种“尊礼文化”的追怀与服膺。

（一）宗法制度

宗法制度以父系血缘关系为前提，以父权和族权为维系力量，将同姓同氏者结成一个有共同经济政治利益的族群。这一制度萌芽于父系氏族社会晚期。商代前期主要实行兄终弟及制，此为母系氏族社会的遗迹。至商代晚期，已有不严格的嫡庶之制，宗法制度出现端倪。西周时期宗法制进一步严格化、本系化和完整化，形成周密有序的宗法制度，包括立子立嫡之制、庙数之制、同姓不婚之制，其核心内容是在维护父权的基础上，确立嫡长子继承父权的世袭特权，使权力早有归属，以免争夺残杀。

与宗法制相关的是封建制。这里的"封建"非指现代被滥用的封建，而是"封土建国"的简称，指帝王以爵土分封诸侯，使之在封域建立邦国。商代已实行分封，而"周初大封建"使这一制度完备化。封建制与宗法制互为表里，"宗"又分为"大宗"和"小宗"。天子是天下"大宗"，天下是其名义上的"王土"，但周天子实际控制的只是王畿之地（镐京和洛邑四周）。王畿之外，周室先后封建一百多个诸侯。作为"小宗"的诸侯对"大宗"周天子按期纳贡、朝觐，应召出兵助王征伐，而内政自主。这种按宗法原则世袭的封建制，盛行于西周，于东周渐趋式微，秦汉以降被郡县制所取代。

（二）制礼作乐

西周在确立宗法、分封、世袭三大制度的同时，又系统地制礼作乐，以确保宗法等级秩序。礼起源于原始社会的风俗习惯，当私有制、阶级和国家出现以后，统治阶层便对往昔流传下来的风俗习惯加以改造和条例化，以此作为稳定和维护现有社会秩序的制度与手段。如商周时代的"乡饮酒礼"，便沿袭氏族制习俗，在会食聚餐时，尊长敬老；又如商周实行的天子每年象征性带头耕地的"藉礼"，也是继承氏族长老率众耕作的传统；再如氏族社会末期物物交换，有赠有报，有往有来，这一习俗发展为文明时代的"礼尚往来，往而不来非礼也，来而不往亦非礼也"（《礼记·曲礼上》）。周礼承袭夏礼和殷礼，又有所损益，构建了一个完整的礼制体系。

周礼包括吉礼（祭祀鬼神，祈求福祥）、凶礼（哀邦国之忧，包括丧礼、荒礼、吊礼）、宾礼（迎宾亲附诸侯之礼）、军礼（和协邦国，包括大师之礼、大田之礼）、嘉礼（亲善万民，包括饮食、昏冠、宾射、飨燕等礼）。"礼"通过一定的规则、典礼仪式以及表示身份的舆服旌旗、宫室器用，体现宗法等级制度。

周代礼乐并称，相互配合，共同达到维护社会秩序的目标。与礼相配合的乐，包括乐曲、舞蹈和歌词，是行礼时的艺术呼应。如果说，礼从外部给周人提供了一种社会规范和行为约束，那么，乐则从情感内发，让人产生敬畏和顺从心理，使人趋向认同并主动遵从这些礼仪和行为规范。“礼以道其志，乐以和其声，政以一其行，刑以防其奸，礼乐刑政，其极一也，所以同民心而出治道也。”有了礼的规范、政的划一、刑的强制，配之以乐的感染，便能同一民心，成就“治道”，这正是周代“制礼作乐”的深远用意。

（三）金文

古代称铜为金，金文即刻在青铜器上的铭文。与甲骨文相较，金文的造字法中，形声字比例加大，已显示汉字形声化趋向。“青铜时代”主要指商朝和西周，青铜作为最先进的生产力，却是主要用于祭祀和战争，青铜器作为礼器和兵器被广泛使用，而作为礼器的工艺水平达到最高水平。尤其是周代，青铜器被作为政治权力和礼制的主要工具。金文是王室大事的铭记，多为歌功颂德的文字，大半铸在礼器“鼎”和乐器“钟”上，所以又称“钟鼎文”。金文到周代发达起来，“周人尚文”，西周青铜器的主要特点是铭文加多加长，周初的一件青铜器铭文洋洋百余字的并不稀罕，文字在一两百以上的有《盂鼎》《散氏盘》《虢季子白盘》铭文。及至西周晚期，铭文内容更加丰富，如《毛公鼎》的铭文长达497字，记载了毛公衷心向周宣王为国献策之事，被誉为“抵得一篇尚书”。铭文内容共五段，分别述及以下内容：此时局势不宁；宣王命毛公治理邦家内外；给毛公予宣示王命之专权，着重申明未经毛公同意之命令，毛公可预示臣工不予奉行；告诫勉励之词；赏赐与对扬。其书法是成熟的西周金文风格，奇逸飞动，气象浑穆，笔意圆劲茂隽，结体方长，是研究西周晚年政治史的重要史料。

第三节　中国文化的“轴心时代”——春秋战国时期

中国古代文化经过长期的冲突与融合，伴随着周代的礼崩乐坏和政治纷争，在春秋战国出现诸子争鸣、和而不同的文化盛况。先秦诸子以春秋末年的孔墨显学勃兴为开端，到战国时期形成诸子百家竞相争鸣的文化景观。春秋战国的文化成果达到了中国的第一个高峰，《诗》《书》《礼》《易》《春秋》初步建立了中国人的价值取向、公理体系和思维模式，如“天人之辨”方面循天道、尚人文、远鬼神、近俗世的特征；“发展观”方面通变易、守圜道的特征；“伦理—政治论”方面崇教化、求经世的特征；“君民之辨”方面民本与尊君两翼一体的特征，奠定了中国文化的基调，并对两千多年的中国文化发展进程产生了极其深刻的影响。

一、春秋战国的文化背景

殷商西周的文化由王室控制，东周天子大权旁落，诸侯争霸，天下大乱，“礼崩乐坏”，周天子的“共主”地位丧失，以至于“天子失官，学在四夷”，进而呈现出多元文化的发展景观。

（一）从“学在官府”到“学在私门”

殷商、西周都是官学时代，其“学”为宗教神学所充斥。西周在国都设立“国学”，各级贵族在封地设立“乡学”，文化教育与平民无缘，“学在官府”的文化政策与同时实行的“土地国有”和“宗法制度”相互为用，使掌握天下土地、身为天下“大宗”的周天子，同时也成为观念世界的主持者。

时至东周，随着土地国有（王有）向土地私有转化，天子的权威在诸侯争霸过程中大为衰减。春秋末年，随着周天子“共主”地位的进一步丧失和一些公室的衰落，国学和乡学难以为继，宫廷文化官员纷纷出走。“大师挚适齐，亚饭干适楚，三饭缭适蔡，四饭缺适秦，鼓方叔入于河，播鼗武入于汉，少师阳、击磬襄入于海。”（《论语·微子》）王室文化官员下移列国、混迹民间，导致学术从官府转向私门。春秋末年，私立学门非常普遍，如周守藏史老聃、鲁国乐师师襄、夷人郯子、郑国的邓析等，都收徒讲学。其中最典型的也是创办私学最有成绩的算是孔丘，相传他“以诗书礼乐教，弟子盖三千焉，身通六艺者七十有二人”（《史记·孔子世家》）。自此，私学兴盛，学术下移，学问播散于民间，殷商西周的王官之学转变为东周多元纷繁的百家之学。

（二）士的崛起

春秋战国时期，与私学发展密切相连的，是作为知识阶层的“士”的勃兴。士在殷商西周是贵族的最低等级，由卿大夫封予食地。然而在春秋时，作为贵族下层、庶人之上的士，多为卿大夫家臣，有的保留封地，有的以俸禄为生，是当时的自由职业者。士多受过礼、乐、射、御、书、数六艺的教育，偏重于射、御的为武士，充任下级军官，如孔丘的父亲叔梁纥即为武士；偏重于礼、乐、书、数的为文士，担任文吏，如老聃曾任周守藏史（王室图书馆馆长），孔丘曾任委吏（会计）。春秋末期，士作为有专业知识的人才，成为公卿大夫竞相争取的对象。如齐国的孟尝君、赵国的平原君、魏国的信陵君、楚国的春申君，“四公子”门下食客多为有某种才能技艺的士人，士的走向和向背，直接关系列国的盛衰。

士不再像巫史那样全然依附王室，而是获得了相对的独立人格，为百家之学兴起奠定了基础。此时的士胸襟博大，以天下为己任。正所谓“士不可不弘毅，任重而道远”，他们政治参与意识强烈，有着炽烈的参政愿望，能超越自身经济地位的狭隘限制，而有坚定执着的志向。比如孔丘就声言：“苟有用我者，期月而已可也，三年有成。”（《论语・子路》）又如孟轲，奔走于王侯之间，并宣布“如欲平治天下，当今之世舍我其谁”（《孟子・公孙丑下》）。他急于向社会和执政者推荐自我，以图一展抱负。墨翟及其弟子则直接拿起武器，出智尽力，参加宋国的自卫战争。即使老聃、庄周，也深切关注社会政治乃至军事斗争。魏国的李悝变法、楚国的吴起变法、韩国的申不害改革、秦国的商鞅变法，其策划者乃至主持者大多是士人。

二、诸子百家及其主张

春秋战国才俊辈出，思想家如老聃、孔丘、墨翟、孟轲、庄周、邹衍、荀况、韩非；政治家如管仲、子产、晏婴、商鞅；军事家如吴起、孙武、孙膑；外交家如蔺相如、苏秦、张仪；史学家如左丘明；诗人如屈原、宋玉；辩论家如惠施、公孙龙；医家如扁鹊；水利家如李冰、郑国等，可谓群星璀璨。因思想和主张不同，出现了儒、墨、道、名、法、阴阳、农、纵横、杂、小说家等诸多学派。

（一）儒家

儒家创始人为孔子（前551—前479），其学说记载于由其弟子及再传弟子整理的言论集《论语》中，要旨在“礼”与“仁”。“礼”指宗法制度下的行为规范，孔子要求人们以礼约束自己，“非礼勿视，非礼勿听，非礼勿言，非礼勿动”（《论语・颜渊》），自我克制达到礼即“克己复礼”。如果说，礼是外在规范，仁便是思想内核。孔子将“仁”发挥出多重含义，从思想深处强化宗法血缘纽带，所以说，“仁”是儒学区别于其他诸子的显著特征。孔子之后，儒家的主要代表有孟子和荀子。

孟子力主“法先王”，以人性善作为仁政说的人性论基础，发挥民为邦本和重民轻神思想，倡导“民贵君轻”，将民本主义推向高峰。荀子则侧重发展孔子的礼学，力主通过礼与法规范社会，达到“一天下”的目的，人性恶则是其礼学的人性论基础。

（二）墨家

墨家创始人墨子（前478—前392）曾研习儒学，后来却成为儒学最强劲的反对派。墨子及其门徒多为庶众，他们不满殷周以降的等级秩序，抨击维护等级秩序的儒家。墨家针砭社会弊端，提出自己的主张："国家昏乱，则语之尚贤、尚同；国家贫，则语之节用、节葬；国家憙音湛湎，则语之非乐、非命；国家淫僻无礼，则语之尊天、事鬼；国家务夺侵凌，则语之兼爱、非攻。"（《墨子·鲁问》）墨学以"兼爱"取代儒家的等差之爱，讲"天志""明鬼"，推行尚贤、尚同，为下层民众争取生存权利。

（三）道家

《道德经》记载了道家创始人老子的社会政治和人生主张，老子认为，"无为"方可"无不为"，其战略观是"柔弱胜刚强"。道家以"自然"为最高范畴，"人法地，地法天，天法道，道法自然"。他们抨击儒家的仁义礼智，主张"绝圣弃智"，复归人的本性，走向"自然"。庄子在老子"出世"的基础上，倡导"超世""顺世""游世"。道家的"出世"与儒家的"入世"共同构筑了中国式的人生态度，士大夫进可"入世"，治国平天下；退可"出世"，归隐林泉。统治者既可用儒家学说求得文治武功，又可用道家学说确保休养生息。

（四）法家、名家、兵家、阴阳家

法家起源于春秋的管仲、子产，前期代表为战国初年的李悝、吴起和商鞅，声言"治世不一道，便国不必法古"（《商君书·更法》），其主要思想是"变法"，力主以今法取代古礼。法家背弃儒、墨、道所崇奉的先王观，而倡导历史进化论。韩非子提出法、术、势三者结合的"南面术"，并辅之以赏罚，使帝王能利用众智、众力，集大权于一身。

名家代表人物惠施主张"合同异"，以"控名责实"为务，讨论概念（名）与事实（实）的关系，强调事物的同一性。公孙龙则主张"离坚白"，强调事物的差异性，对中国逻辑思想的发展有特殊贡献。

兵家代表人物有孙武、孙膑、尉缭。孙武的《孙子兵法》把战争提到"国之大事，死生之地，存亡之道"的高度，将军事辩证法发挥到极致，被尊为"百世兵书"。《孙膑兵法》特别强调战争规律，内容包括对民心向背、敌情、天时、地形的把握，是一部杰出的兵书。兵家丰富的谋略思想成为独具特色的"中国智慧"。

阴阳家的代表人物邹衍，倡阴阳五行说，在木、火、土、金、水五行相生相克观念的基础上，提出“五德终始”说，对中国政治和社会心理皆有广泛影响。

先秦诸子各有性格，儒的醇厚、墨的谨严、道的超逸、法的冷峻、名的致密、阴阳的流转，皆可谓千古独步。诸子遵循“和而不同”路线，广采博纳，融通创造。如荀子以孔子儒学为主宗，又汲纳法家思想，批判诸子各派，礼、法兼治，王、霸并用，成为古代思想的综合者。韩非子师承荀子，改造老子学说，统合前期法家思想，集其大成；《易传》则综汇儒学各派，又汲纳道、法、阴阳诸家，全篇洋溢着儒家的刚健有为精神，又蕴含墨家、法家的冷静和道家、阴阳家的辩证思维，体现了“天下同归而殊途，一致而百虑”（《易·系辞下》）的一与多的统一。

三、春秋战国形成的地域文化

文化是在特定时间和空间不断发展的。中国文化古今沿革，有其延续性和时代性，同时，中国文化因环境之别，又有地域性，呈现多元化的特点。周代封国林立，不断强化上古以来的文化区域分野。据记载，春秋时吴国公子季札观乐于鲁，已能准确辨别卫风、齐风、唐风等不同乐曲的地域格调。（《左传·襄公二十九年》）地域文化是文化发展和定型的必然结果，春秋战国间蔚然成风的有齐鲁文化、三晋文化、秦文化和楚文化，还有富有特色的吴越文化、巴蜀文化、燕文化等。它们因地域不同而风采各异，共同构成缤纷多姿的华夏文化，成为中华民族取之不尽的文化资源。

（一）齐鲁文化

齐鲁大致相当于今天的山东省。远在新石器时代，“东夷”就在这里创造了大汶口—龙山文化，其农业和制陶业在上古时代处于领先地位。夏商时期，这里经济文化已较为发达。周公后裔受封于鲁，其礼仪规格与周天子同级，保有仅次于周天子的礼器典册，可见其文化地位之高。到春秋时，唯独周的礼乐文化在鲁国保留最为完好。齐鲁大地人杰地灵，春秋战国时期文化大家频出，如管仲、孔丘、墨翟、孟轲、孙武、邹衍等均诞生于齐鲁。

齐、鲁两国毗邻，都以华夏文化正宗继承者自居，重视教化，注意保存典籍。齐鲁文化主要由齐文化和鲁文化构成，齐文化与鲁文化既相近又有所区别。鲁文化依本周礼，呈现周孔之学肃穆、理智的风范，质朴务实，尊重传统，以原始儒学为基础，之后弥盖中原，披及百代，成为中华文化的正宗。而齐文化依循周礼又多变通，呈现华丽活泼、开放融合和善于创新的风格，兼有阴阳家的空灵和儒家、法家的注重功利，可谓有容乃大。比如在稷下学宫的学术发展中，儒、道、墨、法、名、兵、阴阳、纵横诸家荟萃一堂，稷下学宫也成为诸子学术争鸣的重要场地，在文化史上具有重要的地位和影响力。

（二）三晋文化

春秋之前的晋包括今天山西全境及河南中北部、河北中南部，位居中原，地理位置得天独厚。西周初期是周成王弟弟叔虞的封地，由唐改为晋。该地区较早使用铁器，经济文化比较发达，是兵家必争之地。春秋时，晋国成就霸业，成为霸主之一，地位非常重要。战国初，韩、赵、魏三家分晋，故又称“三晋”。三晋是法家的策源地，三晋人李悝、慎到、申不害分别是魏、赵、韩的变法主将；吴起、商鞅的原籍也在三晋，后来分别到楚国和秦国推行变法，产生重要影响；韩非作为法家代表人物，是法家思想的集大成者。

三晋是中原逐鹿之地，“韩，天下之咽喉；魏，天下之胸腹”（《七国考·韩都邑》），权术捭阖的纵横家遂在此生发，以苏秦、公孙衍和张仪为代表。三晋大地风俗淳朴简约，有深厚的文化底蕴，加上地处要冲，是角逐智勇之地，所以顺时言变。北部的赵国与胡人之地接壤，开学习域外文化之先河，也是文化交融发展之地。

（三）秦文化

秦地以今陕西关中、汉中为核心，东起函谷关，西达陇中。秦人先世是居于西戎间的嬴姓部落，西周中叶受封。西周面临覆亡之际，秦襄公救周有功，周平王封其为诸侯。秦人乐于农战、攻伐、垦荒、开塞等与国计民生直接相关的活动，不屑于仁义礼乐，更无意于驰骋古今的玄思，故人称“秦国之俗，贪狼强力，寡义而趋利”（《淮南子·要略》）。秦地处西陲，由于与东方长期疏离，文化积淀不厚，然而民风彪悍，勇于进取，并励精图治，其文化自成一体，带有明显的功利主义色彩。

秦国缺乏严格的宗法制度，尊亲意识淡薄，受礼制约束较少，加之秦国统治者务实求胜、力图强盛，不断引进人才，并发挥他们的作用，所以很快壮大起来。百里奚、商鞅、张仪、公孙衍、白起、范雎、吕不韦、尉缭、李斯等人纷纷从东方来秦，他们身怀文韬武略，又受到重用，才智得以充分施展，最终使秦国“移风易俗，民以殷盛，国以富强，百姓乐用，诸侯亲服”（《史记·李斯列传》）。法家学说在此找到了实践的最佳环境，帮助秦国完成了“扫六合、一天下”的一代伟业。

（四）楚文化

齐鲁文化、三晋文化、秦文化处于黄河流域，构成了华夏文化波澜壮阔的北支；

在南方的长江流域，相应地出现了以楚文化为代表的南支，其迥然不同的形态，构成了华夏文化的幽丽清奇的另一方面。东周时的楚地指今天的湖北、湖南、河南、安徽一带，山川绮丽，民族混杂，巫风盛行，文明与蒙昧交织，孕育了浪漫主义文学，如意趣幽远、想象奇特、章法变幻的庄子散文，又如屈原、宋玉创造的骚体诗歌——楚辞。作为一种独特的文化形态，楚文化影响了整个南中国。

楚辞的代表作是屈原的《离骚》。“屈原放逐，乃赋《离骚》”，这是一部带有自传性质的长篇政治抒情诗，流露出对祖国、人民的深情，表达了追求真理、同恶势力斗争，九死不悔的精神。《离骚》将《诗》的比兴引类手法发挥到极致，王逸在《楚辞章句》中说：“善鸟香草，以配忠贞；恶禽臭物，以比谗佞；灵脩美人，以媲于君；宓妃佚女，以譬贤臣；虬龙鸾凤，以托君子；飘风云霓，以为小人。”屈原作为一位伟大的爱国主义诗人，他的文化地位堪称是一个世界奇迹，虽然离去已经两千多年，但仍然被中国人年年祭奠，成为中国文化的重要元素。

【思考与练习】

1. 试述原始物质文化对中国文化发展的意义。
2. 试述周文化在中国传统文化发展中的地位。
3. 试述春秋战国时期中国文化百家争鸣的盛况。
4. 试述地域文化对华夏文化多元发展的影响。
5. 试评价屈原在中国文化中的地位。

第三讲　中国传统文化的发展历程（中）

秦朝是中国第一个专制的集权王朝，随着大一统帝国的建立，实施了一系列统一思想文化的专制措施，至汉代“罢黜百家，独尊儒术”政策的推行，文化统一的局面形成，儒学定于一尊，成为文化思想的主流。然而，随着汉末的军阀割据，儒学独尊的文化格局土崩瓦解，魏晋南北朝再次出现文化多元的走向，儒释道相互交融和激荡，在冲突融合中将中国文化推向深入，在盛唐的兼容并包和开放宽容的文化政策作用下，形成了中国历史上显赫一时的文化盛况，显示出文化集大成的灿烂和辉煌。唐代的文化成果是中国文化的又一个新的高峰，令后世高山仰止、追慕不已。

第一节　中国文化的一统整合——秦汉时期

东周列国的分崩离析和礼崩乐坏，让国家和人民深受其害，社会又开始向往统一与秩序，并逐渐孕育文化整合的力量，祈望四海一家、万邦协和成为华夏民族的一种心理趋向，如“四海之内若一家”（《荀子·议兵》）。又如战国晚期的《禹贡》将华夏版图划分为九州，展示出一统国家的政区设计。秦的一统天下顺应了这一历史趋势，政治一统需要统一思想文化来保障，而整合后的一统文化，因为具有强大的凝聚力和向心力，又反过来增进政治一统。秦汉四百余年间，政治和文化的统一被认为是大势所趋，是社会发展合理的、正常的现象，秦汉文化形成了维护统一的文化定势，儒家主导的文化精神影响了此后的中国历史。

一、文化统一

秦王嬴政先后灭韩、赵、魏、楚、燕、齐六国，建立中国历史上第一个君主专制的中央集权国家。尽管秦朝是以强化专制君主集权为目的，通过政治暴力实施一系列强化国家统一的文化举措，但结果是增进了秦帝国版图内广阔地域的社会生活乃至文化心理的同一性，为中华文化共同体的形成奠定了坚实基础。

（一）政治变革

秦在原有刑法基础上，汲纳六国有关法律条文，制订秦律。废除西周以来的封邦建国和世卿世禄制，实行朝廷任命的、非世袭的官僚制。通过郡县制，将地方权力集中到朝廷，郡设郡守，县设县令。县下为乡，乡下为亭，亭下有里，邻里连坐，组成严密的垂直统治网。又通过三公九卿制将朝廷大权集中到皇帝手中：朝廷设三公（丞相、太尉、御史大夫）九卿（奉常、郎中令、卫尉、太仆、宗正、典客、少府、治粟内史、廷尉），使政权、军权、监察权分治，相互制约而统归皇帝辖制。

（二）大一统措施

秦统一后，秦始皇令李斯主持统一文字工作，在周代“大篆”基础上，创制形体匀圆齐整的“秦篆”（又称小篆）颁行全国。又以咸阳为中心，向东、南、北修三条驰道，宽 50 步，还统一全国车轨轨距为 6 尺，方便了从京师到各地的交通。经济方面，秦朝规定货币分黄金和铜钱两种，铜钱圆形方孔，以半两为单位，俗称“秦半两”。同时又下令沿用商鞅所制量器和尺子，并颁布统一度量衡的诏书，凡制造度量衡器，都要刻上诏书全文。此外，秦朝还推行严刑峻法，“以法为教”，并在各地设置专掌教化的乡官。通过实施书同文、车同轨、度同制、行同伦，使国内文化传播不再有隔阂，解决了交通不便问题，为经济活动提供标准，形成了统一的法律规范。

二、思想文化控制

（一）焚书坑儒

秦采取一系列文化一统措施巩固专制政体，保证人们从精神上归附统治。秦始皇将六国文籍收蓄咸阳，由文学博士集中清理，但儒士们非议时政，令统治集团如芒刺在背。秦始皇三十四年（前 213），李斯上奏获准，焚烧民间所藏医药、卜筮和种树之外的《诗》和《书》，自此，文化教育再度由官府垄断。秦始皇的暴行引起儒生的不满，他们批评秦始皇“刚戾自用”（《史记·秦始皇本纪》）。秦始皇严令追缉，460 余人被坑杀于咸阳。焚书坑儒是文化史上惨绝人寰的事件，对中国文化来说是毁灭性的灾难。

（二）独尊儒术

西汉政权为巩固君主专制，继续寻觅统治思想和御国之术。汉初，社会需要休养生息，自然无为的黄老之术盛行，但对强化中央集权无所助力；法家一味严刑峻法，其弊害已被秦朝二世而亡所证实；儒家便从总结秦朝速灭的教训入手，试图建立融儒法为一体的统治思想。

至汉武帝时期，政治稳定、经济繁荣。董仲舒三次应诏上书，就古今治乱之道和天人关系力陈己说，以儒学为主宗，杂糅阴阳五行及法家的某些观念，并以神学论证皇权和专制秩序的永恒性，建议“罢黜百家，独尊儒术”，高扬“崇儒更化”旗帜，寻找与地主制经济、宗法专制政体相契合的文化形态，用改造的儒学作为专制帝国的统治思想。至武帝建元六年（前135），董仲舒的建策被武帝接受并得以在全国推行，此后两千年间，儒家学说一直被历代王朝视作正宗，秦汉整合多元文化的努力获得历史性的胜利。

（三）经学

“经”在战国曾作为一般典籍的通称，《庄子·天运》中有《诗》《书》《礼》《乐》《易》《春秋》六经之说，但尚无“法定经典”意义。从汉代开始，《诗》《书》《礼》《易》《春秋》被奉为儒家经典，称“五经”。汉武帝建元五年（前136）立“五经博士”，并推行“以经取士”的选官制度，以经师居相位的大有人在，传经之学和注经之学成为专门学问。

汉武帝之后，经学被推尊为统一天下思想的官方哲学。但是，经学内部也出现经今文与经古文之争。西汉初年，重修文治，官方博士所教授的儒家经典用流行文字抄写，称“今文经”。武帝末年，发现用先秦古文写成的《尚书》《礼记》《论语》和《孝经》，故称“古文经”。经今古文之争，在经书的文字、版本、篇目之别和真伪之辨上多有争论，以后更引申出学术观点和方法的重大分歧。今文经学的视角是政治的，主合时，着重发掘经文背后的微言大义，学风活泼，但往往流于空疏荒诞；古文经学的视角是历史的，主复古，讲文字训诂，着重探讨经文本义，学风朴实，却常常失之烦琐。

西汉中后期，今文经学居正宗地位，代表人物为董仲舒。他力倡“天人感应”、阴阳五行、黑白赤三统循环等学说，《春秋公羊传》尤被重视，称“公羊学”。西汉末年，古文经学逐渐传播开来，首创者刘歆推崇《周礼》和《左传》。王莽摄政后，古文经学居正宗地位。东汉末年，郑玄集今古文经学之大成，成就后世推崇的“汉学”，也就是两汉经学。

三、中国文化元素

秦汉是中国最强盛的时期之一，也是中国文化整理发展的重要时期，形成了具有奠基意义的中国文化元素，如万里长城、兵马俑和丝绸之路等。这些文化元素是中国的标识，在中国文化长河中经大浪淘沙仍然发出熠熠光彩。

（一）万里长城

匈奴是我国北方的一个古老民族。他们以游牧为生，勇猛剽悍，利用骑兵神速的战略优势时常到黄河流域抢掠生存资源，“来如飙风，去若闪电”，构成战国至秦汉数百年间中原国家的“边患”。为了保卫自己的家园，中原农耕人在与游牧区的交界线上修筑防御工事，这便是长城。战国时修筑的长城分“互防”和“御胡”两类。秦灭六国后，一方面拆除互防长城，以利统一；另一方面为防范匈奴南袭，命蒙恬沿黄河、阴山设立亭障要塞，北面和东面利用赵、燕御胡长城，西面利用秦昭王时的御胡长城，并补修间缺，使之连接成西起临洮（今甘肃临洮县），东到辽东，绵延近万里的长城。汉武帝时，又建起两千多里长的河西长城，与秦长城相加，从敦煌到辽东，共长 11 500 多里。

长城的最初功能是防御游牧民族，后逐步演变成为古代人类的标志性建筑，人类改造自然的伟大壮举，也是中国文化的标志性符号。历代诗人留下了脍炙人口的诗句来赞美长城，长城也就成了中国的代名词，“不到长城非好汉”（毛泽东《清平乐·六盘山》）这一名句，显示出中国气派。虽然也有人认为长城代表着封闭和保守，但在中国人心目中，长城永远是中华民族伟大实践的历史见证。

（二）秦兵马俑

秦兵马俑的发现是一个历史事件，更是一个重要的文化事件。它向我们展示了一个强大的秦朝，让我们近距离认识和感受中华民族文化的灿烂和辉煌。秦兵马俑再现了两千年前的秦军气吞山河的磅礴气势，为我们展示了规模庞大的秦朝军阵体系，同时也让我们了解了秦代发达的兵器、艺术和社会生活。秦兵马俑的雕塑艺术达到了一种完美的高度，无论是千百个形神兼备的官兵形象，还是那一匹匹栩栩如生的战马，都显现出内在的动力、情感、灵魂、风骨和精神。兵器铸造的标准化工艺、兵器表面防腐处理技术的发现和研究填补了中国古代科技史研究的空白。“静极则生动，愈静则愈动”，千百个充满生气、神态各异的陶俑构成军阵，达到了一种意想不到的艺术效果。

（三）丝绸之路

丝绸之路的开辟是汉文化与西域文化交流的辉煌篇章，这一壮举首先归功于张骞。汉武帝为征伐匈奴，企图联合大月氏夹击匈奴，张骞应募先后两次出使西域，第一次历时十三年，到达大宛（今乌兹别克斯坦东部）、大夏（今阿富汗北部）、大月氏（今塔吉克斯坦及克什米尔）、康居（今土库曼斯坦）；第二次历时四年，除遍历中亚外，武帝还派副使与安息（波斯）取得联系。东汉时，又有班超通西域之举，其部将甘英还远抵西海（波斯湾）。

张骞通西域后，汉朝与西域各国使者往来不绝。宣帝时设西域都护府，统领和管辖西域诸国。汉朝中叶以后，与西域各族的贸易日渐发展，汉朝修筑令居（今兰州西北）以西道路，形成通往中亚、西亚的两条商路，一为天山北路，一为天山南路。西域商人把中亚、西亚产品，如蚕豆、黄瓜、大蒜、胡萝卜、胡桃、葡萄、西瓜、石榴以及汗血马、骆驼、驴运到中原；同时，西域歌曲、舞蹈、乐器、魔术、雕刻、绘画也随之传入。而汉朝则以丝绸为主将各种商品运往西域，又由中亚商人转运罗马。当时，中国丝绸被罗马贵族视为珍品，称中国为“丝国”。这条东西贯穿的商路，便被呼作“丝绸之路”。

第二节　中国文化的多元走向——魏晋南北朝时期

天下大势，分久必合，合久必分。文化进程也大体遵循此例。魏晋南北朝近400年的社会破碎，使一元帝国文化随之崩解。这种“分而合，合而分”的周期性转换，并非循环往复，乃是螺旋式上升的过程：“分”意味着文化的多元发展，“合”则意味着文化向综汇迈进。魏晋南北朝再次出现的文化多元走向，是对两汉一元文化的反叛，更是中国文化自觉的生动体现。

一、玄学崛兴

经学在两汉享有“官学”的至高地位，礼教在国家统治活动中发挥着重要作用。名教即礼教，以儒家哲理化的伦理学说为内涵，以承继西周宗法礼制的程式化礼仪规则为形式，核心内容为“三纲五常”。名教的伦理规范和礼仪程式全然围绕“君为臣纲，父为子纲，夫为妻纲”以及“仁义礼智信”展开，然而，随着军阀割据形势的发展，魏晋南北朝间社会动荡，经学已为世人所厌，纲常名教受到空前强劲的冲击。阮籍在《大人先生传》中说：“君立而虐兴，臣设而贼生。坐制礼法，束缚下民。”经学式微，名教危机，标志着儒学陷入困境，代之而起的便是玄学和清谈。

“玄”有深奥、玄妙之意，所谓“玄之又玄，众妙之门”。《老子》《庄子》和《周易》三部典籍是魏晋学人依据的主要文本，故其学问称“玄学”。玄学的创始人是曹魏时的何晏与王弼。何晏著《道德论》，王弼作《易注》《老子注》，用老庄思想糅合儒家经义，认为“无”是一切事物的根本；作为具体事物的“有”，皆生于无。运用到社会政治领域，便是以无为本，以有为用，无是自然，有是名教，“名教出于自然”。

西晋时，向秀和郭象注《庄子》，修正何晏、王弼的观点，认为“有”是自然存在，并不生于“无”，因而“名教即自然”，论证现存社会关系和政治制度合乎天道自然。玄学开辟了一个思辨时代，名士们剖玄析微，从品评人物转向以谈玄为主，形成清谈风格。

二、佛教传入与道教创制

（一）佛教传入

中国有“敬天法祖”的传统，儒学也包含浓厚的神学成分，但儒学没有成为宗教。于是，专制帝国对宗教神学的渴求只得另觅他途，这是外来宗教引入和本土宗教创立的原因之一。

秦汉之际，佛教开始在中亚各国流行。随着丝绸之路的开辟，佛教开始东传，至东汉明帝永平十年（67），佛教正式传入中国。明帝派人到印度访求佛法，带来印度僧人翻译佛教典籍，令其在洛阳建白马寺。魏晋南北朝时期，儒学衰微，“高人乐遗世，学者习虚玄”（宋吕南公《灌园集》）的社会风尚，有利于倡言“空无”的佛教发展。曹魏后，汉人出家为僧者渐多，以至于高僧辈出，寺庙到处可见。据《洛阳伽蓝记》所载，西晋时洛阳即有白马寺等大型寺庙10座，沙门甚众。

佛教在中国的发展对佛经译文质量提出较高要求，法显历时13年，遍历南亚取归佛经，译出《大般泥洹经》等五种。之后，鸠摩罗什来到中国，他精通梵文和汉语，译出佛经98部，既能符合原经旨意，又与中国传统相应。佛经大量译出，注疏讲经之学也随之发展，佛教逐渐中国化。慧远维护佛教对政治的超越性，调和佛学与儒学的矛盾，用佛学融合儒玄，这是佛教中国化的开端。竺道生首创顿悟成佛说，使佛教具有普及性，开出中国化佛学的理路。南朝梁武帝则提出“三教同源”说，把儒道释三教始祖孔子、老子、释迦牟尼并称“三圣”，认为三教可以相互辉映。此后，一个华化佛教宗派——天台宗在今浙江天台山创立，标志着中国佛学走上独立发展道路。

寺院是佛教广泛流播的重要物化成果，正所谓“天下名山僧占多”（《增广贤文》）。唐人杜牧诗“南朝四百八十寺，多少楼台烟雨中”（《江南春绝句》），便是南朝佛寺之多的佐证。其实，南朝佛寺何止480座，仅据《南史·郭祖深传》载，梁朝“都下佛寺五百余所，穷极宏丽，僧尼十余万，资产丰沃”[①]。巨型石窟造像也是佛教传播的标志，遍布各地。如甘肃西部的敦煌莫高窟，晋太和元年（366）始建，历北魏、西魏、北周，至隋、唐、五代、宋、元各朝开凿，现存石窟400多个，佛像2 450尊，为石刻艺术精品；山西大同云冈石窟，魏文成帝时始建，几百年间开凿50多个洞窟，现存造像5万尊；河南洛阳龙门石窟，始凿于北魏孝文帝迁洛后第三年，经东魏、北齐、北周、隋、唐诸朝，前后连续筑造400多年，现存佛龛2 100个，佛像10万尊。

（二）道教创立

佛教与黄老道结合，是中国人对佛教进行中国化的尝试。同时，中国本土的道教开始出现。道教源于古代的鬼魂崇拜和神仙方术，在东汉成为宗教，《太平经》是道教的主要经典。道教的“道”被释作宇宙本原，是“灵而有性”的“神异之物”。道教尊奉的“三清”，便是“道”的人格化。道教修行的终极目标是“得道成仙”，使人返本还原，与道合一，成为灵魂常在、肉体永生的神仙。道教对中国文化有多方面影响，其炼丹术蕴含丰富的化学知识，其长生术中的吐纳导引对医学颇有进益。

魏晋时期，道教一方面吸收佛学，衍生出轮回成仙说、善恶报应说、天堂地狱说；另一方面与儒学糅合。早期道教（如太平道、五斗米道）演变为较严密的组织，反对佛教的寄望来世，主张今生享受人间乐趣，讲求延年益寿。北朝魏太武帝崇奉新天师道，几乎立道教为国教，此时道教已演变为比较完备成熟的宗教，从民间宗教转变为官方认可的正统宗教，成为中国文化的重要组成部分。

---

① 冯天瑜．中国文化史纲［M］．北京：北京语言文化大学出版社，1998. 78.

三、多元文化相互激荡

魏晋南北朝时期，中华民族进行了又一次更大规模的民族迁移和民族融合。北方及西北、东北的匈奴、鲜卑、乌桓、羯、氐、羌等“胡”族先后进入中原，纷纷建立政权。南方及西南的越、蛮、俚、僚等族也与汉族发生交互关系。游牧或半农半牧民族的“胡”文化与中原农耕的汉文化长时间交汇，多元文化在冲突中走向融合。胡、汉文化的差异性在文化冲突中不可避免地改变自身原有结构，从对方文化中吸收于己有用的文化元素，并在相互调整、适应的过程中趋于一体化，具体表现为胡文化的“汉化”与汉文化的“胡化”。

对于胡人来说，适应新的农业文明是必须的。然而，胡人不可避免地产生守旧心态，竭力维护游牧文化根基。入迁内地的胡人表现出强烈的扬胡抑汉倾向。然而，在先进的汉文化包围下，中原胡人终究被纳入汉化的轨道：一方面，胡人统治者采用汉族统治的组织形式，并强力推广儒学，促使胡文化发生质化；另一方面，入迁内地的胡人在“与华民错居”的情势中，潜移默化地受到汉文化影响。

北魏孝文帝是推进鲜卑拓跋族汉化的重要人物。他以南征为名，把都城从今山西大同迁到洛阳，加速了与汉文化的融合，所以，都城迁徙具有重大文化转型意义。与此同时，孝文帝推行一系列汉文化改革，奖励鲜卑与汉人通婚，改鲜卑姓氏为汉姓，参照南朝制定官制朝仪，从风俗礼制、语言服饰到社会体制全面汉化。

由于胡文化的汉化是在汉文化环境的规范下，以政治需要为动力的文化转型，统治集团的儒化为胡文化的整体汉化创造前提条件。胡文化“汉化”是多方面的，而不仅仅表现在政权结构专制化，经济方式农业化，观念意识儒学化。在胡文化“汉化”过程中，儒士扮演了关键角色。十六国与北朝时代，大批北方汉族儒士纷纷出仕胡族政权。他们遵循《孟子·滕文公》“用夏变夷”之论，以先进的诸夏文化去影响、改造“蛮”“夷”。汉族儒士倡导儒学，建设汉式政权组织以及与农业社会相适应的经济制度；倡兴文教，打击保守贵族势力，努力改易“胡风国俗”。汉族儒士与儒化了的胡族上层统治者共同努力，使多元文化融合成为大势所趋，少数民族政权不仅沿袭汉人政治体制，而且还颇有补益，多元文化交融和激荡最终促生了璀璨的隋唐文化。

第三节　中国文化的隆盛强音——隋唐时期

581 年，杨坚自立为帝，建立隋朝，年号开皇。隋开皇九年（589），隋灭陈，统一全国，结束了从东汉末年以来长达近 400 年的分裂局面，建立上承秦汉的统一的中央集权国家。隋朝之后的李唐王朝开疆扩土，军威四震，疆域东临日本海，西抵中亚阿姆河、锡尔河流域，北达西伯利亚南部，南至中南半岛。唐代国力强盛，经济繁荣，开放包容，气度恢弘，创造力活跃。就文化成果而言，唐代达到古代中国文化的全盛佳境，是其他帝国时期之文化所无法比拟的。

一、全盛时期的社会状况

（一）贞观之治

贞观之治是继西汉的“文景之治”后又一个政治清明、邦泰民安、国力昌盛的时期。唐太宗以隋亡为鉴，认为民如水、君如舟，“水能载舟，亦能覆舟”，推行“国以人为本，人以食为本”（《贞观政要》卷八《务农》）的重民政策。唐太宗广用人才，善于纳谏，开一代政治清明风气，“拔人物则不私于党，负志业则咸尽其才”。太宗说：“夫以铜为镜，可以正衣冠；以古以镜，可以知兴替；以人为镜，可以明得失。”正如《论语·颜渊第十二》中所说“兼听则明，偏信则暗”正是唐太宗自觉纳谏，才使得进谏之风畅行。

唐太宗在贞观年间（627—649）实施了一系列政策，经济上“省徭赋，不夺其时”（《贞观政实》），政治上沿袭隋朝的三省六部制，将汉代丞相之权，分隶三省而总于皇帝，巩固统一的中央集权制，有利于社会生产力的恢复与发展，史称“天下大稔，流散者咸归乡里，斗米不过三四钱，终岁断死刑才二十九人。东至于海，南极五岭，皆外户不闭，行旅不赍粮，取给于道路焉”（《资治通鉴》卷一九三）。“贞观之治”为唐文化奠定了雄厚的物质基础，使得唐玄宗“开元之治”时的经济繁荣达于顶点，史称“盛唐”。

（二）长安与唐代帝陵

城市是各文化圈的文化能量集结处，都城更是一国文化之网的中心纽结，隋唐建造西东两都堪称文化典型。隋朝西都位于汉长安城东南，始筑于隋文帝，时称大兴城。大兴城由外廓城、皇城、宫城构成，三重相依，层层递进。帝王居住的宫城如同北极星周围的紫微垣，皇城象征着地平线上以北极星为圆心的天象，廓城从东、西、南三面卫护皇城与宫城。“象天设都”的构造，使天与人在现实中相应相通，合为一体。唐代大兴城改名长安，以100万人口、8 000平方公里的面积，雄踞当时世界都会之首。长安城方正如同棋盘，展示寰宇一统、富有天下的意境，用建筑形式自如地表现伦理观念和政治思想。

唐代的宏丽壮阔，不仅体现于城市的宏大和宫殿的巍峨，也显示在帝陵的壮观，尤以昭陵和乾陵为胜。昭陵凿山建陵，开启了唐代因山为陵的陵寝制作模式，在自然起伏的线条中呈现雄伟气概，是古代中国最大的帝王陵园。昭陵前的六骏石刻以李世民历次作战时所乘的六匹骏马为原型，让人们感悟一往无前的事功精神与充满活力的英雄主义。昭陵的陪葬奏鸣着盛唐气象的雄劲旋律，浓缩了那一时代中外一体的盛况，是唐代旷世功业的象征。乾陵的气派庄重宏大，唐高宗与武则天合葬于此。耐人寻味的是，武则天对自己一生事业未作任何评价，而在墓前矗立了一块“无字碑”。这或许是武则天为了表示自己“功高德大”，难以用文字表达；也可能是因为她以女性高居皇位，自知是个有争议的人物，留给后人评说。

（三）开凿运河

隋朝除修建大兴城外，还役使工匠200万，营造东都洛阳，意在加强对关东和江南地区的控制。同时，开凿沟通南北的运河也是重要举措。早在隋文帝时，为便利转运南方米粮布帛，引渭水从大兴城到潼关，就大规模开凿运河。运河共分三段，一为通济渠，自洛阳引谷、洛二水达于黄河，引黄河水入淮河，引淮河水入长江；二为永济渠，引沁水南通黄河，北至涿郡（今北京）；三为江南河，从京口（今江苏镇江）引长江水直达余杭，入钱塘江。运河南起余杭，中经江都、洛阳，北到涿郡，全长五千里，“商旅往还，船乘不绝”（《旧唐书》卷六七），使南北联结，至今仍居世界通航运河长度之冠。

二、三教共弘的文化景观

唐代国力强盛，文化开放，是一个文化政策相对宽容的时代，对宗教持包容态度。唐代历代君主对儒、佛、道三教各有偏好，但就总体发展趋势而言，“三教共弘”是唐代文化的大趋势。

（一）道教风行

唐王室奉老子李耳为先祖，唐高宗封老子为太上玄元皇帝。唐代大兴土木修建道观，东都洛阳的玄元皇帝庙，长安的太清宫，雕梁画栋，气派宏大。《唐六典·祠部》记载“凡天下观总一千六百八十七所”，天台山、茅山、华山、青城山、王屋山等名山幽谷香雾弥漫、仙乐嘹亮。虽然儒教处于统治地位，但大多数时间并不排斥道教和佛教。唐太宗时期，道士地位甚至在和尚之上，因为唐太宗认为自己是老子的后人。

（二）佛教兴旺

盛唐也是佛教在社会思想领域地位扶摇直上的时代。长安寺庙规模宏大，佛塔更难以备数，大雁塔雄伟巍峨，小雁塔俊秀婀娜，善导塔亭亭玉立，造型优美，引人入胜。日本僧人圆仁在《入唐求法巡礼行记》中说：“长安城里，一个佛堂院，可敌外州大寺。”在东都洛阳，武则天于龙门大规模开窟造像，举世闻名的卢舍那大佛高17.14米。唐代还是中国佛教天台宗、华严宗、禅宗发展成熟的关键时期。尤其是禅宗，经五祖弘忍、六祖慧能的阐发，使佛教进一步中国化，走进大众生活。

（三）儒学昌明

儒学经过魏晋的式微之后，在唐代再次振兴。唐高祖“颇好儒臣”，唐太宗“锐意经术”，“朕今所好者，惟在尧舜之道、周孔之教，以为如鸟有翼，如鱼依水，失之必死，不可暂无耳”（《贞观政要》卷六《慎所好》），对儒术的大力倡导，造成“学者慕响，儒教聿兴”的局面。

唐代尊道、礼佛、崇儒，三教相互吸取、并行不悖，形成开放的文化心态和比较自由的学术氛围。朝廷鼓励三教自由辩论，儒学可被嘲讽。如李白狂歌“我本楚狂人，凤歌笑孔丘”（《庐山谣寄卢侍御虚舟》），“儒生不及游侠人，白首下帷复何益”（《行行游且猎篇》），“长安市上酒家眠，天子呼来不上船”（《饮中八仙歌》）。杜甫亦言：“儒术于我何有哉，孔丘盗跖俱尘埃。”（《醉时歌》）可见当时社会风气相当开放，思想自由度极高。读唐人笔记，可见大量自择婚配、乘间欢合的记载，离婚改嫁、夫死改嫁亦习以为常。宽松的文化氛围，赋予唐人率真而又放达的气质。

三、文化包容

隋唐文化以博大的胸怀吸收异族外域文化，形成了中国文化的大度和包容品质。这首先表现在汉文化对游牧文化的吸收。隋唐皇室有胡族血统，如隋炀帝杨广、唐高祖李渊的母亲，都出自拓跋鲜卑的独孤氏；唐太宗李世民生母为鲜卑族，长孙皇后父系母系皆鲜卑人，故其子唐高宗李治胡汉血统交汇。崔颢放言："仗剑出门去，孤城逢合围。"（《古游侠呈军中诸将》）这种豪情正是少数民族文化浸染的结果。

唐人广泛接受胡乐、胡舞、胡装、胡食，使唐文化热烈多彩，富于阳刚之气，与此同时也以空前规模采撷外域英华，包括南亚的佛学、医学、历法、音韵学、音乐、美术；中亚的音乐、舞蹈；西亚的祆教、景教、摩尼教、伊斯兰教、医术、建筑术乃至马球。外域文化如"八面来风"，使唐文化成为"与印度、阿拉伯和以此为媒介甚至和西欧的文化都有交流的世界性文化"［（日）井上清：《日本历史》］。唐都长安成为一个世界性都市，鸿胪寺接待 70 多国外交使节，国子学和太学先后接纳 3 万余名外国留学生。

唐代主动采撷外域文化。高僧玄奘赴天竺各地与学者论辩切磋，历经 17 年方回长安，译经 75 部，所撰《大唐西域记》提供了研究南亚及中亚古代史地的重要资料。唐代实施文化对外开放政策，汉字、儒学、纲常律令、科学技术对周边乃至远方产生重要影响。日本国统治者对唐文化敬慕万分，派遣遣唐使 18 次。在返日学生的策动下，日本发生著名的大化革新，大化革新以"中华化"为最高理想，所推行的班田制与租庸调制以及中央集权的政治制度，都是以唐制为蓝本。元正天皇制定《养老律令》，律令规定的官制、兵制、田制、税制、学制几乎都是唐制的翻版。奈良朝遣唐使达于全盛，团员常多达五六百人，将盛唐文化引入日本。高句丽、百济、新罗竞相向唐遣送留学生学习中国文化。新罗统一朝鲜半岛三国后，仿唐尚书省设执事省，仿唐的内侍省置内省，仿唐的御史台置司正府，仿唐置国学设儒学科和技术科。

中国的造纸业与纺织术于唐代传入中亚、西亚各国，继而输入欧洲，促进了当时欧洲的教育、政治、商业发展；炼丹术推动了西方现代化学发展；十进记数法推动了印度数学发展。李约瑟指出："如果没有这种十进位制，就几乎不可能出现我们现在这个统一化的世界。”[①] 可以说，唐文化有力地推进了世界文化的发展进程。

【思考与练习】

1. 试比较分析秦汉文化统一政策。
2. 玄学在中国文化发展史上地位和影响怎样？
3. 唐代为何会出现儒释道三教并流的文化景观？
4. 简要分析魏晋南北朝时期的文化多元发展现象。
5. 唐代文化成果对世界文化发展的影响有哪些？

---

① ［英］李约瑟．中国科学技术史（第3卷）［M］．《中国科学技术史》翻译小组译．北京：科学出版社，1978．322～333．

第四讲　中国传统文化的发展历程（下）

宋代文化是一种相对精致、内倾的文化类型，宋代理学和宋词是宋代文化的代表。明清是传统文化盛极而衰的迟暮期，传统文化在明清时期虽有大总结的“繁荣”，也有因商品经济发展而蕴含着的文化新质，但总体来看，传统文化最终走入了缺乏活力与创新的僵死境地。鸦片战争后，中国传统社会开始瓦解，传统文化揭开了现代化的序幕。

第一节　造极于两宋的传统文化

960 年，宋太祖赵匡胤夺取后周政权，建立宋朝，史称北宋。1127 年，金朝攻克汴京，同年赵构在南京应天府即位，是为南宋。1279 年忽必烈灭南宋，建立了元朝，重新实现了大统一。中国封建社会发展到了两宋，总体来说，政治和经济形势都开始走下坡路，阶级矛盾和民族矛盾更为激化，内忧外患日甚一日。尽管有“庆历新政”和“王安石变法”，仍然改变不了宋王朝积贫积弱的局面。与政治、经济上的颓势相比，两宋文化在“右文”政策的良好政治环境下却异常繁荣。陈寅恪先生非常推崇宋代，他认为：“华夏民族之文化，历数千年之演进，造极于赵宋之世。”① 宋代文化的最大成就是理学的建构。理学以儒家思想为主体，融合了道、释思想而发展成最为精致、最为系统的理论体系，对两宋之后传统文化的影响至为深远。两宋文化的另一大特色是人文精神的萌发。宋代封建经济关系发生了变动，出现了客户与主户的关系，农民人身的依附程度有所松动，门阀地主为品官地主所取代，文人士大夫通过科举获取功名的路径更为畅通，政治环境更为宽松，世袭政治的特权逐渐消解。在这种环境下，文人士大夫的生活更为优渥，文人的心态更为精致细腻，作品的主观感受性也更强。两宋时期，南方经济发展快速，特别是棉纺织业、瓷器、冶炼、造纸、印刷

① 陈寅恪．邓广铭宋史职官志考证序［A］．金明馆丛稿二编［C］．北京：生活·读书·新知三联书店，2001. 145.

等手工业水平不断提高，促进了商品经济的发展。商品经济和城市的发展促进了都市文化的兴盛。

一、程朱理学

理学以“理”为最高范畴，将“理”视为万物的本源、宇宙的最高本体。从学术渊源和师承关系上看，理学的奠基者是周敦颐。周敦颐提出了“自无极而为太极”（《太极图·易说》）的命题，将无极视为派生太极的始源，从而为中国哲学思考何为始源的问题提供了经验，为宋代理学的建构奠定了基础。程颢、程颐是理学的创始人，他们在周敦颐的影响下将“理”视为万物的本源和最高哲学范畴，建立了以“理”为本体的哲学体系。朱熹是理学的集大成者，对理、气关系的论述更为缜密，对《大学》格物致知的注释为理学补充了认识论。对理学影响最大的是程颢、程颐和朱熹，故称程朱理学。

程颢、程颐的哲学思想以“理”为最高范畴，围绕“理”建构了一个集本体论、认识论、伦理观、历史观为一体的思想体系。程颢认为，理先于万物而生，它是万事万物的唯一本体。他说：“万物皆有理，顺之则易，逆之则难，各循其理，何劳于己力哉?”（《二程遗书》）程颢将抽象的理客观化、实体化，理存在于万物之中，理又是万物存在的最高精神和依据，从而确定了理的本体性地位。二程又认为，理是一元的，万物皆只是一个天理，从而从实体性上肯定了理的一元地位。从这个角度看，二程之“理”学是客观唯心主义的。理是永恒存在的客观精神，不以人的意志为转移，不为尧存，不为桀亡。在强调理的本体论地位的同时，二程将人的道德修养与“理”联系起来。二程还认为礼也是理，从而将儒家伦常纳入了理学，这也是理学最具有民族性的地方。在融合儒家伦理“仁”与理学方面，二程主张依天理所规定的道德准则行事即是“仁”，个体通过正心诚意、格物致知可以识得“仁”。程颢说：“学者须先识仁。仁者，浑然与物同体。义、礼、智、信，皆仁也。识得此理，以诚敬存之而已，不须防检，不须穷索。”（《识仁篇》）程颢将儒家之伦理要素与物联系起来，理先于物与仁，通过正心诚意可以格物致知，也可以穷理，从而完善道德修养。

二程的学说是儒家思想的哲学化，是儒释道思想的融合，为朱熹建构更为严密的理学体系奠定了基础，在中国哲学史上具有重要地位。当然，二程学说过于强调天理与人欲的对立，将天理、人欲视为水火不容，主张明天理、灭私欲，这在明清两代成为扼杀、窒息人性的思想教条，所谓“后儒以理杀人”（清·戴震《孟子字义疏证》）就是对二程理学过分强调“理”之禁锢作用的批判。

朱熹是理学的集大成者。朱熹和二程一样，将理视为万物本源。他说："太极只是一个理字。"（《朱子语类》卷一）太极是万物之本源，太极即理，因此天地万物出于太极，也就是出于理。由此，朱熹确定了理的本体地位。与二程一样，在确定理的本体地位后，朱熹更为关注伦常。作为本体的理，同时也是仁义礼智之总名，伦常也是理。朱熹说："天理只是仁义礼智之总名。"（《朱子语类》卷十三）本体论与儒家伦理因"理"而勾连起来。朱熹所论说的伦常是君臣父子的"三纲五常"，从而为儒家伦理提供了本体论的证明，使之合法化。儒家伦理与"理"之关系明确后，朱熹继承并发展了二程的理论，将"理学"的中心放在论证天理与人欲的关系上。朱熹对天命之性与气质之性、天理人欲做了划分。朱熹认为，天命之性即天理，其内涵是仁义礼智信等儒家道德准则，它是纯粹至善的。人出生后，天理受到形气的影响而成为气质之性。气质之性有善恶，人亦有智愚贤不肖之分，人是天理与人欲的综合体。在天理、人欲两者的关系上，朱熹认为天理与人欲是根本对立的。朱熹说："天理人欲，不容并立。"（《朱子语类》卷十三）他认为天理存人欲则亡，人欲胜则天理灭，因此人必须通过"灭人欲"的方式达达到至善的道德境界。

朱熹将天理与人欲对立起来，进而以天理遏制人欲，主张通过"寡欲"的方式约束个人的情感欲求，其着眼点还是道德修养的完善。朱熹认为："格物之论……且如今为此学而不穷天理、明人伦、讲圣言、通世故，乃兀然存心于一草木一器用之间，此是何学问！"（《答陈奇仲》，《朱文公文集》卷三十九）朱熹的格物致知论是对儒家经典《大学》的重新阐发。他将格物的目的放在道德修养的完善上，将道德的完善作为个体追求的目标，这与他对"理"的论述是相一致的。从本质上讲，朱熹的理学仍是修身哲学、伦理哲学。在道德的知与行上，朱熹强调知行合一。朱熹常常讲"致知力行"，他把人全部的认识活动理解为只有理会、践行两件事，主张两者不可偏废。他说："知与行，功夫须著并到。知之愈明，则行之愈笃；行之愈笃，则知之益明。二者皆不可偏废。"（《朱子语类》卷十四）"行"主要是道德的践行，其基础为格物致知得来的道德之"知"。

朱熹的理学更为精致，体系更为完备，把中国哲学推向了一个新的思辨高度。但朱熹之后，理学受到南宋一些思想家的激烈批评。陈亮、叶适等思想家批评理学"皆谈性命而辟功利"，主张实事实功，这是从"崇实黜虚"的角度反对理学的空谈心性。明清两代，朱熹理学走向极端，被僵化成维护封建统治的官方正统思想，扼杀了读书人的思想自由。"五四"时期，理学再次受到批判，明清理学成为"吃人礼教"的象征。理学在中国思想界的沉浮起落，说明朱熹之后，理学已经成为中国哲学思想不可分离的重要组成部分。

二、宋代的士大夫文化

宋代统治者吸取唐末五代以来藩镇割据的历史教训，采取崇儒礼士、重用文臣的国策，大力扶持文人入仕。宋人蔡襄说："今世用人，大率以文辞进。大臣，文士也；近侍之臣，文士也；钱谷之司，文士也；边防大帅，文士也；天下转运使，文士也；知州郡，文士也。"（《国论要目》）文人入仕多经由科举，宋代大批文彦学士通过科举之路跻身于统治阶级行列，实现了"学而优则仕"（《论语·子张》）的理想追求。据统计，北宋开科取士 69 次，取进士 19 147 人，诸科 15 016 人。宋代全体文官 14 860 人，前 30 年科举及第的官员为 7 833 人，占总数的 52.71%。通过科举入仕的文人"专意经术"，同时又熟读《诗》《书》，文化程度相对较高，经术与诗赋结合的科举考试方式塑造了宋代文人经世与精致并重的文化性格。

宋代文人有浓厚的经世精神。从范仲淹"先天下之忧而忧，后天下之乐而乐"（《岳阳楼记》），到张载"为天地立心，为生民立命，为往圣继绝学，为万世开太平"（《张子语录·语录中》），整个宋代文人都有一种昂扬积极的经世精神，这种精神与宋代"右文"政策有关。宋代人君尊儒重教，赵匡胤为了防范藩镇割据，采取重用文臣的政策，历经太祖、太宗、真宗三朝后，形成了文官知州、"宰相需用读书人"（宋太祖语）、"择儒臣有方略者统兵"（《宋史·列传》第六十五）的风尚。科举是文人入仕的主要途径。宋代采取了一系列措施限制豪门世家，实行公平竞争，从而有利于寒士入仕。中小地主及平民出身的读书人有机会跻身统治阶级，使整个社会阶层形成了良性的沉浮流动机制，加强了文人士大夫与王朝利益的联系，大大提高了文人参政的自觉性和责任感。郭学信认为："通过科举而成了国家官吏主体的宋代士大夫阶层，为了维护地主阶级的整体利益，积极投身于社会，自觉地将个人利益置于国家和阶层利益之后。这亦正是宋代专制主义中央集权进一步加强的根源。"① 宋代科举的主要内容是儒经考试，通过科举入仕的士大夫阶层对儒家"三不朽"价值观有自觉的追求，他们"以经术为务"，"谈道德性命之学，不绝于口"，形成了浓厚的经世致用风气。

欧阳修在校补《韩愈文集》时说："则予之所为者，岂所以急名誉而干势利之用哉？亦志乎久而已矣！故予之仕，于进不为喜，退不为惧者，盖其志先定而所学者宜然也。"欧阳修立志发展儒家思想，对个人的政治沉浮并不介意，"志乎久"就是对

---

① 郭学信．科举制度与宋代士大夫阶层［J］．山东师大学报（社会科学版），1996（6）：51～54.

儒家“三不朽”的自觉践履。入仕有“志”彰显了宋代士大夫的文化品格。司马光用19年时间修成《资治通鉴》，其目的是使人君“鉴前世之兴衰，考当今之得失”，从而使国家能够“四海群生，咸蒙其福”。李焘、李心传修当朝史，目的也是总结王朝兴衰的经验教训，寻找“中兴”之路。宋代历史学家通过历史验证天理，又从历史中总结出可供当代借鉴的认识。他们力图把历史和社会现实结合起来，从而思考解决具体社会问题的方法，这也是一种经世之学。陈亮“推倒一世之智勇，开拓万古之心胸”，所体现的正是“读书经济为事”的观念。理学家朱熹和陆九渊虽然在“尊德性”与“道问学”上各有所偏重（朱熹主张格物致知，陆九渊主张发明本心），但两者都“尊孔孟，同植纲常”，其目的也是通过修身而达到治国平天下。无论是“处江湖之远”还是“居庙堂之高”，宋代士大夫都以兼济天下为己任，自觉践履儒家的道德原则，注重个人操守。可以说，追求个人的成圣立贤，寻求学术与现实的有效融合，是他们之中一大批有为之士的共同价值取向。

两宋的文人士大夫既有经世的情怀，也有精致、内趋的性格。宋代文人士大夫文化水平都很高，他们有优渥的待遇，可以流连光景、沉湎诗酒，通过文学书写男欢女爱和轻歌曼舞的“升平景象”。词是两宋文学最为发达的文体，这种从唐代兴起的文学形式，经由宋代文人之手，焕发出了新的生命力。可以说，宋词是宋代士大夫精致、细腻情怀的缩影。

宋词有“婉约”与“豪放”两种风格，其主要基调还是以“艳词”“慢词”为主的“婉约”风格。北宋前期的词人和词风受到花间派词风与南唐词风的影响，词坛流行的依然是浓艳香软，专写女人、相思，描写宫廷宴乐的作品，这与宋初统治者极力提倡粉饰太平的政策分不开。宋代前期承继五代词风的词坛领袖首推晏殊。晏殊的词富贵娴雅，雍容大方，粉饰太平的时代烙印很强。时人评价他的词是：“公以金陵盛时，内外无事，朋僚亲旧，或当燕集，多运藻词为乐府新词，俾歌者丝竹而歌之，所以娱宾而遣兴也。”如其《清平乐》：“金风细细，叶叶梧桐坠。绿酒初尝人易醉，一枕小窗浓睡。紫薇朱槿花残，斜阳却照阑干。双燕欲归时节，银屏昨夜微寒。”这首词用词华丽，笔触精细，营造了一种冷清萧索的意境，抒发了词人淡淡的忧伤。衰残的紫薇、木槿，斜阳下的庭院，都带有一种伤感；而金风、梧桐、绿酒、浓睡、紫薇、木槿、斜阳等意象华丽，两者融合正是宋词的主要基调。

慢词的开拓者当推柳永。柳永将词世俗化，善于写男欢女爱、才子佳人，“尤工于羁旅行役”（南宋·陈振孙《直斋书录解题》），扩大了词的表现领域，改变了词的体制，使词进一步通俗化和口语化。柳永也善于粉饰太平，如其《玉楼春》《木兰花慢》《一寸金》等词描写了京都、外地城市的繁华生活，讴歌太平盛世。柳永又善于写才子佳人词，特别是情郎佳人的生死离别、两地相思。他本是失意文人，博取功名不就，奉命填词，混迹青楼，将青楼女子视为知音，填词唱和，互相慰藉。这类词深得青楼女子的喜爱，成为青楼女子咏唱最多的词作。如其代表作《雨霖铃》："寒蝉凄切，对长亭晚，骤雨初歇。都门帐饮无绪，留恋处，兰舟催发。执手相看泪眼，竟无语凝噎。念去去、千里烟波，暮霭沉沉楚天阔。多情自古伤离别，更那堪冷落清秋节！今宵酒醒何处？杨柳岸、晓风残月。此去经年，应是良辰好景虚设。便纵有千种风情，更与何人说？"这首词写一对青年男女生死离别的场景，用词冷寂又雍容华美，基调伤感，是宋代婉约词的佳作。柳词在宋代深受欢迎，"凡有井水饮处，即能歌柳词"（南宋·叶梦得《避暑录访》）。

北宋亡于金后，南宋偏安一隅，昔日繁华的升平景象成为文人难以忘却的回忆，靖康之变更增添了词人亡国的伤感，词的婉约在南宋少了升平气象，多了哀怨愁绪。南宋词的代表当推李清照。李清照前期生活于北宋，出身官宦之家，与丈夫赵明诚志同道合，举案齐眉，生活富贵美满。其《醉花阴》："薄雾浓云愁永昼，瑞脑消金兽。佳节又重阳，玉枕纱厨，半夜凉初透。东篱把酒黄昏后，有暗香盈袖。莫道不消魂，帘卷西风，人比黄花瘦。"用词富有贵族气，愁是闲愁，接续了北宋词风。南渡后，李清照经受了生活突变，失去了故国、故乡、亲人，独自漂泊的她抒发出了真切的伤感。如《声声慢》："寻寻觅觅，冷冷清清，凄凄惨惨戚戚。乍暖还寒时候，最难将息。三杯两盏淡酒，怎敌他，晚来风急！雁过也，正伤心，却是旧时相识。满地黄花堆积，憔悴损，如今有谁堪摘？守着窗儿，独自怎生得黑！梧桐更兼细雨，到黄昏、点点滴滴。这次第，怎一个愁字了得！"诸多心绪层层堆积，最后化成"怎一个愁字了得"，最为简单的追问，却道不尽内心的愁绪。李清照晚年的词进一步深化了词的婉约基调，成为词坛的另一高峰。

除了宋词，宋代文人画、古文、诗，甚至士人品茶、金石品鉴等都展现出优雅细密、温柔恬静之美。

宋代士大夫文化以简朴清秀为雅，这种时代风格迥异于唐代文化，丰富了中国传统文化的宝库，在中国文化史上留下了光辉的一页。

三、都市文化风采

宋代文化的繁荣还体现在都市文化的繁荣上。瓦子勾栏中成长起来的都市文化迥异于宋词、宋画、宋文等文人士大夫的精致、细腻，它野俗而生动，别具一格。宋代都市文化丰富多彩，文学方面有话本小说，娱乐方面有歌、舞、百戏、杂耍等，饮食方面有菜、酒、小吃等，这些文化反映了市井细民的精神追求。

宋代都市文化的繁荣与宋代商品经济发展、都市经济发达有关。宋代农民对土地的人身依附关系有所减弱，农民可以进行商品买卖。同时，手工业空前发展，许多城镇成为当时著名的商品生产中心。手工业的发展带动了商业的发达，商业发达又促进了城市的繁荣。城市人口剧增，形成了城市平民阶层。宋代有开封、洛阳、杭州等大型城市，人口百万以上，也出现了许多商业小集市。为了满足生活于城镇中的市井细民的精神需要，城市有专供民间艺人从事文化表演的场所，即瓦子勾栏。勾栏是宋代杂剧的演出场所，瓦子又叫瓦舍，是游艺场所的总称，它包括在游艺场所内为市民服务的各种行业。瓦子勾栏是市井细民文化活动的集聚地，平时演出有杂耍、傀儡戏、诸宫调、说话等。北宋开封、南宋杭州瓦子勾栏最多，如开封的大内东角楼街巷，“街南桑家瓦子，近北则中瓦，次里瓦。其中大小勾栏50余座。内中瓦子莲花棚、牡丹棚，里瓦子夜叉棚、象棚最大，可容数千人”（宋·孟元老《东京梦华录》）。南宋瓦子勾栏数量也很多，杭州城内有南瓦、中瓦、大瓦、北瓦、浦桥瓦，其中以北瓦最大，有勾栏13座。杭州城外也有20多座瓦子。瓦子勾栏的出现，方便了民间艺人的演出，丰富了市民的文化生活。各种规模不等的民间艺术团体，集中于瓦子勾栏，促进了都市文化的繁荣。

宋代都市文化的代表是说唱曲艺。说即说书、说话，有讲史、讲经、小说、说诨话四大类。唱有小唱、嘌唱、要令、唱赚等。说话的底本即话本，说书人根据话本用讲说的形式进行表演。在宋代瓦子勾栏中，说话伎艺占有较大比重。据《武林旧事》记载，当时南宋杭州的说话艺人达百余人。耐得翁在《都城纪胜》中说：“说话有四家。一者小说，谓之银字儿，如烟粉、灵怪、传奇、说公案，皆是博刀杆棒及发迹变泰之事。说铁骑儿，谓士马金鼓之事。说经，谓演说佛书。说参请，谓宾主参禅悟道等事。讲史书，讲话前代书史文传、兴废争战之事。最畏小说人，盖小说者能以一朝一代故事，顷刻间提破。”可以看出，宋代说话异常发达，品类丰富。其中，小说尤有影响。小说取材于一朝一代故事，反映城市中小商人、手工业者和下层平民的生活、思想感情，深受市民的喜爱。宋代话本促进了中国白话长篇小说的发展，在中国小说发展史上是极为重要的一件大事，它的出现标志着中国小说的发展进入了一个新的阶段。鲁迅在《中国小说的历史的变迁》中说：“至于创作一方面，则宋之士大夫实在并没有多少贡献。但其时社会上却另有一种平民底小说，代之而兴了。这类作品，不但体裁不同，文章上也起了变革，用的是白话，所以实在是小说史上的一大变迁。”

杂剧与南戏在瓦子勾栏的表演也很活跃。杂剧是在唐代参军戏的基础上发展起来的，其故事多以滑稽讽刺为主要风格，政治性特别强烈，隐谏诤于戏中。南戏是两宋之际在南方出现的地方戏，它是以南方民间散乐为基础，吸收诸般伎艺的歌唱舞蹈等表演形式、手段，逐渐将故事融入表演中，最后形成的地方剧种。杂剧与南戏适合瓦子勾栏这样的演出场所，在城市娱乐活动中非常活跃。据说，当歌舞小戏演出时，台下观众云集，大声应和，情景非常热闹。

都市文化的兴起是宋代文化的一大特色。都市文化满足了市民阶层的精神需要，更多地表达了市井小民的情感特点，突破了传统文化的程式，富有人文精神，为明清市民文化的发展作了铺垫。

第二节　沉暮与开新——明清时期

从朱元璋1368年建立明朝到1840年鸦片战争爆发，是中国漫长的封建社会的晚期，也是中国社会的重大转折时期。在这472年间，封建社会集权专制在不断加强，专制制度发展到了极致。空前严厉的文字狱禁锢了制度更新的活力，加剧了政治的衰朽与社会的矛盾。旧的封建制度日渐衰落，新的资本主义生产关系开始萌芽，延续了几千年的封建社会，正一步一步无可挽回地走向它的终点。可以说，1840年的鸦片战争是中国文化发展的转折点。鸦片战争后，中国有识之士开始“睁眼看世界”，中国传统社会开始崩溃，文化也开始了从古代向近代的嬗变。

一、空前严厉的专制统治

明清统治者比以往统治者采取了更为严酷的专制统治。朱元璋和他的继任者强化君主专制，实行特务政治，加强对人民的控制。清代统治者为了加强思想文化专制，更是大兴“文字狱”，严重束缚了思想文化的发展。

明清统治者加强了君主专制的中央集权制度。明太祖朱元璋按照“权不专于一司”“事皆朝廷总之”的原则，废除丞相制度，促使相权与君权的合二为一。又以吏部、户部、礼部、兵部、刑部、工部为最高行政机构，办理全国政务，六部直接对皇帝负责，皇权势力大增。其后，明成祖朱棣设立东厂，明孝宗朱祐樘设立西厂，东厂、西厂和朱元璋设立的锦衣卫均受命于皇帝，具有侦查、逮捕、审讯等特权，使权力进一步集中于皇帝一人之手，形成了空前集权的专制系统。

清代的政治体制大体沿袭明代。清初满族决策机制是由满族贵族组成的议政大臣联席议政制，其办事机构为内秘书院、内国史院、内弘文院。顺治、康熙两帝初年设有辅政大臣，形成了议政王大臣、内三院和辅政大臣权力共享的机制。为了进一步加强皇权，雍正于1729年设立了军机房，雍正十年（1732）正式改称军机处。军机处取代了满族贵族议政制度，削弱了内阁承旨出政的权力，凌驾于内阁和六部之上，是皇帝直接控制全国政务的中枢机构。与此同时，军机处也是封建专制制度空前发展的历史产物，它的出现加强了皇帝对全国官僚政治的控制力，起到了维护皇权的作用。君主专制的不断加强凸显了君主的作用，限制了臣工发挥才能的空间，强化了百姓对专制制度的认可度。臣工习惯于遵从皇帝意志行事，老百姓习惯于有一个权威来统治他们，专制制度在明清时期深入人心。康乾盛世时，社会流传民谣："乾隆宝，增寿考。乾隆钱，万万年。"老百姓将皇帝神化，认可了盛世，接受了专制。

明清专制统治的另一表现是文化专制。明清两朝在政治上加强君主专制的中央集权统治，在文化上则大力推行专制主义的一统政策，力图将思想文化纳入程朱理学的轨道。明太祖朱元璋开国伊始就宣布："明教化以行先圣之道。"用程朱理学来统一思想。他规定所有学校必须以儒家经典教诲诸生，"令学者非五经、孔孟之书不读，非濂洛关闽之学不讲"（清·陈鼎《东林列传》卷二）。同时规定科举考试一概从"四书""五经"中出题，以程朱注疏为准，确定了程朱理学的统治地位。清王朝统治者沿袭了明代的做法，定都北京伊始便开始尊孔崇儒，宣布"修明北监为太学"，学校讲授"四书""五经"和《性理》诸书，规定科举考试用八股文，取"四书""五经"命题，利用汉族的儒家思想控制社会思想文化。康熙帝非常推崇朱熹，曾说朱熹"文章言谈之中，全是天地之正气、宇宙之大道。朕读其书，察其理，非此不能知天人相与之奥，非此不能治万邦于衽席，非此不能仁心仁政施于天下，非此不能内外为一家"（《御纂朱子全书·序言》）。由于统治者的推崇，宋代理学成为清代的官方哲学。

明清空前的专制主义政策窒息了思想文化的创造活力，制造了刻板、僵硬、冷酷的思想统治秩序，扼杀了文人士子的聪明才智，剥夺了文人的思想自由，对明清两代思想文化的发展产生了恶劣的影响。汲汲于名利的读书人奋进于科举仕途，所读之书又局限于"四书""五经"及程朱理学，空谈性理，墨守成规，抱残守缺，知识非常贫乏，于经济民生一概不知，沦为皇权的侍婢，整个思想文化界一片灰暗沉闷。

二、启蒙思潮的出现

明代商品经济繁荣，资本主义萌芽开始出现，传统的封建文化越过其发展的高峰而萌生出新的文化因子，这就是后来发展为具有反封建、反专制的民主意识的启蒙思潮。

明朝初期，程朱理学盛极一时，被推上了至尊的统治地位。明代中后期，以皇帝为中心的统治集团腐化堕落，宦官专权，朝政腐败，党争激烈，统治集团对社会思想文化的控制逐渐放松。政治控制的弱化催生了商品经济的繁荣，市民精神逐渐勃兴，新的社会风气开始活跃，程朱理学日趋没落，部分文人意识到必须寻求新的思想出路。“王学”是这一阶段应运而生的新思想。

王守仁（1472—1528），字伯安，余姚人，世称阳明先生。他继胡居仁、陈献章等人之后，进一步发展了陆九渊的“心学”，认为“心者，天地万物之主也”，“心外无理，心外无事，心外无物”（《传习录》,《阳明全书》卷三），提出“我心之良知，无有不自知者”的主张。王阳明的心学将程朱理学推崇的外在权威“天理”纳入了人的内心，变成了人的内在自觉的“良知”，主张人人“致良知”，只要从自己的心上用功夫，不必像朱熹那样穷格天下之物，就可达到对内心良知的体认和补充。这种思想虽然不反对封建纲常，但是高扬了人的主体性，突出了个体的历史责任感和道德的自我意识，含有积极入世精神和经世思想，是对明代中后期因商品经济繁荣而兴起的社会风气的理论反思。

王阳明之后，“王学”流布天下，在嘉靖、万历期间形成了多种派别，泰州学派是其中的代表，离经叛道的倾向性最强。李贽发挥泰州学派“百姓日用即道”的主张，认为道并不是什么神秘玄妙的东西，道是百姓的穿衣吃饭，人伦物理也是百姓的穿衣吃饭，从而肯定了人的物质与精神欲望，肯定了私心的人类天性，对封建道德伦理纲常的冲击力更强。黄宗羲在《明儒学案·泰州学派》中概括泰州学派思想说：“吾心须是自心作得主宰，凡事只依本心而行，便是大丈夫。”强调吾心、率性就是以自己的是非为是非，而不以孔子之是非为是非，追求个性的自然发展，冲击了儒家经典的神圣地位，催发了人的自我意识的觉醒。

泰州学派在思想文化界产生了深远的影响，形成了一股张扬个性的“直抒胸臆”“独抒性灵”的浪漫主义文艺思潮。王阳明所提倡的“本心”原是只存天理之心，但人之“本心”一经激发便与人之七情六欲直接联系起来。“此心存乎天理”演变为个人情欲对天理的冲击，即顺从人的个性和满足人的情欲。唐寅、祝允明等才子蔑视礼法，放荡不羁，“并以怪诞为世所指”。徐渭认为人应该顺应自然天性，不受拘束。他说：“人心之惺然而觉，油然而生，而不能自已者，非有思虑以启之，非有作为以助之，则亦莫非自然也。”（《读龙惕书》）汤显祖进一步将包括情欲在内的追求现世享受的“情”与“理”对立，提出了“世总为情”（《汤显祖诗文集》卷三四《南昌学田记》)、“情有者理必无，理有者情必无”（《寄达观》）的命题，极力宣扬“情”的解放。汤显祖的许多剧作就是为“情”所驱而作，著名的“临川四梦”，特别是《牡丹亭》，便是“因情成梦，因梦成剧”的典型代表。袁宏道则认为人之情趣得乎自然本真，主张顺性适情而放诞不羁。他甚至说人间极乐乃是，“目极世间之色，耳极世间之声，身极世间之鲜，口极世间之谭”（《与龚惟长先生书》），乃至“妓妾数人，游闲数人”（同上），寻欢作乐到“朝不谋夕”“恬不知耻”（同上）的地步。随着思想的解放，明中后期的小说、戏曲竞相描写普通人的生活和他们丰富多彩的感情世界，“好色”“好货”成为许多小说、戏曲的主题，有力地冲击了当时的封建礼教，致使明代文化呈现出一种新的气象。

明清之际，是启蒙思想形成的高潮。黄宗羲、顾炎武、王夫之三大思想家反对君主专制，提倡工商皆本，主张变化日新，从不同侧面与封建社会晚期的正宗文化——程朱理学展开论战，进一步促进了思想的解放，在中国学术史上划出了一个新的时代。明清之际，启蒙思潮反对宋明理学。这一阶段的思想家虽然学术渊源不同，但一致痛斥宋明理学空谈心性、不务实学，及其所造成的“束书不观、游谈无根”（宋·苏轼《杏氏山房藏书记》）的学风。黄宗羲批评说：“今之言心学者，则无事乎读书明理；言理学者，其所读之书不过经生之章句，其所穷之理不过字义之从违。”（《留别海昌同学序》）顾炎武的批评更为激烈，他批评宋明理学说：“不习六艺之文，不考百王之典，不综当代之务，举夫子论学论政之大端一切不问，而曰‘一贯’、曰‘无言’，以明心见性之空言，代修己治人之实学。股肱堕而万事荒，爪牙亡而四国乱，神州荡覆，宗社丘墟。”（《日知录》）顾炎武认为，明代亡于空谈性理、不切实际的虚浮学风。思想家们反对宋明理学的虚浮学风，目的是为了提倡实学。启蒙思想家提倡经世致用，着力于研究历史上的典章制度，主张从历史的治乱兴衰中探究治世之道。黄宗羲的《明夷待访录》对封建君主专制做出了激烈的批判。他直斥君主“屠毒天下之肝脑，离散天下之子女，以博我一人之产业”，主张“工商皆本”，大声疾呼“岂天下之大，于兆人万姓之中，独私其一人一姓乎”，反封建独裁专制的意识非常强烈。顾炎武的《日知录》和《天下郡国利病书》在社会经济、政治、文化、教育等方面，发表了一些改变旧制度的意见，如“均贫富”“废科举生员”以及“寄天下之权于天下之民”等。这些意见直面旧制度的弊端，对晚清改良运动产生过不小的影响。王夫之的《读通鉴论》立足于封建历史的发展过程，分析历代成败兴亡盛衰的经验，将现实与历史的沉思融合一起，提出了“事随势迁而法必变”“理因乎势”等精辟论断，反映了王夫之进步的历史观和政治思想倾向。

明清启蒙思潮的产生得益于16—17世纪中国长江中下游出现的类似于资本主义

生产的最初萌芽，它所宣扬的思想是城市经济发展和某些新的生产方式萌芽的社会现实的反映。由于16—17世纪的中国，新的经济形态还很微弱，因此，明清启蒙思想家先天不足，具有时代的局限。即使最富有反叛精神的黄宗羲、顾炎武，他们的思想也是封建统治阶级内部的“自我反思”，他们的目的仍然在于“补天”，他们批判理学的思想资源仍然是群经和孔孟的圣人思想。如黄宗羲以“三代之法”反对后世“一家之法”的君主统治，顾炎武用“经学即理学”的口号反对理学。17—18世纪的欧洲启蒙运动涌现出了孟德斯鸠、卢梭等启蒙思想家，他们在批判君主专制的同时提出了君主立宪、民主共和等新的社会方案，为西方国家从封建主义向资本主义过渡设计了国家蓝图。而中国的启蒙思想家只是对封建制度进行“修补”。这表明，“中国明清时期的进步思想与18世纪欧洲启蒙思想属于两个不同的历史范畴。前者是中世纪末期的产物，后者是近代社会的宣言书。”①

三、古典文化的大总结

明清两代是古代文化的总结时期。明清统治者调动大量的人力物力搜集、钩沉、考证了几千年浩如烟海的典籍文物，编纂了大型类书《永乐大典》《古今图书集成》，大型字典《康熙字典》，大型丛书《四库全书》等。这些大型图书是文化成熟的象征，同时也是文化典籍被修改、被销毁、被一统后的结果。编书在总结传统文化的同时，也将传统文化带入了没有“诋触本朝之语”（《清高宗实录》卷九六四）的思想单行道。与编书相适应的学术思想是乾嘉汉学。清代学人重训诂，讲实证，整理了大量的古代典籍，为古代文化的传承做出了卓越的贡献。

《永乐大典》是世界上最早、规模最大的一部百科全书。《永乐大典》编纂于明朝永乐年间，历时六年，保存了14世纪以前中国历史地理、文学艺术、哲学宗教和其他方面的相关文献，是中国最著名的一部大型古代典籍。《永乐大典》在英法联军和八国联军侵入北京时大部分被烧毁，目前国内外仅存300余册。《四库全书》是乾隆皇帝亲自组织编写的中国历史上规模最大的丛书。总纂官纪昀穷毕生精力，率多位学者征集、整理、抄写、校订了经史子集典籍三千四百余种、近十万卷，为我国古代文化典籍的一大总汇。《四库全书》保存了大量珍贵的文献，目前完整保存下来的还有四部；《康熙字典》是张玉书、陈廷敬等著名学者奉康熙圣旨编撰的汉字辞书，该书于康熙四十九年（1710）开始编撰，成书于康熙五十五年（1716），历时六年，收

① 张岱年，方克立．中国文化概论［M］．北京：高等教育出版社，2004. 84.

录汉字 47 035 个，是汉字研究的主要参考文献之一。明清两代大型类书、丛书、字典的编撰对文化典籍的保存是一大功德，但是，受专制思想的影响，明清两代特别是清王朝在以行政手段搜集、校订图书的同时，也对图书进行了全面的删改，甚至明令各地销毁“违碍”的书籍，这对古代文化典籍又是一大“浩劫”。清朝最初只是查禁“有诋触本朝之语”的明季野史，后来将宋人言辽金元、明人言元的著作中的“议论偏谬”者以及明末清初文人如吕留良、钱谦益、屈大均等人的著作列为查禁之书。据统计，乾隆时禁毁的书籍将近三千余种、六七万卷。大量书籍的禁毁、删改对古代文化来说又是一场厄运。

乾嘉汉学对于保存、总结和延续古代文化也起了积极的作用。汉学导源于清初的顾炎武。清初顾炎武等学者有鉴于明末以来的空疏学风，强调以朴实的实证方法研究经学、文字音韵学和史学，为此后清代的考据学研究开了先路。顾炎武之后，有阎若璩、胡渭、毛奇龄、顾祖禹、梅文鼎等学者专力于考据，并分别在训诂经书、考释历史地理、考辨文献和天文历算方面作出突出贡献，成为乾嘉汉学的直接先驱。乾嘉汉学正是在继承和发展了历代特别是清初学者的考据成果与考据方法的基础上，把考据学发展为独立的学派。乾嘉汉学家在吸取前人已有成果的基础上，通过训诂笺释、版本鉴定、文字校勘、辨伪辑佚等方法，对中国古代文献展开了空前规模的整理与考据，在文字、音韵、训诂、金石、地理等学术方面，取得了可贵的成绩，为古代文化的总结和传承做出了卓越的贡献。

明清两代是世界政治、经济、文化格局发生巨变的重大时期。14—17 世纪，西方爆发了文艺复兴运动，正在形成中的资产阶级在复兴希腊罗马古典文化的名义下对中世纪文化发动了攻击。以个性解放为核心的代表新兴资产阶级的思想文化为资产阶级登上历史舞台奠定了基础。资产阶级的发展促成了工业革命。18—19 世纪的工业革命既是生产技术的变革，也是社会关系的变革。机器代替了手工劳动，工厂代替了手工工场，社会分化为资产阶级和无产阶级两大对立的阶级。资本主义的发展将全世界卷入了商品流通的大潮之中，以农业经济为主的中国传统社会不得不面对来自西方资本主义的挑战。1840 年爆发的鸦片战争是西方国家入侵中国的开端，同时也将中国文化推入了一个蜕变与新生并存的新的历史阶段。

【思考与练习】

1. 英国著名汉学家李约瑟博士在《中国科学技术史》中以确凿的证据表明：“在现代科学技术登场前十多个世纪，中国科技和知识方面的积累远胜于西方。”他发现宋代的科技水平已经相当于美国工业前夕的水平，但是为什么工业革命没有发生在中国宋代，而发生在几百年后的英国？这就是著名的“李约瑟难题”，试结合宋代文化的特点谈谈你的看法。

2. 著名史学家邓广铭认为，宋代文化已经达到了登峰造极的高度，试以宋代理学为例，说明宋代理学对儒学发展的贡献。

3. 宋词是宋代文学的代表，试结合柳永、苏东坡、辛弃疾和李清照的词作分析宋代士大夫文化特点与宋词的关系。

4. 学界对清代《四库全书》的编撰多有争议。许多学者在肯定编书对文化传承所起的作用的同时，对清政府在编书过程中禁毁诸多文化典籍多有非议。试结合清代文化统治的特点谈谈你对此问题的看法。

5. 明清之际启蒙思想家对宋明理学展开了激烈的批判，矛头直指宋明理学“空谈性理”学风，同时提倡经世致用的实学精神。试结合宋明理学与启蒙思潮的特点，谈谈实学与“空谈”之学的意义。

第五讲　中国文化产生与发展的物质基础

影响中国文化产生与发展的物质基础有两个：一是地理环境条件，二是自然经济条件。一方面，中国文化是在古代中国特定的自然地理环境和人文地理环境中孕育、产生并发展起来的。它以独特的面貌按照其自身发展的规律呈现在世界文化之林。因此，通过介绍中国自然地理环境的基本特征和人文地理环境的基本特征，可以促使读者了解地理环境对中国文化的形成、延续有怎样的影响，是通过什么方式来施加影响的，并由此而形成了中国文化怎样的特征。另一方面，中国文化还根植于农耕自然经济的肥沃土壤之中。黄河流域作为中华民族的摇篮，也是农耕文明的发祥地。随着社会的发展，农耕文明的重心渐次向长江流域和钱塘江流域南移。在这个过程中，农耕文明与游牧文明在对立中相互融合，形成了多元的中华文化。农耕经济作为一种自然经济形态影响和制约了中国文化的产生与发展。同时，它的持续性决定了中国文化的延续力，其多元结构形成了中国文化的包容性，而其早熟的特性也造就了中国文化的凝重性。

第一节　中国文化生存的历史地理环境

地理环境是指人类生存与发展所依赖的各种自然地理条件和人文地理条件的总和。地理环境包括了自然地理环境和人文地理环境两个方面。地理环境是文化形成与发展的基础，文化的产生与发展离不开地理环境。中华文化的形成和延续当然也与地理环境有着千丝万缕的联系，也是以中国地理环境为存在与发展的条件的。

一、地理环境特征

（一）自然地理环境

自然地理环境包括了气候、地形、地貌、土壤、水文、山川、植被、海陆分布等直接影响人类生存生活的地理区域空间和地理生态环境。

1. 地形、地貌特征

（1）西高东低，呈阶梯状分布。黄河、长江两大河流都发源于青藏高原，并分别向东流经数个省、市、自治区后，分别注入渤海和东海。这两大主要河流的流向基本上反映了中国西高东低的地势特征。中国的地势大致是环绕着青藏高原呈半圆状自西而东向太平洋方向层层下降，明显地形成了三大阶梯。

（2）形态多样，山区面积广大。在中国广袤的大地上有青藏高原、云贵高原、内蒙古高原和黄土高原著名的四大高原；有塔里木盆地、准噶尔盆地、柴达木盆地和四川盆地著名的四大盆地；有长江中下游平原、华北平原、东北平原等著名的平原；有低山丘陵；此外，还有长江、黄河、珠江等著名的大江大河以及无数的支流与小河，由此形成了中国多种多样的错综复杂的地形地势。

（3）山脉纵横，具有定向排列。中国山区面积广大，大小山脉纵横全国，且大致按一定方向排列，从而形成了山脉纵横，具有定向排列的特征。

2. 气候特征

中国的大部分领土都处在北温带，在五千年发展的历程中先后出现过互相交替的四个温暖期和四个寒冷期。由于地形、地势和地貌的因素，中国形成了三大自然地理区，即东部季风区（东部）、西北干旱半干旱区（西北）和青藏高寒区（青海、西藏和四川西部）。从总体上看，与这些自然地理区域相对应的气候呈现出三大特征：其一，气候类型多种多样。虽然中国大部分处于温带地区，但从南到北既有热带气候，又有寒温带气候，气候类型呈多样化分布。其二，季风气候明显。冬夏有不同的风向，风向有明显的变化，降水量在不同的季节也有明显变化。偏北风盛行于冬季，偏南风盛行于夏季，降雨量多集中在7—9月。其三，大陆性气候强。冬季寒冷，夏季炎热，气温年差较大。中国冬季气温较低，夏季气温较高。

与人类活动关系密切的气候是一直处在变化之中的，而最能反映气候变化的主要体现在温度与湿度两个方面。从温度变化来看，中国气候变化的基本趋势为：由温暖转向凉爽，但不同时期不同地区的幅度不同，并且有过多次反复变化。从湿度变化来看，距今五六千前的新石器时代既是温暖期也是气候湿润期，但随后气候逐渐变得干燥。到了2 500年前转而变得较为湿润，之后再次变得干燥。到了近500年以来，我国的旱灾多于水灾，这一点在北方表现得尤其突出。

（二）人文地理环境

人文地理环境是指社会人为创造和划分的，包括疆域、政区、民族、人口、农业、牧业、交通、城市等人文地理环境因素在内的经济地理环境和社会文化地理环境。

1. 疆域、政区

（1）疆域。疆域是指一个国家所管辖的领土范围或者地域。在中国历史发展的长河中，中国的国土面积时有盈缩，基本的趋势是逐渐扩大并得以巩固，而且不少王朝都拥有过今天中国领土以外的疆域。时至今日则稳定为960万平方公里的土地，是仅次于俄罗斯和加拿大的世界第三大国。

（2）政区。政区就是行政区域，是国家为进行分级管理而划分出的地方。它体现了国家的政治制度。

商王朝时期、西周时期就没有划分行政区域，而是采用了分封制。

春秋战国时代，齐、晋、秦、楚国都有县制，以后各国又都设置了郡制。到了公元前221年，秦始皇灭六国统一全国建立第一个封建王朝后，继续采用郡县管理模式，从而使郡县制得以在全国推行。

隋唐时期，隋朝大业三年（607）合并撤销了一些州县，又改州为郡，以郡代州，重新实行郡、县二级制。唐朝初年又恢复了州，后来又改州为郡，但基本上还是二级制。安史之乱以后，为了提高地方的抵抗实力，又普遍设置方镇，以节度使掌握方镇的军政大权。一个节度使管几个州，方镇（又称道）也就由此演变成为州县以上的行政单位，形成了方镇（道）—州—县三级制。

宋元朝时期，北宋初期沿用唐制，977年宋太宗废止了唐制，改为路—州（府、军、监）—县三级制。到了元朝时期，实行中书省和行中书省的行政区体制，元朝实行的是中书省—路—州（县）三级制或四级制。

明清时期，明朝初年沿用元朝时期的行省制，到了洪武九年（1376）废除行省制，原来的省改称为布政使司，分别任命三位官员负责民政、司法监察和军务。后来，又把全国划分为两京（南、北直隶）、十三布政使司，俗称两京十三省或十五省。到了清朝时期，初期改南直隶为江南省，其余沿用明制。康熙时又改为行省制度，全国划为18省，以总督或巡抚为长官；光绪时又增设新疆、奉天、吉林、黑龙江、台湾，共有23省。省下面设府（或直隶州、直隶所）、县二级。各省还分为若干道，作为省的派出机构。清朝实行的是省—府—县管理模式。

中华民国时期，废除了府一级政区，州、所改为县，又重新划分了道区，所以形成了省—道—县三级制。

中华人民共和国成立后，在省以下设置专区，后改为地区，作为省的派出机构。基本的政区依然是省（直辖市、自治区）—县二级制。改革开放后，既有的专区（地区）陆陆续续改设为市，成为介于省县之间的行政区划，于是便出现了省—市—

县三级制和省—县二级制并存的局面。比如，肇庆市就是介于广东省与怀集县、广宁县、德庆县等之间的行政区划。

2. 民族、人口

从中国历史的发展来看，中国自古至今就是一个多民族的国家，时至今日在中国这片热土上共同生活着56个民族。绝大多数民族都是在中国形成的，或者在中国已经繁衍生息了很长时间，而成为中华民族大家庭的重要成员。汉族的前身是华夏诸族，经过夏、商、周三代的融合，华夏族雏形基本形成。随着自身的扩张与发展，以及其他民族的迁入，汉族便融合了其他大量的民族。汉族不仅人口数量庞大，而且在经济文化等方面也都保持了其他民族所不具备的优势，因此早在春秋时期汉族就已经成为黄河流域的主体民族。夷泛指四周的各民族，经过春秋战国时期的华夷对举与夷蛮戎狄配合，以汉族为主体的格局基本形成，为以后中国成为一个统一的多民族国家奠定了坚实的历史基础。

人口数量、人口密度是衡量人类社会与自然环境之关系的重要标尺。中国不同的历史时期，人口政策不一样，人口数量与人口分布也不相同。

二、地理环境对中国文化产生与发展的影响[①]

（一）对生存方式的影响

按照进化论的观点，人是由猿进化而来的，而从猿到人的进化经历了漫长的历史时期。早期人类处于低级的原始群团阶段，生产力水平极其低下，生产方式也极为简单，其生产活动、生存方式等都深受自然地理环境的限制。当时人类还没有足够的能力和自然界抗衡，所以只能消极地、被动地适应自然环境。当遇到自然灾害，比如水灾、旱灾、地震、火灾等的时候，人类就感到无能为力，完全受自然界的制约与摆布，所以这个时候人与动物就没多大区别。这正如马克思所说："自然界起初是作为一种完全异己的，有无限威力和不可制服的力量与人们对立的，人们同它的关系完全像动物同它的关系一样。"（《马克思恩格斯选集》第1卷）因此，人类要生存、繁衍生息，就必然要具备自然界所提供的必备的物理条件。比如，人类只能在气候比较温暖、水资源比较丰富、动植物资源比较充足、土壤比较肥沃的地区生存。而就中华先民来说，黄河流域作为居住、生活、延续后代的区域具备了以上所说的人类存活的必有生活保障。所以说，中华先民不大可能起源于青藏高原高寒区、西北沙漠干旱区。

① 本小节主要参阅了龚贤《中国传统文化概论》一书的观点。

适宜的自然地理环境是人类诞生的摇篮。当人类在适宜的自然地理环境中诞生之后，尤其是人类早期，自然地理环境就对人类的生存活动、生存方式等几乎都起到了决定性作用。在野生动物资源丰富的山区丘陵地带，原始先民的生存方式更倾向于从事狩猎活动；在各种植物资源非常丰富的地区，原始先民的生存方式则注重种植业、畜牧业和植物采摘；在气候适宜、雨水充足、土地肥沃的地区，原始先民多以农耕为主要的生存方式；在靠近大海、湖泊、江河生活的原始先民，较多采用捕捞等渔业生存方式；从商周到战国，中原东部平原地下水位很浅，常年为盐渍所苦，所以这个区域内就难以有城市兴起。由于自然地理环境的作用，人类在不同的自然地理环境中就会采用不同的生存方式，以适应自然地理环境的变化，由此便形成了与生存方式、生产活动相一致的文化。所以，农耕文化、游牧文化、渔业文化、舞蹈文化、礼仪文化等的产生和发展都与人们长期以来在特定自然地理环境中所从事的不同生产活动、不同的生存方式有着极为密切的关系。有什么样的自然地理环境，便会有什么样的生存方式；有什么样的生存方式，便会有什么样的文化特质。反过来，有什么样的文化特质，必然有与之相适应的生存方式，有什么样的生存方式一定会有制约和影响形成这种生存方式的自然地理环境条件。

（二）对文化活动的影响

空间区域是地理环境的重要内涵。人类物质生活都需要一定的空间区域，由人类生活衍生出的各种文化现象、文化活动也都要借助于空间区域而存在，文化必须在一定的地理空间区域产生、发展，不同文化活动的开展也需要有不同的地理环境作为重要前提，需要提供必要的空间区域。一句话，特定的文化与特定的地理环境、特定的空间区域密切相关，文化必然要打上地理环境因素的烙印。传说时代的大禹治水正反映了离不开那个时代先民们生活的空间区域，而且由于地形、地貌、气温、降水等自然因素的影响，这个空间区域内而常常是洪水泛滥，难以治理。大禹为治水三过家门而不入，由此才造就了其英雄形象与事迹，从而形成了中国古代英雄文化。秦国李冰父子主持修建了著名的都江堰，作为古代著名的水利工程自然不是空中楼阁，没有特定的空间区域作为根基，也就不能兴建如此宏伟壮观的水利工程。都江堰是根据其所在空间区域的地形、地貌、水文、气候等情况，通过科学分析、精心设计而兴建起来的。这一伟大创举既是以李冰父子为代表的彼时民众改造自然环境的积极行为，也是一种创造物态文化的重大活动，为后世人类主动地改造自然提供了丰富宝贵的经验。而都江堰本身作为水利工程也是一种实体文化，造就了为民造福、以天下为己任、艰苦奋斗、无私奉献的人文精神。都江堰兴建后，可以灌溉成都平原上的 800 万亩土地，由此必然影响到这个区域内的文化活动、文化生活、文化品质，并在这个空间区域内为形成丰富多样的建筑文化、旅游文化、文学艺术、绘画艺术、水利文化等提供了重要的条件。同时，类似例子还有古代悬棺葬，作为一种丧葬民俗文化，通常出现在高山悬崖的地方，因为平原洼地自然不具备悬棺葬的基本条件。又如客家人围龙屋文化的产生，也是以客家人生活的地理环境、空间区域为基础的。再如古代的宫殿、寺庙、塔刹、亭台、楼阁、牌坊等物态文化也都必须要分布在一定的空间地理区域，才能够得以建造并加以保护。

（三）对生产力的影响

其一，地理环境与生产力发展水平的相互作用制约了文化的发生发展。生产力是人类在生产过程中把自然物改造成适合自己需要的物质资料的力量，包括具有一定知识、经验和技能的劳动者，以生产工具为主的劳动资料，以及劳动对象。生产工具是体现生产力发展水平的最重要标志，中华先民制造和使用生产工具的历史正反映了不同历史时期生产力发展的状况，并创造了与生产力发展水平相适应的中华文化。

在原始状态，由于生产力水平极为低下，人类还没有制造先进生产工具的技术和能力，所以仅仅靠个人的力量根本无法生存。现实中出现的自然现象，如流水冲刷、风沙吹打、海水进退、河湖淤积、地面升降等持续进行的地质作用，日积月累，都会对人类生活产生重大的影响。而地震山崩、火山爆发、洪水泛滥更会在较短暂的时间内给人类带来灾难，从而改变人类所赖以生存的自然地理环境。为了应付十分困难和严峻的生活环境，人类自然而然地结成了由几十个人组成的小群体，也就是原始群，从而依靠集体的力量生存。因此在原始群中，人类对地理环境的依赖性更大。可食植物的采集，虾鱼昆虫的捕食，野兽牲畜的猎取，都要借助于自然环境的力量。可以说，人类在制造第一把石斧之前就没有所谓生产力可言。第一把石斧的制成，不仅表明人类拥有了生产工具，也说明人类进化达到了相当的程度，同时还产生了不同的物质文化。所以，人类对天然棍棒的使用，制作简易粗糙的石器，集体采集植物，统一出行狩猎，过着群居杂婚的生活，这些都是生产力低下状况下的不自觉选择，是顺应自然地理环境的必然选择。在石器时代、青铜时代、铁器时代等不同的历史时期，中华先民普遍使用石头、青铜或铁器，不仅促进了农业、手工业的发展，逐步提高了生产力的发展水平，同时也创造了金石文化、青铜文化等不同的物态文化。

自近现代至今，随着生产力水平的不断提高，人类对地理环境的利用意识越来越强烈，对地理环境的利用能力和程度也越来越大。随着科学技术的不断发展，人类在改造自然环境的同时，又主动地利用自然环境，为自身的发展创造有利有用的条件。

从这个意义上说，地理环境对生产力发展的影响力虽然在减弱，但是依然决定了人类活动的方式方法，由此便产生了与生产力水平相协调的文化现象。几十年来，当自然灾害来临，人类所使用的救援技术、施救工具更为先进，对自然环境条件的利用也达到了前所未有的程度。比如，面对1998年长江洪水、2008年汶川地震、2013年余姚水灾等自然灾害时，飞机的空投、空运，各种救援机器的高效率运转，受灾民众的及时安置与救助，灾难现场的快速妥善处理，无不表明先进生产力的巨大作用。从中还可看出，由于自然地理环境条件的限制，在不同的地理环境条件下人们使用了不同的生产工具，采用不同的生产方式，投入不同的劳动力，由此而形成了与不同的地理环境相吻合的不同文化现象。

其二，地理环境决定了生产力发展的方向并由此影响到文化的发生发展。生产力如何发展，向何处发展，尤其是在生产力水平还不高的年代，地理环境往往起决定性作用。这也是人类适应自然、适者生存的历史必然。比如，在中国茫茫的东南沿海，人们会充分利用天然的地理环境条件，大力发展渔业生产。于是，与渔业生产有关的捕捞工具、技术、手段、船只、渔业生产者等就顺应需要而得以产生。在大兴安岭等地森林资源丰富的地区，生产力主要向着木材加工方向发展。在广东水资源和热资源丰富、多丘陵山地的地方，生产力发展的方向则更多地反映在水果种植及其加工方面。所以，地理环境作为影响文化的一种重要途径，通过对生产力发展方向、对生产力基本特质的影响而制约文化的发生发展。在不同的空间区域，由于具体的地理环境状况不同，人们对渔业、造船业、种植业、农牧业、采矿业、伐木业、养殖业、冶炼业、盐业等生产的观念与思考都会有较大不同，于是与不同生产力性质相关的文化活动、民风民俗等也就不断地出现。

（四）对群体性格、心理品质的影响

人们常说，山东人豪爽义气，随性而为；江浙人聪明伶俐，善于随机应变；草原牧民粗犷豪放，崇尚武力；广东人吃苦耐劳，精明务实；客家人坚忍不拔，具有浓重的乡土情结等。这些群体性格、心理品质的形成与他们所居住生活的地理环境条件有着密不可分的关系。比如，客家人长期以来居住生活在以梅州为中心的空间区域内。这个地区是四周被高山包围的丘陵山地：东面是武夷山与九连山脉，西面是罗霄山脉，北面是南岭，南面是较为低矮的丘陵山地。在罗霄山脉的中段还有雩山山脉和武夷山相连，由此把江西南部与中部隔开，从而形成了一个相对封闭的自然环境。在这里生活的原始土著人是与赣、闽、粤、浙等南方地区同一属族的百越民，他们“各有种姓，互不统属”。秦汉以后，两晋之际，尤其是唐宋以降，由于战争、灾害等原

因，北方人不断迁徙到该地区，使得百越民逐渐成批汉化，或被强制迁出该地区，或退出平原进入深山老林。大量北方移民居住在大山屏蔽的赣、闽、粤三角地区，与当地土著彼此杂居，相互通婚，互相融合，从而创造出以汉民族文化为主导，并与周边湘赣文化、广府文化、潮汕文化等多个地域性文化相区别的客家文化。客家文化作为一种地方性文化，蕴含坚忍不拔的意志、勇于开拓的精神、勤劳朴实的文化品格，并善于利用血缘、亲缘、地缘等各种条件建立同宗、同乡关系而形成团体主义精神等内涵。这些群体心理品质、群体性格特征等文化内涵的形成，自然与客家人漂泊流离的生活经历、所居住生活的自然地理环境等有着内在的因果关联。

三、地理环境对中国文化特征的影响

（一）地理环境决定了中国文化的丰富性与多样性

从地理区域来看，地域的差异使中华文化多样性的特点非常明显，形成了多元文化、区域文化的格局。所以，便有齐鲁文化、秦文化、三晋文化、荆楚文化、巴蜀文化、吴越文化、岭南文化等多元文化的区分。齐鲁文化地处齐鲁大地，山海兼备；秦文化偏于西北，属于四塞之地；三晋文化地居中原，土地肥沃，四季分明；巴蜀文化雄踞川渝，大山河流密布；荆楚文化扎根于湖北，滔滔长江水奔流而下；吴越文化专注于江浙，山清水秀，鱼米飘香；岭南文化盘踞南粤，气候湿热，多丘陵山地。显然，这些文化都是在不同自然地理环境影响下所形成的不同的区域性文化。这些不同区域的中国人，有着不同的民族、宗教、语言、风俗习惯、文化心理、生活方式、思维惯性。就丧葬文化来说，回族丧葬的方式是实行土葬，不用棺材而用白布包尸，也讲究入土为安；藏族则通行天葬（即鸟葬），他们把人的尸体送到山间，放在高台上让秃鹫吃掉，以让死者升天。就饮食文化来说，广东人饮食清淡，常喝凉茶多煲靓汤；湘、鄂、川人喜欢辛辣菜肴，榨菜腊肉常伴；西北人既喜欢羊肉泡馍，也看重兰州拉面。这些迥异的文化现象从多个角度体现了各种地域文化的不同文化特质，使中国文化呈现出丰富性和多样化的特点。所以说，地理环境的多样性、复杂性是中华文化多样发展的重要基础。

从地形地貌来看，中国地形地貌的差异性很大，影响和制约了人们的行为方式、生活习俗、思维模式，从而形成了多元化的文化。从这个意义上说，文化又有山岳文化、草原文化、河谷文化、海洋文化等。山岳文化有高山峻岭与外界隔断，所以相对封闭和排他；茫茫草原杂草丛生，适宜于放牧，畜牧业发达，孕育了草原人民重牧轻农、勇猛好斗的群体性格，所以草原文化具有较大的流动性与外向性；河谷文化分布于土肥雨多、适于耕种的平原盆地，农业民族更依赖于农业和土地，居安思稳，安土重迁，重农轻商，保守平和，所以更具有包容性和内聚力；海滨的人们把海洋视为生活的必需和财富的来源，不仅注重渔业生产，还致力于海上贸易与海外交流，所以海洋文化有更多的开放性与冒险精神。

从气候特征来看，受特定的多样化气候影响，中国形成了众多与气候有关的文化，比如节气文化、中医文化、饮食文化、服饰文化、建筑文化、诗歌艺术等。就节气文化来说，我国自古以农立国，先民们很早就注意到了四时之交替、气候之变化对农业生产的重要意义，所以创立了立春、雨水、惊蛰、春分、清明、谷雨、立夏、小满、芒种、夏至、小暑、大暑、立秋、处暑、白露、秋分、寒露、霜降、立冬、小雪、大雪、冬至、小寒、大寒二十四节气。二十四节气表明了气候的变化与对农事季节的划分。所以说，节气文化顺应农业生产的需要而在很早以前就发展起来了。历代农民“春争日，夏争时”，根据二十四节气的指引春耕秋收，不违农时。节气文化已经深深地融入各地的民风民俗之中，有的节气还成了民间的重要节日。比如广东肇庆的开耕节就深深地打上了节气文化的印痕，而清明节更已经成为国人祭拜祖先、纪念往生的重大节日。就中医文化来说，中医学把外感病邪分为“风”“寒”“湿”“热”“燥”“火”，民间称之为“六淫”，大部分都是与气候有关的。所以有人说，如果没有中国特殊的气候，也就不会产生中医学，那么中医文化也就失去了存在的理由。李时珍在《本草纲目》中专门讲到“四时用药例”，这表明季节的变化、气候的不同对中医用药是多么地重要。

（二）地理环境决定了中国文化的封闭性与开放性

一方面，由于中国文化所赖以生存发展的自然环境是相对封闭的，造成了中国文化与外部世界缺乏更多的交流。从整个地理环境来看，西南是高山高原，西北是戈壁荒漠，北部是草原冻土，东南又有一万多公里的海岸线。由于生产力水平的低下，这种自然地理环境作为一种天然的地理屏障，阻隔了古代中国与外部世界的联系，使中国形成了一个相对独立封闭的地理单元。地理环境不仅影响了文化的传播，而且也使中国不同地理区域所受外来文化的影响及其程度有较大的不同。比如，青藏高原、云贵高原、秦岭一带，在航空、铁路、公路、航道还没有开通之前与其他地区联系起来就非常困难。东南虽然有漫长的海岸线，但是古代航海技术极其落后，加上太平洋辽阔无垠，中国的航海能力还远远达不到可以自由航行于汪洋大海之上的水平。中国文化很难向外传播，异域文化也很难进入到中国文化的核心区域，即便是传入了中国也会因为地理环境的原因而损耗很大，缺乏足够的生命力，因此依然改变不了中国文化的封闭性。

另一方面，中国的地理环境固然形成了天然屏障，阻碍了中国文化向外部世界的传播，但是无论是在中国的腹地还是在环绕陆地的沿海，都有着通向外部世界的多处通道，使中国文化与外部世界保持着一定程度上的联系，而没有完全与世界隔绝，从而又使中国文化具有一定程度的开放性。东南沿海地区航海意识的觉醒以及航海技术的不断进步，不但促进了中国内陆不同地区之间的交流、腹地与沿海之间的沟通，还促使中国与外界保持着千丝万缕的联系。比如，西汉张骞两次出使西域，开辟了中西文化交流的通道；东汉班超又重开丝绸之路，促使了中西文化的进一步交流；东汉初之前岭南与中原交通绕道福建、浙江所形成的海路；唐代高僧鉴真四次东渡日本；明代意大利传教士利玛窦深入中国传教，佛教的传入等都是最具说服力的明证。可见，海洋并不是对外开放的唯一途径，地理环境也并非是决定开放与否的唯一条件。

（三）地理环境决定了中国文化以农耕文化为主体特质

从地形地势条件来看，先民们生活在一个相对封闭独立而又以农耕生产为主的地理环境之中，这为农耕经济的发展提供了得天独厚的优越的自然条件。中国山区面积约占全国土地总面积的三分之二以上。山区虽然不利于种植业的发展，更不利于交通运输和经济文化的交流，但这些地区矿藏丰富、森林茂密，并有大量珍贵的动植物资源。此外，黄河、长江两大河流形成的辽阔的冲积平原，再加上四川盆地、珠江流域、淮河流域、钱塘江流域等广大的区域，土地肥沃，湖泊众多，都为农业的产生与发展提供了比较优越的地理生态环境，从而使这些地区都成为以农耕经济为主的重要经济区域。

从气候条件来看，西高东低、呈阶梯状面向太平洋逐级下降的地势，又对来自东南沿海的暖湿海洋气流深入腹地具有较大的推动作用，由此而形成了中国特有的适宜于农业发展的气候条件。由于中国东部平原、丘陵居多，而且大部分又处于北温带，降水期和高温期基本一致。受夏季风的强烈影响，一般年均降水量都在1 500毫米以上，降雨量充分，气候温暖湿润，水利资源丰富，为中国农业的产生发展提供了优越的水热资源。这些气候条件可满足各种农作物生长发育的需要，是农业发展的自然基础。而中国西北部内陆地区多为山区，受大陆气团控制，年均降水量一般在400毫米以下，这是畜牧业发展的自然基础。中国分布有多种垂直的气候带，气候类型的多样性有利于发展不同层次的立体农业，适宜于林、牧、果、药等多种经营。

基于上述条件，虽然在中国幅员辽阔的土地上存在着凝重的农耕文化、内敛的海洋贸易、难以成熟的商品经济等多元化的文化类型，但是由于中国古代适宜于农耕的自然地理环境的影响，所以造就了中华民族必然是以农耕文明为而核心的民族文化性格，而且必然使农耕文化成为中国传统文化的主体。在古代中国的多元文化格局中，农耕文化占据着绝对优势，是中国文化的主体，起到主导作用，引领着中国传统文化前进的方向。

第二节　中国文化植根的农耕自然经济基础

一、农耕文明的发祥地及其重心南移

中国得天独厚的地理生态环境，孕育形成了华夏民族以农耕经济为主体的经济生产形态，并由此产生了华夏农耕文明。农耕文明以小农经济“男耕女织”为基本格局，牢固地树立了“民以食为天”的思想观念。在古代中国，由于农耕经济打下的坚实基础，黄河流域和长江流域同时成为中华农耕文明的发祥地。

从目前发现的新石器时代文化——仰韶文化和龙山文化可以看出，上溯到四五千年前，在黄河中游地区的华夏民族的先民们就已经从渔猎向农耕生产过渡。气候适宜、土地肥沃的黄河中游流域首先成为中华农耕文明的发祥地。仰韶文化遗址和龙山文化遗址出土的大量文物，比如农作物、农具等足以证明这一点。夏商周三代时期，农耕业已经成为先民们赖以生存的生活资料的主要来源，而先秦诗歌如《击壤歌》“日出而作，日落而息”等诗句更加真切地描绘了古代先民们从事农业生产的繁忙景象。正因为农耕业的发展达到了相当的水平，所以黄河中下游地区在很长一段时间里作为一国政治、经济和文化的中心。如秦王朝在中国大地上确立一统帝国之后，一系列固本强基的政策和措施使得“重农固本”成为治理国家的不易之道。唐朝以前有十三朝国都（包括咸阳）都定于黄河中游的西安，这些例子不仅说明了华夏农耕文明对自然地理环境的依赖性，也无可辩驳地成为黄河中下游首先作为华夏农耕文明发祥地的最有力明证。

在黄河中下游农耕文明得到逐步发展的同时，农业生产的不断繁荣，生产力水平的不断提高，生产技术的不断改善，特别是铁制农具、牛耕的普及，为中国农耕区域向南转移并使农耕范围不断扩大提供了有利条件。再加上北方战乱频仍、自然灾害频繁出现等原因，尤其是汉晋以降，北方边患日益严重，战火不断，导致黄河中下游农业生态环境迅速恶化。面对这样的现实，中原大批的农耕男女拖家带口，举家颠沛南迁，辗转而落脚于长江中下游和江南地区以及东南沿海各地。随着农耕业开始逐步向

长江中下游、江南地区和东南沿海各地延伸拓展，隋唐以后，长江中下游区域更是迅速成为京都及边防粮食、布帛的主要供应地，农耕文明的中心也逐渐向这一区域转移。“东南财赋”与“西北兵甲”共同构成了唐代以后历代社会政治稳定的基本格局。从分布于长江中下游的屈家岭文化和钱塘江流域的河姆渡文化遗址中，考古发现了大量人工栽培的稻谷、更为灵巧先进的生产工具、农业技术等，都表明先民农业生产已经达到相当高的水平。“苏杭熟，天下足”“湖广熟，天下足”等谚语又从另外一个角度证明了唐宋以后农耕文明重心的南移。

二、农耕文明与游牧文明的对立与互动

（一）农耕民族与游牧民族的长期对垒与融合

其一，长期对垒。农耕民族主要生活在古代中国黄河流域及其以南地区。这个地区季节变化明显，气候适宜，雨水充足，地势地形相对平稳，土地比较丰饶，适宜农作物的生长，有利于先民们从事农业生产。所以，古代农耕民族把土地作为赖以生存的稳定基础，把从事农业生产作为主要生产方式，把稳定安居作为农耕经济社会发展的基本前提。长期以来，这些地区的经济相对比较发达，文化也较为先进。游牧民族则生活在中国北方、西北和东北地区。这个区域内，气候比较恶劣，降雨量较少，冬季比较漫长，多高山峻岭、草原冻土、荒漠丘陵，不适于农耕生产，经济比较萧条，文化也比较落后。古代游牧民族世世代代“逐水草迁徙，毋城郭常处耕田之业”（《史记·匈奴列传》），他们无城郭和耕地，只能把草原作为赖以生存的稳定基础，把从事畜牧业、狩猎业作为主要生产方式，把游移不定作为游牧经济社会发展的基本前提，因此被称为“马背上的民族”。牧业生产方式的自然属性决定了游牧民族不能像农耕民族那样长久地安居于某个固定的地方，为了生产和生活的共同需要，只能是随着四时的交替不断地流动迁徙，住蒙古包，吃牛羊肉，喝奶茶，穿羊毛制品，有时还要用畜产品同农耕人交换粮食、茶叶、布帛和铁器等物品。

在古代中国的历史发展长河中，农耕民族和游牧民族长期处于相互对垒状态。中原农耕民族生活在一片丰饶的土地上，过着男耕女织、相对稳定的生活。而北方游牧民族迫于险峻的自然环境和生存的压力，经常南下掠夺中原。据《史记·匈奴列传》记载，他们“利则进，不利则退”，不仅影响到了中原农耕民族正常的生活，更为重要的是给农耕民族的生存带来了巨大的威胁。在自然地理环境的各要素中，气候既是一个经常变动的非常重要的因子，也是决定农业生产丰歉的关键条件。农业是农耕社会的经济命脉，农耕社会的安定决定于农业生产发展的状况。在中国历史上，气候的

变化往往是北方游牧民族南下逐鹿中原最直接的原因，寒冷期与温暖期的交替往往就是北方游牧民族小规模的犯边和大规模南下的交替。当北方游牧部落在出类拔萃的领袖人物带领下对中原王朝进行经济劫掠的时候，往往会发展演变成为大规模的战争。民族之间对垒的胜利与失败决定了历史发展的状态和方向，所以在历史上就出现了北方的游牧人入主中原，建立起游牧区和农耕区混为一体的王朝。比如匈奴、鲜卑、契丹、女真等北方少数民族都在中原地区建立过政权，更典型的是蒙古族人在中原建立了元朝、满族人在中原建立了清朝，统治过整个中国。

秦汉以来，面对北方游牧民族的不断侵扰，历代王朝都会竭尽全力加以抗争，比如历史上汉武帝、唐太宗、明成祖等都曾有远征漠北的短暂军事行为。但长期以来，农耕民族的生产方式和生存状态使他们养成了根深蒂固的安居乐业思想，这种文化品质又决定了他们在面对游牧民族的大肆侵扰时大多采取抵御的策略加以防范和对抗，而一般不会采取主动出击。万里长城的建造正体现了中原华夏民族试图把农耕区围护起来，以抵御北方游牧民族侵扰的防御心态。所以，在古代中国，经济文化先进的中原农耕民族常常处于被动挨打的状态，而经济文化都比较落后但彪悍善战的北方游牧民族则常常处于主动攻取的状态。

其二，相互融合。游牧民族与农耕民族之间的战争与争锋，往往以迁徙、聚合、和亲为结局，客观上促进了经济文化的互补和民族的融合。中原农耕民族和北方游牧民族的长期对垒只是中华文明发展史上非常重要的一个方面，更重要的一面则是两大民族类型把迁徙、聚合、战争、和亲、互市等作为中介，实行两者之间经济文化的交错互动和民族的融合。

一方面，北方游牧民族从中原农耕民族身上汲取优秀的文化营养来丰富自己。北方游牧民族由于社会经济文化的水平都比较落后，远远不如中原农耕民族繁荣富足，所以要从农耕民族身上学习先进的生产方式、文化技术和政治制度，以促进自身的发展。东汉、魏晋时期北方和西北少数民族诸如匈奴、鲜卑、羯、氐、羌等不断迁往中原。他们或定居中原，和中原农耕人杂居在一起，相互通婚，互通有无；或武力攻取，在中原建立少数民族政权，统治中原农耕区。无论是迁徙定居还是巧取豪夺，游牧人往往都会在先进优裕的农耕文化氛围中被中原农耕人所同化，从而出现农耕化的趋向。比如西夏国对汉字的借鉴、对儒家思想的吸收，其实都是在相互对垒过程中民族之间的交融。

另一方面，中原农耕民族也从北方游牧民族身上吸收有益的文化成分来完善自己。北方游牧民族体格健硕，粗犷强劲，崇尚武力，英勇善战，富于流动性。这些优秀的品质正是中原稳健儒雅的农耕民族所欠缺的，因此而成为中原农耕民族发展自我、完善自我的补强剂。比如，战国时期赵武灵王的“胡服骑射”，汉唐开辟通往西域的“丝绸之路”，这些可以说都是中原农耕民族与游牧民族之间相互融合的结果。再如，1644 年满族建立了疆域空前辽阔的大清王朝，在将近 300 年的统治过程中，满族人的思想意识、文化观念和生活方式遍播全国。满族妇女头顶盘髻，穿宽大直筒旗袍，不仅在清朝时旗袍盛极一时，即便到现在，旗袍依然是典型东方妇女的标志性服饰。满族男人则是留发梳辫，穿马蹄袖袍，腰系长带，这些又都成为清朝各民族的男人们所仿效的榜样。因此可以说，袖袍、旗袍、长裤子等就是东北少数民族满族和中原农耕民族融合的产物。

（二）农耕经济与游牧经济的交错互动

其一，中国农耕经济的发展与中国历史发展的脉动是同步的。中国农耕经济即中国农业自然经济的发展始终是各个历史阶段的主要经济成分，与中国各个历史时期的经济发展状况一脉相承。土地是农耕社会最基本、最重要的生产资料，土地所有制是农耕社会经济发展阶段的最显著标志，所以土地所有制的形式最能够反映农耕经济发展的本真。依据土地所有制的状况，龚贤将中国农耕经济大致上分为两个阶段①：

第一阶段：春秋之前。殷商西周，农耕业已经成为中原华夏民族社会生活资料的主要来源。在这个阶段内，农耕经济具有三大特点：①土地国有。远古时代，土地归氏族所有。虽然中国社会发展到西周后期，已经逐渐出现了土地交换、转让的现象，但是总的来看，殷商西周时期仍然属于土地国有的自然经济阶段。正如《诗经》中所描述的那样：“溥天之下，莫非王土；率土之滨，莫非王臣。”周天子把国有土地和奴隶赐给各位诸侯与臣下，并可以随时再将土地和奴隶赐给或转赐给别人，拥有土地的最终所有权。土地在一定范围内实行定期平均分配，而实际耕作者对土地只拥有使用权却并无所有权。②土地不得自由买卖。这个阶段内土地不得自由买卖和私相授受，即所谓“田里不鬻”（《礼记·王制》）。即便是贵族阶层，在封地之外另求土地以传给子孙也是不允许的。③实行集体耕作。各级奴隶主贵族采用井田制的方法，把土地分配给奴隶集体耕种。井田制大致可分为八家为井而有公田与九夫为井而无公田两个系统。《孟子·滕文公上》有记载：“方里而井，井九百亩。其中为公田，八家皆私百亩，同养公田。公事毕，然后敢治私事。”这段话基本上描写了当时井田制的管理模式。这种集体耕作的方式自然与当时的生产力水平低下有密切关系，与那个时代生产工具铜石并用的低下生产力水平相吻合。

---

① 龚贤．中国传统文化概论［M］．广州：世界图书出版公司，201 .

第二阶段：东周以后。春秋战国时期，农耕业得到长足进展。从《孟子·梁惠王》等篇所表现的当时物质生活状况看，谷物生产、蚕桑业及小家畜饲养是人们衣食的基本来源。发展农业，提倡“耕战”，成为历代王朝竞相效仿的国策。这个阶段的农耕经济也有三个特点：①土地国有和私有并存，私有逐渐占据主导地位。这个时期，由于中原地区开始实行牛耕和使用铁制生产工具，促进了农业生产的发展，农业生产力得到进一步提高。之前的土地国有制形式走向瓦解，井田制被破坏并走向没落，“井田”变成了“私田”。特别是春秋战国时代，由于生产力的发展和荒地大量被开垦，贵族之间争夺公田的斗争甚至是战争也逐渐激烈并频繁起来。“争地以战，杀人盈野；争城以战，杀人盈城。”（《孟子·离娄上》）各诸侯国贵族的私田数量不断增加，出现了公田私田交错的情况，但总的趋势是土地国有向土地私有过渡。②土地可以自由买卖。由于各国实行了一系列的变法和改革，打破了世袭贵族土地所有制时期“田里不鬻”的惯例，封建土地所有制逐渐得以确立。比如，战国时期，秦国商鞅推行了变法，在土地政策方面推行“坏井田，开阡陌，民得买卖”。土地买卖合法化普遍化，以致出现了“富者田连阡陌，贫者无立锥之地”（《汉书·食货志上》）的现象。“为田，开阡陌”，推行的就是土地个人私有制，从而导致“井田制”彻底瓦解。秦汉以后，实行井田制的社会基础已不复存在，但其均分共耕之法对后世的影响却极为深远。③单家独户耕种，男耕女织的小农业经济占据主导地位。随着土地私有化进程向纵深发展和个体家庭经济的成长，原初那种集体耕作的生产方式已经渐渐地失去了存在的必然性。春秋战国以后，领主经济逐步向地主经济转化，集体生产逐步向个体生产过渡。西周时期的大规模集体耕作制，到了春秋时代则被“二十五家为一社”的小规模集体耕作制所代替。到了战国时代，则又演变成家庭耕作，“百亩之田，匹夫耕之，八口之家，足以无饥”（《孟子》）。而到了秦汉时期，又以小家庭经济耕作制为主导，一个家庭男子耕田，女子纺织，“一夫不耕，或受之饥；一女不织，或受之寒”（《汉书·食货志上》）。

东周以后，土地日益私有化，家庭个体生产经营出现并得到迅速发展，但这并不意味着中国农耕经济完全处于纯粹的自给自足状态。事实上，伴随着自然经济的发展，商品交换也悄然出现了。虽然波浪式发展的商品经济只是作为农耕经济的一种补充形式而存在，但和西欧封建社会相比，中国古代商品经济具有发达较早的特点。商品性家庭手工业诸如纺织业等和传统的自给自足小农业相结合，形成了男耕女织的农耕经济形态，从而构成了中国古代社会生产方式的广阔基础。随着社会的发展，这种以农户为单位、以自给自足的农耕生产方式为主体、以商品性家庭手工业经济等为辅助的多元经济结构日趋完善和成熟，为中国封建经济的延续注入了活力，从而创造了唐、宋、元、明、清不同历史时期各具特色的繁荣景象。

其二，游牧经济作为一种非自足性经济类型起步较晚，对农耕经济具有依赖性。中国北方游牧业的兴起是在青铜文化背景下展开的。当中原农耕经济按照自己的发展规律渐次达到一定水平的同时，在中国的西北部地区生活着的游牧民族也在得到程度不同的繁衍发展。早在先秦时期，便有戎族、羌族、匈奴等少数民族在黄河河套以西的广大山区和荒原沙漠地区活动。在中国北方和西北部地区，从秦汉时期开始，除了匈奴、羌族之外，又出现了鲜卑、羯、氐等民族，隋唐时期出现了突厥、回纥民族，两宋时期又有契丹、党项、女真、蒙古等民族，都开始生活在这里。这些游牧民族居无定所，逐水草而居，善于骑射，彪悍善战。他们以畜牧业、狩猎为生，把马作为生产资料，把马的驯化和传播作为草原游牧业兴起的关键。正所谓“天苍苍，野茫茫，风吹草低见牛羊”（《敕勒歌》）。由于游牧民族生活在极端恶劣的自然环境下，形成了自身独特的民族文化品质，更为了寻求自我的生存与发展，顺时而南下侵扰中原，所以游牧经济对农耕经济有一定的依赖性。

游牧民族与农耕民族之间既有战争又有和亲、互市，促进了农耕经济与游牧经济的交错互动，由此而带来了游牧经济的发展。

（三）农耕文化与游牧文化之差异和借鉴

农耕民族与游牧民族作为古代中国的两大民族类型，与之相适应的是农耕经济和游牧经济两个经济类型。其各自的主要文化特征，龚贤曾经做过较为全面的概括与归纳①：

其一，农耕文化的基本特征。农耕文化是发生、形成、发展于农耕经济区域，和农耕经济相适应的一种文化类型。主要有以下基本特征：①居安求稳，和谐有序，防守心态，不尚武力，热爱和平。农耕汉人崇尚文德，倡导“君子爱人以德”，以“德”来治理天下。②以土为本，稳定性强，依恋故土，具有很强的凝聚力和容纳性。③勤劳务实，自给自足，无求于人，安于现状。④安土重迁，定居封闭，因循守旧，瞻后式思维，缺乏开拓创新意识。

其二，游牧文化的基本特征。游牧文化是发生、形成、发展于游牧经济区域，和游牧经济相适应的一种文化类型。主要有以下基本特征：①流动外向，开拓进取；②勇敢强悍，崇尚武力；③扩张进攻，掠夺性强；④地域转换频繁，文化缺乏稳定。

---

① 龚贤．中国传统文化概论［M］．广州：世界图书出版公司，2011．

三、农耕经济对中国文化产生与发展的影响

（一）农耕经济的持续性对中国文化延续力的影响

中国作为一个具有五千年历史的文明古国，农耕经济的持续性是中国传统自然经济的重要特点之一，同时也造就了中国文化的持续性。中国自古就一直是以农立国，农耕业是农耕民族赖以繁衍的最基本保证，农业发展是农耕社会发展的重要动力源泉。传统农业的持续发展确保了中华文明的绵延不断，使中国文化具有极大的承受力和凝聚力。

在中国五千年发展的历史进程中，战乱时有发生。既有中原王朝内部的战争，诸如西汉七国之乱、西晋八王之乱、唐代安史之乱等，又有北方游牧民族的侵扰和入侵，王朝的兴衰与短时期的社会动荡不可避免。所以，王朝不断更替、社会时有分裂的现象并不罕见。虽推动了历史的发展，但不可否认的是也给古代中国社会带来了极大的创伤。不过，无论社会怎么变化，王朝如何更替，农耕经济却并没有伤筋动骨，而是依然向前发展。以农耕经济为基础而形成的农耕文化在战乱与分裂洗礼之中也日益得到充实和升华，这就更增进了中国文化的坚韧性和向心力。与此同时，由于农耕经济的核心在于农业生产，所以凡是与农业文明有关的文化就生机勃勃，延续至今依然比较发达。比如节气文化、中医文化、饮食文化、服饰文化等农业文化，在农业文明阶段在世界上一直处于遥遥领先的地位。中国传统文化虽然基于农耕经济的发展而延续不断，但是由于中国传统农耕文化定型较早，而到了现代工业文明阶段开始走向落后，这便促使人们产生了“瞻后”式的思维方式，安土重迁，居安求稳，从而也积累了文化的守旧性格，缺乏强烈的开拓创新意识。

（二）农耕经济的多元结构对中国文化包容性的影响

其一，对思想观念的包容性。春秋战国时期是中国农耕经济发展的重要转型时期，也是中国文化百家争鸣的兴隆时期。诸子百家兴起，各种学派林立，学说思想各有纷争。历史上出现了道家老子、儒家孔子、墨家墨子、天人相分的荀况、集法家学说之大成者韩非、唯物论者王充、无神论者范缜、主张“公天下”的黄宗羲、反对“独治”的顾炎武、唯物论思想家王夫之等。他们的思想学说都自成一体，但经过社会变革的洗礼，取长补短，汇总融合，从而促进了中国文化的长足发展。这从思想层面反映了中国文化的包容性格。

其二，对区域文化的包容性。在中国辽阔的土地上，不同的地理区域生存着不同

的地域文化。这些不同的区域性文化虽有区别，但又相辅相成，共同构成了中国文化的一体性。比如，陕西的秦文化、山东的齐鲁文化、山西的晋文化、湖北的楚文化、河北的燕赵文化、四川重庆的巴蜀文化、广东的岭南文化、长江下游的吴越文化等都被包容在中国文化里。甚至在某个区域内，还有更为细密的区域性文化，比如岭南文化中又有广府文化、潮汕文化、客家文化等。它们既相互区别，又相互影响，相互融合。

其三，对少数民族文化的包容性。华夏民族自古就是一个由多民族组合而成的统一体。中原汉人从周边少数民族文化中吸收了相当多有益的成分，促进了自我的改进和完善，使中国传统文化呈现出以农耕文化为核心、以少数民族文化为重要补充的多元化特征。这点从农耕民族对少数民族的器用杂物、饮食服饰、乐器歌舞的喜爱和学习可以看出。比如，盛唐时期汉人对胡骑胡音的热衷等，表明了农耕文化对少数民族文化的吸纳与包容。

其四，对外来文化的包容性。外来文化主要是指国外异域文化。对外来文化的包容性是说，中国文化对其他国家和地区的文化更多的时候都能够加以识辨并采取了吸收与借鉴的态度，而不是加以拒绝和排斥。中国文化先后吸纳了中亚游牧文化、波斯文化、佛教文化、伊斯兰文化、基督教文化等异域文化。比如，东汉时佛教的传入，明清之际（16 世纪）耶稣会传教士来华传教，西方水利、机械、火炮、数学、天文、化学、地理、测量、美术、建筑等方面科学知识和先进技术的在华传播，都显示了中华民族对外来文化的吸收和扬弃。

（三）农耕经济的早熟对中国文化凝重性的影响

所谓凝重性，就是稳健庄重，灵活不足，稳重有余；开放不足，保守有余。翻开中国历史，不难看到中国农耕经济的繁荣昌盛。中华先民们居住在固定的土地上，春种秋收，日出而作，日落而息，顺应天时而按部就班地在田间劳作。他们把土地作为农业生产的根基，世世代代居住在同一个地方，长时期地采用相同的生产模式，辛勤耕作，和平共处，安于现状，形成了中国文化凝重性的文化品质。虽然历史上也有对外来文化的吸纳，比如唐、宋都曾有过对外经济、文化的交流，元朝在统一全国的同时恢复了海外贸易等，但是总体而言，中国古代社会处于封闭状态。比如，明朝政府曾一度封锁全部通商口岸，禁止客商往来；清兵入关后，也实行过“海禁”政策，直到鸦片战争后，闭关锁国的局面才被打破。“天朝物产丰盈，无所不有，原不借外夷货物以通有无”（《粤海关志》），也许正是对古代中国农耕经济形态下保守观念的真实写照。由此可见，在农耕经济条件下，中国一直是比较保守的，闭关锁国政策一直处于主导地位。中国传统自然经济是以农耕经济形态出现的，而且定形很早。正是由于农耕经济结构的多元性，促进了古代中国社会经济的发展，也造就了灿烂辉煌的中国古代文化。农耕经济的早熟孕育形成了中国文化的凝重性。

【思考与练习】

1. 地理环境对中国文化的形成与发展都产生过哪些较大的影响？请举例说明。
2. 地理环境对中国文化特征都产生过怎样的影响？
3. 农耕经济作为古代社会的自然经济形态对中国传统文化产生了哪些影响？
4. 如何理解农耕文化与游牧文化的差别与相互借鉴？
5. 请结合地理环境与文化之间的关系简要分析客家文化的形成。

第六讲　中国文化依托的社会政治结构

中国文化的形成与发展除了受制于地理环境和农耕自然经济之外，还依托于古代中国的社会政治结构。而对中国社会政治结构的了解，又是建立在对中华民族及其文化的形成与发展的前提条件的了解之下的。古代中国的社会政治结构主要体现在宗法制度上。以嫡长子继承制、封邦建国制、宗庙祭祀制度等为主要内涵的宗法制度，确定了中国传统社会政治结构的基本走向，并形成了家天下的延续、封国制度不断、家族制度长盛不衰、家国同构等特征。在这种社会政治本系中，封建专制制度得到了强化，由此而使封建专制制度具备了以武力为先导、专制时间漫长、君主专制赖以存在的经济基础稳定、君主专制中央集权走向极端、人身自由被严密控制等核心特征。古代中国社会结构的宗法型特征导致了中国文化形成了伦理型范式，而古代中国社会结构的专制性特征又导致了中国文化的政治型范式。正是宗法制与专制制度的结合，使得古代中国传统社会形成了儒法合流的情况，伦理被政治化，政治被伦理化。

第一节　中华民族及其文化发展

一、多元一体中华民族的形成

中国人都自称为炎黄子孙，有着共同的祖先，信奉着一样的信念。夏商周三代以前的传说时代，中国各族人民的祖先都生活在中国这片辽阔的土地上，他们因血缘关系而形成了一个个不同的部落。由于黄河流域自然地理环境条件得天独厚，土地肥沃，气候适宜，水资源充足，各个部落都不约而同地聚集在这个地方。部落首领炎帝最早进入中原地区，带领部族积极发展农业生产；活动在西北地区的黄帝带领自己的部族，过着漂移不定的游牧生活；在长江流域活动的蚩尤不满足于自己部族的生活状况，便带领部族攻打其他部落。基于彼此的需要，黄帝和炎帝联合起来形成部落联盟，共同抵御蚩尤部落的侵袭，不仅打败了蚩尤部落，而且还杀掉了蚩尤。中原农耕区的繁荣，生活的安定，气候的适宜，都令黄帝部落垂涎。黄帝为了自己部落的兴旺发达、繁衍不断，毅然决然弃西北所辖的土地而进驻中原。这当然会引起中原炎帝部落的坚决反抗。于是，黄帝和炎帝为了争夺部落联盟首领之位而彻底决裂。经过三次战争，炎帝惨败，黄帝一跃而成为中原部落联盟的盟主。炎帝部落中，部分族人离开故土，远走他乡；部分族人则继续留在中原，融入到炎黄大家庭中，后来成为华夏民族的一员。

黄帝被尊为部落联盟的盟主后，逐渐合并了一些部落，势力范围越来越大。他带领部落人民大力发展农业生产，改进生产方式，促进了生产力水平的提高。总之，黄帝带领部落人民创造了灿烂的文明，为世人造福，因而受到了人民的爱戴与尊重。所以，中原地区的居民都自称为黄帝的子孙或者炎黄子孙，为自己是黄帝和炎帝的后代而自豪。黄帝进入中原成为部落联盟首领进而合并其他部落之后，各个部落之间就开始了长时间的交流与融合，生活习俗、意识观念、思维方式等逐渐趋于一致，这就为华夏族的诞生奠定了坚实的基础。作为炎黄两族人的后代，夏人、商人、周人先后建立了夏、商、周三个王朝。历经三代，争夺土地，扩大地盘；发展农业，确立礼制；融合黄河中下游的其他部落，而最终形成华夏族，即汉族的前身（后因刘邦建立汉朝而称呼华夏族为“汉”）。当时在华夏族生活居住的四周，还生活着其他民族，即历史上所谓的狄族、蛮族、戎族、夷族，统称为“夷”或者“四夷”。经过春秋战国时代民族之间的融合，这些少数民族和华夏族之间的差异越来越小，共同之处越来越多，大部分的少数民族逐渐融入到华夏族中，华夏族的力量也就越来越壮大。随着历史的不断发展，华夏族成为中国社会发展的主导力量。清末，“中华民族”这个称谓开始出现，更在辛亥革命以后被用来称呼中国各个民族以及包括台湾、香港、澳门、海外华侨等在内的世界各地华人。这样就形成了多民族融为一体的中华民族。

二、中华民族文化的形成与发展

多元一体中华民族的形成，揭开了中华民族文化的新篇章。中华民族文化的多元发生和中华民族的多元组成是同一个问题的两个方面。当中华民族以华夏族为主体、融合了周边众多少数民族而形成多元一体的时候，也就意味着多元发生的中华民族文化正在形成和发展。如果从学术意义上来印证，中华民族的形成是与人类的起源密切相关的。从元谋人、蓝田人到马坝人、大荔人再到北京人，经历上百万年的艰难进化，中华先民终于完成了由猿到人的质变，从而揭开中华民族文化的新篇章。

有学者认为，世界上没有血统很纯粹的民族。民族既非单元，文化就不会单元。

反过来，文化越灿烂，民族的血统似乎越复杂。①这说明文化的多元发生与民族的多元组成一脉相承。中华民族自古就是多民族构建起来的和谐的大家庭，与之对应的中华民族文化也是多民族文化反复融合而形成的具有丰富历史内涵的文化。纵观五千年的中华民族文化，就会发现各地区的原始人群、氏族部落的活动都在孕育着民族文化的融合。中华先祖的三大文化集团在部落群起、武力夺取、彼此交融的过程中，凸显了中华民族文化的多元化特征。而以自然小农经济为基础而形成的农耕文化，以游牧业为基础形成的游牧文化，在相互融合中彼此消长，成为中华民族文化的两大文化类型，更以农耕文化为基础而形成了古代宗法制度，使得中华民族文化带有浓重的宗法制色彩。

中华民族的远祖可分为华夏、东夷、苗蛮三大文化集团。其一，华夏文化集团。华夏是中华先民的一部分。其二，东夷文化集团。这个文化集团由众多部落组成，蚩尤族（即九黎族）是其中一个部落。蚩尤被黄帝和炎帝消灭后，东夷文化集团也就逐渐地融入了中原华夏文化集团。其三，苗蛮文化集团。传说中的伏羲、女娲、祝融氏等都属于这个文化集团。这三大文化集团在相互战争和发展的进程中，彼此之间都有广泛的经济文化交流。随着生产力水平的不断提高，私有财产的出现，私有观念的萌生，文化集团之间发生了强烈的碰撞。部落之间的战争虽然是残酷的，给当时的部落民众带来了痛苦与灾难，却为中华民族多元文化的形成与发展开辟了一条广阔的道路。三大文化集团之间的混战，以东夷、苗蛮文化集团的惨败和华夏文化集团的胜利而告终，这就加速了以中原华夏文化为主导的中华民族文化的形成。正像有学者所说，远古时代各个氏族、部落在不断发展、迁徙和相互交往过程中，为了各自的利益时而组合，时而分化，加速了彼此的融合。在辽阔的中华大地上，各个地区各个部落的古代文化，各成体系、分具特点，却又在发展过程中相互交流、传播、改造、吸收和融合，像滚雪球一样由小到大，发展成为更大的文化集团，之后又汇入中华民族文化的巨流。最终形成以华夏族为中心的局面，由此华夏文化也成为中华民族文化的核心力量。黄帝时代一统局面已经形成，文物典章制度初备，已经为中华民族文化的形成奠定了基础。②在其后的历史发展中，自三代至秦汉，由魏晋而隋唐，经宋元到明清，绵延数千年，在民族迁徙、融合、战争、碰撞中，各民族文化不断地交流、相互吸收和借鉴，融入了中华大地上各民族的文化，而成为由多元成分构成的中华民族文化。

---

① 岑仲勉．西周社会制度问题［M］．上海：上海人民出版社，1957. 111.

② 何晓明，曹流．中国文化概论［M］．北京：首都经济贸易大学出版社，2007. 30.

第二节　宗法制度的产生与确立

一、宗法制度的产生

（一）何谓宗法制度

从汉字的构造来看，“宗”是一个会意字。《说文·宀部》中说：“宗，尊祖庙也。从宀从示。”甲骨文中，上部的“宀”是像屋顶的形状，下部的“T”则表示祖先的神主牌位。所以，“宗”的本意实际上就是祭祀祖先的场所，即祖庙、宗庙。“族”是对具有同一血缘的人的总称，假借为“属”。“属，连也，从尾，属声。”“宗”“族”加在一起就是指同一父系血亲的人群聚而居，拥有共同的土地、财产、祖庙，祭祀同一祖先等所形成的血缘群体。

所谓宗法制度即血缘宗法制度，是一种以血缘关系为基础，标榜、尊崇共同祖先，维系亲情，而在宗族内部用以区分尊卑有等、长幼有序、内外有别，并规定继承秩序以及不同地位的宗族成员各自不同权利和义务的法则。某种意义上说，宗法制度就是中国古代社会为了解决职权和财产的分配问题，维护宗族世袭统治秩序的一种制度。到了阶级社会，宗法制度便成为一种维护统治阶级统治地位的政治制度，成为一种维护统治阶级内部关系，压迫剥削劳动人民，维护贵族世袭统治地位的有力工具。

（二）形成过程

宗法制度源于原始社会氏族公社时期的父系家长制，产生于商代后期，并最终确立、完备于西周。毫无疑问，古代中国之所以会确立并延续完善宗法制度，完全是中国古代血缘关系发展的产物。宗法制度是由原始社会最初的氏族、部落逐步发展而来，是建立在中国古代家族观念的基础之上的。血缘关系之所以在中国有如此重要且深远的影响，与中国古代的自然环境与地理环境的因素是分不开的。在中国这片土地上，黄河与长江两大水系冲积了辽阔而又肥沃的平原，东亚大陆特有的自然地理条件和生态环境又孕育形成了华夏民族以农耕自然经济为主的经济形态。由于自然地理环境的原因，在生产力极为低下的条件下，先民们为了生存，为了繁衍后代，个人必须融入集体之中才能够适应自然环境，才能够发挥作用。群居生活是先民们的不二之选，先民们自然地就把血缘作为维系群居生活的最为可靠的纽带。由群居而氏族，再由氏族而部落，最终再由部落到宗族，每个阶段的社会组织形式都是从血缘关系发展而成的。

父系氏族社会后期也就是尧舜禹时代，社会依赖于禅让制来传承权力。部族之间的最高首领由各个部落首长协商公推，虽然那个时代部族的最高首领并没有什么特权与利益。但是，随着生产力的进一步发展和生产方式的进一步改进，社会创造了剩余的财富，并与日俱增，这就给部族的最高首领提供了利用特权拥有更多社会财富的条件与可能。夏禹死后，把权力传给了其子启，把禅让制度下的“官天下”演变成为父传子的“家天下”，从而建立了中国历史上第一个奴隶制王朝。这种背景下，以子继父为世，以弟继兄为及，王位世袭的制度即世袭制形成了。商代后期，基于血缘关系的宗法制已经形成。到了西周时期，宗法制度趋于严密与完善。周公确立了礼制，以家族为基础的宗族继承制度便作为一种礼而存在。

二、宗法制度的确立

（一）嫡长子继承制

在殷商时代，血缘宗族的基本原则是“亲亲”，也就是兄终弟及；到了周代，社会政治的基本等级原则是“尊尊”，也就是父子相继。正所谓“殷代亲亲，周代尊尊”，这实际上是一种王位继承的方式。在宗法制度所有的规则中，最核心的是嫡长子继承制。

按照周制，天子是国家最高的统治者，统治天下的土地和臣民，并世代继承王位。西周王室一开始就推行固定的嫡长子继承制。在国王的三宫六院、七十二嫔妃中，正妻所生的儿子被称为嫡子，并被规定了只有嫡长子才具有继承王位的权利，其他庶出的儿子（庶子）则没有继承王位的权利。由嫡长子继承王权作为一种制度被确定之后，在思想上和组织上保证了国王死后政权的顺利继承，也避免了因为儿子太多难以决断由谁继承王权而造成的混乱与隐患。周公开始确立嫡长子继承制，规定只有嫡长子才有资格继承王位，如果嫡妻无子，则确立庶妻中级别最高的贵妾之子作为王位的继承者。西周统治者将人划分为四个等级：天子、诸侯、卿大夫、士。天子的嫡长子继承天子之位为大宗，其余庶子被分封为诸侯，为小宗；诸侯的嫡长子继承诸侯之位，为大宗，其余庶子被封为大夫，为小宗；卿大夫之嫡长子继承卿大夫之位，为大宗，其余庶子成为士，为小宗。嫡长子继承制及早确定名分，以制度规范把王位归属确定下来，这就杜绝了兄弟之间为争王位而相互残杀。但是，由于嫡长子继承王位是天经地义，嫡长子是否有才有德就被忽略不计了，这必然会给宗族、社会带来无穷的后患。另外，历史上为了争夺王位，兄弟相残的例子并不少见。例如，唐太宗李世民因为自己不是嫡长子，按照嫡长子继承制不能继承王位，于是发动了“玄武门之变”，杀死了王权的继承者太子建成，逼迫高祖李渊让位给自己，通过弑兄篡夺了唐王朝的王位。由此可见，嫡长子继承制虽有优越的一面，但更有太多的弊端。

（二）封邦建国制

封邦建国制就是分封制，是古代中国社会国君分封诸侯、用以巩固政权的一种制度。分封制由宗法制度直接衍生出来，由周人创立。确立分封制的最初动机是“封建亲戚，以藩屏周”（《左传·僖公二十四年》），试图通过对同宗子弟亲属封邦建国，依靠血缘来维系彼此之间的联系并作为保护周王室的屏障。实际上，当中央政权的行政体制日益走向完善之后，封邦建国制则成为一种用来管理国家的辅助性行政制度与中央政权向外扩张的一种手段，最终为行政体制服务。这样，分封制作为一种政治契约规定了各方诸侯享有的各种权利和应该负有的责任义务，同时也有助于中央政权进一步对地方诸侯实施更加有力的控制。

（三）宗庙祭祀制度

宗法制度是以血缘亲疏来判断识别同宗子孙的尊卑等级关系的，所以十分强调尊祖敬宗。尊祖敬宗必然要有开展活动的场所，于是宗庙就成为包括天子在内的各级大宗供奉祖先神位的场所。宗庙祭祀制度是为了维护宗族团结而发展起来的一种制度，核心思想在于强调尊祖敬宗、突出家族本位。宗庙祭祀制度规定了宗庙之数，用以区别尊卑、等级。根据《礼记·王制》记载，周天子为七庙，诸侯为五庙，大夫为三庙，士为一庙。如王莽祭九庙，唐开元十年（722）立九室——祭九代祖先。按照周制，所谓七庙包括太祖庙一、文王和武王庙二、亲庙四。宗庙祭祀制度自周代开始，经过秦汉至清代基本上保持了下来，以“左宗”代表宗法，以“右社”象征国土，形成左宗右社的格局。现在北京故宫前左侧的劳动人民文化宫便是明清时用以祭祀的太庙，右侧的中山公园是明清时的社稷坛，这是典型的“左宗右社”格局。这种宗庙祭祀制度在长期的发展中，维护了宗族团结、丰富了宗法制度的内涵，影响了传统社会中国人的宗族观念，也促生了中国传统社会的礼乐文化。

三、宗法制度的发展与演化

宗法制度自从在周代确立之后，顺应社会发展的需求，逐步得到进一步改进与完善。发展到了封建社会，虽然历经社会的动荡、宗法制度的瓦解以及朝代的更替，但是由于血缘关系的根深蒂固性，再加上由于古代中国的经济基础一直处于商品经济不发达、农耕自然经济占主导地位的状况，所以宗法制度也一直没有被完全彻底地瓦解掉。古代中国社会依旧没能摆脱氏族社会中的家族体系与血缘宗法关系，宗法制度成为阶级专制的社会组织制度。比如分封制，秦始皇统一全国后废除了分封制，改为郡县制；到了西汉，汉高祖在对功臣分封的同时，又开始对同宗子弟进行封赏；明朝建国初期，依然大规模分封子弟，使他们拥有极高的权力；发展到清朝，这种分封制降低了政治契约的作用，演变成为奖赏制度，并作为行政制度的一种辅助制度而存在。

第三节　中国传统社会结构的主要特征

关于中国传统社会政治结构的特征，有不少学者都做了概括。比如张岱年、方克立（2004）就认为①，中国古代的社会政治结构至少具备如下特点：第一，以血缘关系为纽带的宗法制度完备而系统，包括嫡子之制、庙数之制、分封制度等，其完善程度都是世界各国所无法比拟的。第二，专制主义严密。中国自国家产生之日起，尽管先后出现过奴隶主阶级、地主阶级等不同的统治阶级，但其专制主义统治却是一脉相承的。第三，"家国同构"的社会政治结构。在漫漫历史长河中，中国一脉相承的专制制度和带有某种血缘温情的宗法制度相结合，形成了一种"家国同构"的社会政治结构。

一、家天下的延续

宗法制度的本质就是家族制度的政治化。启继承王位打破了官天下的禅让制，而形成了家天下的世袭制。真正意义上的家天下开始于周，西周确立了家天下的制度并一直延续到清代。周代姬姓一统天下，姬姓家族灭亡后，其他家族相继而起。秦王嬴政灭六国而建立大秦帝国，自称始皇帝，希望嬴姓世世代代永久统治下去。到了汉代，刘邦甚至曾与大臣们约定"非刘氏而王，天下共击之"。刘姓西汉传了 12 代，司马姓东晋传了 11 代，杨姓隋朝传了 2 代，李姓唐朝共传 21 代，赵姓北宋传了 9 代，蒙古族铁木真姓元朝传了 9 代，朱姓明朝传了 16 代，满族爱新觉罗姓清朝传了

---

① 张岱年，方克立．中国文化概论（修订版）[M]．北京：北京师范大学出版社，2004．

12 代。即便是农民起义，也要找一位皇族或皇室后裔作为旗帜，否则就感觉争天下有点名不正言不顺。甚至是知识分子、历史学家等在思想的深处也都受宗法制观念的影响。比如在《三国演义》中，整部作品都在扬刘抑曹，把刘备看作正宗，其实就是把刘氏作为天经地义的江山继承者来演绎那一段的历史的。可以看出，中国古代作家也深受家天下思想的制约和影响。这种深受宗法制度影响的家天下社会政治结构，实际上就是一姓家族统治一个朝代，只要这个朝代不灭亡，这个家族就一直统治下去。因此可以说，一部中国发展史就是一部家族统治史。

二、封国制度不断

封邦建国制度本是西周宗法制度的主要内容之一，主要是作为周天子巩固政权的一种政治契约。随着社会的发展，到了秦朝废除分封制实行郡县制，用郡县制代替分封制来管理国家。但是，自汉代又返回旧制采用分封制，魏晋之后历代王朝仍然沿用了分封制。可以说由周代确立的分封制自汉以降就延续不断，从来就没有间断过。纵观中国发展的历史，皇亲国戚一直以来都享受着封邦建国的特殊权利。这种制度既保证了同一个血缘家族对皇权的绝对拥有，也保证了对臣民和国家的绝对统治。所以，虽有汉景帝时的刘濞之反叛，也有西晋时的八王之乱、明朝时的靖难之役等，但是历代皇帝依然跳不出分封制的窠臼，照封不误。深入挖掘个中缘由，依然是农耕经济背景下错综复杂的宗法关系的严重存在。

三、家族制度长盛不衰

古代中国上下五千年，虽然经历了无数战争、自然灾害、动荡不安和朝代更替，但是万变不离其宗，因血缘而形成的家族制度自始至终都没有发生根本性变化。自秦至清，表面上的朝代更替实际上就是统治者姓氏的变化，意味着一个旧家族的灭亡和随之而来的新家族的诞生。家族制度表现出特别强大的生命力和绵延持久的延续力。打开中国历史，我们就会看到，中国历朝历代都会出现一些豪门贵族和大家族。他们充分利用了自身的优势和所处时代的社会环境条件，审时度势，不断地发展自己、壮大自己，最终使家族拥有无可比拟的庞大势力，从而使家族在政治、经济、文化等领域都居于重要地位甚至是引领时代风向。

在汉代，一些土豪、地主、商人、官僚大肆掠夺土地，抢占民女使之沦为奴婢。汉光武帝刘秀登基后采取了一些措施和政策试图改变现状，比如曾先后七次下令释放奴婢，但是面对庞大的家族势力和豪强地主，都终因寡不敌众而败下阵来。这不但没有使家族势力消亡，反而更助长了家族势力的恶性膨胀。据史书记载："豪人之室，连栋数百，膏田满野，女婢千群，徒附万计。……琦赂宝货，巨室不能容；马牛羊豕，山谷不能受；妖童美妾，填乎绮室；倡讴妓乐，列乎深堂。"（汉·仲长统《昌言·理乱篇》）这是对当时大家族的气派淋漓尽致的描述。

魏晋南北朝时期，虽然社会动荡、战乱不断，但是家族制度并没有衰退或减弱，相反依然有进一步的发展。无论长江以南还是长江以北地区，都有豪门和寒门之分，都有大姓家族的出现。当时，江南的顾荣、贺循等家族都是名门望族。他们建豪宅，扩土地，造园林，拢人心，聚人气，享受着荣华，势力一天天扩大，由此也引起了朝野的担忧与恐慌。比如王氏王导家族势力就不断壮大，以致东晋皇帝司马睿都不得不与王导促膝同坐。以后各朝代一直到清代甚至到了民国时期，家族势力都长盛不衰。《红楼梦》中描写的贾、王、史、薛四大家族和民国时期蒋、宋、孔、陈四大家族就是典型的范例，都表明家族制度对中国社会发展的影响力。

家族制度长盛不衰的显著标志就是族权在社会生活等各方面所表现出的强大而持久的影响力。西周宗法制度下，族权与政权合二为一；秦及以后表面上虽然族权与政权逐渐分离，但实际上宋明以后族权在社会生活中的作用越来越突出。在封建社会中，族权与神权、政权与夫权等"四权"牢牢地统治和禁锢着劳苦大众。族权是从父系氏族社会家长制演化而来的，一方面作为政权的补充，另一方面又起到了政权难以起到的特殊作用，因此为历代统治者重视，并为理学家们所青睐，由此推波助澜，固化了家族制度长盛不衰的意志力和坚韧性。

四、家国同构

家国同构是指家庭、家族和国家在组织结构方面的共同性。家与国的同构性从根本上说，源于氏族社会时期的血缘纽带解体不充分而遗留下来的血亲关系对社会关系的深刻影响，是立足于古代中国商品经济不发达而小农经济占主导地位的经济基础而形成的。在家国同构的社会结构中，家与国互为表里，家就是国，国就是家，国与民之间依靠家作为中介来联络。家是小国，国是大家。家与国都实行严格的父家长制。在家庭、家族内部，父家长权力至高无上，地位最尊，不可侵犯；在国内，君王地位最高，权力最大，君要臣死，臣不能不死。正是基于这样的社会政治结构，父家长被赋予了传宗接代、光耀门楣、光宗耀祖的重任，作为一家之主应该责无旁贷地肩负起这一重任，率领族众家人辛勤努力，以达到人生所追求的最高境界。与父家长一脉相承的是君王自命为天子，龙子龙孙，高贵威严，嫡长子继承王位，神圣不可侵犯。所以，《易·家人》中说：“家人有严君焉，父母之谓也。”意思是说，君王是全国子民的严父。《新书·礼三本》也说：“夫君者，民众父母也。”意思是说，各级地方政权的行政长官也是老百姓的父母官。这二者合起来就是说，父为家君，君为国父。家与国具有相同的伦理道德，遵循着同样的人伦秩序。家与国是同构的，彼此不能分割。可以看出，宗法关系渗透到了整个古代中国社会的机理，其严密程度无以复加。

家国同构的格局导致了忠孝相通。古代中国社会的君臣、父子、夫妇、兄弟、朋友之五伦关系是古代中国所形成的基本道德伦理关系。这些关系都以亲缘为基础，以孝亲为源，以忠君为流，把对家庭成员与对国家子民的道德要求视为同一，并无二致。因此，对父母的孝顺就是对皇帝的忠顺，对皇帝的忠顺就是对国家的效忠，忠与孝完全被相提并论。历史的遗传基因造就了无数英雄以效忠爱国为荣耀。齐国管仲、秦相李斯、西汉萧何、西汉霍去病、蜀汉诸葛亮、唐朝郭子仪、宋代岳飞等，都是古代中国社会不同历史时期“家国同构”下出现的著名人物。他们虽然生活在不同的时代，但是他们之间在既孝忠皇帝又热爱祖国，既为国捐躯又为皇家献身这一点上保持了高度的一致性。显然，“忠”和“孝”两个字在他们身上被融为一体，并达到了极致。家国同构、忠孝相通，都是宗法制度长期遗存的结果，是数千年来中华子民对血缘宗法关系精髓的继承与传播。梁启超说：“吾中国社会之组织，以家族为单位，不以个人为单位，所谓家齐而后国治是也。周代宗法之制，在今日其形式虽废，其精神犹存也。”（《新大陆游记》，《饮冰室合集专集》第五册）这一段话十分恰当地说明了社会组织“家国同构”以及由此而来的“忠孝同义”与宗法制度之渊源关系。

第四节　专制制度与中国社会政治结构

一、古代中国与欧洲政体的差异

君主专制政治体制是世界许多民族和诸多国家都曾经出现过的一种政体现象。马克思把政体区分为欧洲型政体和东方或者亚洲型政体，前者以法国和英国等国家为代表，后者以中国和土耳其等国为代表。[①] 这种现象无论是在以英国、法国为代表的欧

① ［德］马克思，恩格斯．马克思恩格斯全集（第10卷）［M］．中共中央马恩列斯著作编译局译．北京：人民出版社，1998.462.

洲国家，还是以中国、土耳其为代表的东方或者亚洲国家，虽然表面上所实行的君主专制政体是一样的，但是实际上在产生依据、表现形态、集权程度、持续时间、历史作用，以及对本民族、国家文化发展演进的制约影响作用等方面，中国的君主专制政体与欧洲的君主专制政体又有很大的不同。

古代中国和欧洲分属于地球上两个不同的自然地理区域。古代中华文明发祥于黄河流域，而欧洲文明则源自于地中海沿岸国家。中国自古就在相对封闭的自然环境中形成了特有的农耕经济，并制约和影响着古代中国历代王朝的政体；而在欧洲，古代埃及文明产生于尼罗河流域，苏美尔和古巴比伦文明产生于两河流域，它们汇集到古希腊，又从希腊传到罗马帝国，并在罗马帝国灭亡后再经由日耳曼人传播到整个欧洲。可以看出，古代中国政治与文化产生的源头相对单一，发展变化也相对稳定；而欧洲政治与文化产生的源头相对多元化，而且发展变化也相对明显。

（一）从宗教势力与王权之关系不同看政体的差异性

在古代中国社会，统治者凭借着武力比较顺利地夺取权力并在社会发展中尽力强化自己的专制政权，政治权力很快被牢牢地控制在一个人手里。由于权力高度集中，权力核心迅速形成而且难以被分解。宗教并未成为一支长期与王权对立的势力，反之还往往为统治者服务。宗教神职人员只是以统治者的奴仆身份面世，并没有独立的人格精神。宗教成为统治阶级用以征服臣民的一股强大力量，神职人员也被当作为统治阶级服务并为统治阶级摇旗呐喊的工具。宗教势力与王权之间不但没有分庭抗礼，约束王权的无限膨胀，限制王权对臣民肆无忌惮的剥削与压迫，相反二者之间关系暧昧，这就对王权的自由任性发展起到了推波助澜的作用。在王权发展的过程中，中国的王权自产生那一天起就没有可以与之相抗衡的阻力，没有可以制衡其自由发展的牢固壁垒。所以，古代中国君主专制的政体越来越严重、越来越完备，并能够得以长期延续而经久不衰。

欧洲王权的发展则完全不同。自从王权产生的那一刻起，就有一个宗教势力与之抗衡。无论是古代埃及、罗马还是到了中世纪的欧洲，宗教势力一直保持着制约作用，从而对王权形成巨大的冲击。比如，古代埃及是一个多神信仰的国家，在众多神中尤以太阳神最为重要。但是，即便是都信仰太阳神，法老与祭司奉祀的却是不同的太阳神。信仰不同的太阳神，就意味着法老与祭司之间有着不同的宗教观念和信仰内容；有不同的宗教观念和信仰内容，就必然会存在矛盾和斗争。所以，以法老为代表的势力与以祭司为代表的势力之间就不断地进行激烈的斗争。到了新王国时期（大约与中国殷商时期同时），埃及工商业得到了比较快的发展，与地中海沿岸国家又有更多的交流与贸易来往。在这种背景下，古代埃及法老的权力虽然集中到自己的身上，却有来自宗教势力的抗衡和较为发达的工商贸易的冲击。埃及王权受到了两股力量的共同牵制，受到了来自于不同方面的外界势力的严重挑战。两河流域和印度，情形大致相同。所以，欧洲君主专制政体的发展被抑制了，不像古代中国君主专制政体的发展那样无拘无束。

（二）从经济结构的不同看政体的差异性

古代中国政体与欧洲政体形成、发展所依赖的经济结构存在着非常大的不同，由此而导致古代中国政体和欧洲政体存在着极大的差异性。

古代中国经济结构是以农耕经济为主导，融手工业、工商贸易等经济成分为一体的多元经济结构。这种以血缘关系为先导而形成的农耕经济，渗透到了社会发展的每一个角落。一方面，古代中国的君主专制制度极力维护农耕经济，压制工商业发展。历代王朝都采取了“重农抑商”的政策，在大力发展农业生产的同时，又不忘记采取高压政策抑制商业的发展。另一方面，以农耕经济为主导的多元化经济结构又反过来成为君主专制制度发展的坚实经济基础，促使古代中国君主专制传统不断得到发扬光大，从而进一步强化了封建专制主义对中国社会发展的巨大影响。

和古代中国以农耕经济为主体的多元经济结构不同的是，欧洲多元经济结构则是以工商业、海上贸易为主导。这种经济结构本身就具有非常大的开放性和自由性。欧洲的君主专制制度优先刺激工商业的繁荣和海外贸易活动，鼓励资本主义生产力的发展。这不仅推动了资本主义生产方式的产生与健康成长，还开拓了人们的眼界，增强了民众的民主意识。因此，欧洲经济结构不但较少受制于封建王权专制，相反还对欧洲专制制度产生了巨大的冲击，从而使封建贵族势力与平民势力保持一种相对的平衡。

（三）从阶级基础的不同看政体的差异性

古代中国君主专制以奴隶主和地主为阶级基础，而欧洲君主专制则是以封建主、僧侣、新兴资产阶级为阶级基础。前者所依赖的阶级基础构成成分比较单一化，阶级内部政治利益和经济利益具有一致性。所以，统治阶级要牢牢控制对农耕自然经济发展的主导权。他们所依赖的经济基础是小农业和手工业相结合而形成的自然经济，这种自然经济对商品经济形成了巨大的抑制力量。同时，为了保护本阶级利益的最大化，统治阶级会从不同的方面压制新的资本主义生产方式的出现，由此来延展君主专制制度在古代中国社会的存续时间，并使之达到了登峰造极的地步，使得中国的君主专制能延续数千年。后者所依赖的阶级基础构成成分比较复杂，以僧侣为代表的宗教势力、以封建主为代表的旧势力、以资产阶级为代表的新势力，都从自身阶级利益出发，在政治、经济等方面相互牵制与利用，从而达到彼此之间的平衡。欧洲专制君主在维护封建贵族利益的同时，也拉拢新兴资产阶级；宗教势力既保持自己的独立性，又对君主专制保持着抗衡。三股力量相互制衡，相互发展。君主专制在客观上促进、推动和保护了资本主义生产方式的孕育和成长，从而为欧洲政体的转变创造了不可或缺的先决条件。

二、中国君主专制制度的特点

（一）以武力为先导，专制时间漫长

君主专制制度在战国时期就已经形成，在秦汉时期得以真正确立，而后发展延续到清末才被废除。君主专制在中国历史上延续了数千年，时间之漫长，历史之悠久，是欧洲国家无可比拟的。

古代中国君主专制的形成以武力为先导，并牢牢地控制了宗教势力，使宗教势力只能依附于君主专制，而不能与之抗衡。军事争夺、武力征服是古代中国社会发展的永恒主题，这种武力相向的历史可以上溯至原始社会末期，“轩辕之时，神农氏世衰，诸侯相侵伐，暴虐百姓，而神农氏弗能征。于是轩辕氏乃习用干戈，以征不享，诸侯咸来宾从。”（司马迁《史记・五帝本纪》）黄帝与炎帝战于阪泉之野，三战之后而得其志；与蚩尤战于涿鹿之野，遂擒杀蚩尤。自此，黄帝便夺取天下。“诸侯咸尊轩辕为天子，代神农氏，是为黄帝。天下有不顺者，黄帝从而征之，平者去之，披山通道，未尝宁居。”（司马迁《史记・五帝本纪》）可见，黄帝的权力也是通过武力而取得并依然用武力来扩大统领的范围，强化自己的权力。黄帝之后的尧、舜、禹、启也多是采用武力来巩固自己的政权。《竹书纪年》记载：“益干启位，启杀之。”继而“有扈氏不服，启伐之，大战于甘”，“遂灭有扈氏，天下咸朝”（司马迁《史记・夏本纪》）。到了殷商时期，殷商政权的建立依然靠的是武力。哪怕是当商王盘庚欲迁都于殷，遭到臣民的反对时，也会对反抗者发出“我乃劓殄灭之”（《尚书・盘庚中》）这样的警告，威胁施以割鼻的酷刑。所以，孟子说：“汤始处，自葛载，十一征而无敌于天下。”（《孟子・滕文公下》）直接催生了专制权力。周武王以武力推翻商纣统治，分封姬姓诸侯国，但是周天子与诸侯之间既是宗法关系又是君臣关系，这本身就是一种专制主义。诸侯对周天子负有诸多的责任和义务，违背者同样要受到严厉的惩罚。有《孟子・告子下》记载为证：“一不朝，则贬其爵；再不朝，则削其

地；三不朝，则六师移之。”可见武力是解决问题的首选手段。春秋之前的君主专制是建立在分封基础之上的，春秋之后的专制则是通过郡县制等君主官僚体系而实现的，并用一种新的专制制度取代了旧有的专制制度，一直延续到清末辛亥革命推翻帝制为止。秦始皇建立统一的秦王朝，把权力统一到皇帝一个人手里。皇帝成为最高的权威者，三公九卿则是统治集团的主要力量，皇帝通过三公九卿来统治全国，形成了高度集中的中央集权专制。魏晋南北朝隋唐时期，专制主义集权制表现在采取三省六部制来统治国家上。宋辽金元时期，专制主义中央集权又得到了进一步发展，朝廷牢牢地把持了军权、政权、财权、司法权等所有的权力。明清时期，中央集权制更是达到了登峰造极的地步，唯有皇帝专权。皇帝握有国家最高权力，凌驾于一切臣民之上。

综上所述，不难发现，古代中国君主专制的社会基础是牢不可破的封建宗法制度，其核心内容则是君主专制集权的皇帝制度。武力作为先导，成为君主专制产生并延续的重要保障。君主专制以庞大的官僚集团和军队，以及宣扬君主神化和君主至上的宗教势力为强大支柱。在武力威慑之下，宗教势力被彻底控制而成为君主专制的工具，宗教的教义只有符合统治者的利益才能够得以传播。由此，古代君主专制政体数千年延续不断，成为禁锢人民的制度枷锁。

（二）君主专制赖以存在的经济基础稳定

古代中国君主专制政体是建立在深厚稳固的农耕经济基础之上的，把土地和自给自足的小农经济结构作为安身立命之本。商周时期，土地早已国有化，君主把全国的土地都看成是自己的私有财产，正所谓“溥天之下，莫非王土”（《诗经·小雅·北山》）。春秋之后，土地所有权逐渐被分割归属于各个等级，并出现了土地公有和私有并存的局面。秦统一六国建立封建帝制之后，土地私有化逐渐成为土地所有制的主要形式。即使如此，其实国家对土地的占有量依然很大。农民可以占有土地或者租赁地主阶级的土地，对土地拥有使用权，但是因为是小农自然经济，生产力水平还十分低下，所以广大自耕农和佃农在面对自然灾害时往往表现得力不从心，无能为力；再加上地主阶级的剥削和压迫，更使农民阶级生活在水深火热之中。地主阶级和农民阶级之间虽然水火不容，处于相互对立之中，但是如果没有广大农民阶级的存在，也就没有地主阶级的统治。君主专制权力成为地主和农民彼此消长的调节器。君主专制权力既要保护地主阶级、剥削阶级的权利，也要让地主阶级把土地租佃给农民耕种，以维护其根本的经济基础。所以，当农民阶级被地主阶级剥削得体无完肤、失去土地转而变成奴隶或者流民的时候，统治者又往往会调整政策，实行一些土地改革的措施，以应对出现的激烈矛盾，平衡农民阶级与地主阶级之间的关系。在历史上，就曾进行过一系列土地制度和赋税制度的改革，比如商周的井田制、曹魏的屯田制、西晋的占田制、北魏的均田制、明朝的一条鞭法、清朝的摊丁入亩等。这些制度或者措施的实施，都会从不同方面制约土豪地主的严酷剥削，也会保护农民阶级对土地的渴望。当然，这样做的主要目的不是为了被剥削者，而是为了维护封建君主专制政权，巩固君主专制政权赖以存在的经济基础。

在调和农民阶级与地主阶级关系的同时，为了避免农耕自然经济基础的瓦解，历代统治者对商品经济、工商业都采取了一致的政策，那就是重农抑商，把工商业视为洪水猛兽，对商品经济进行毫不留情的打压。与此同时，还采取各种各样的政策和措施保护小农经济的发展。这就使得古代中国商品经济早熟但始终未能成熟，资本主义的生产方式最终未能在中国这片土地上形成，而农耕自然经济基础变得异常稳固，坚不可摧。君主专制依赖于农耕经济，农耕经济强化了君主专制；农耕经济在君主专制下日益稳定发展，而君主专制在农耕经济下愈演愈烈。

（三）君主专制中央集权走向极端

中国封建社会君主专制的集权制度，自从产生那天开始历经两千余年的发展，从总的趋势上来看是日益得到强化。秦王嬴政一统六方诸侯做了皇帝后，“天下之事无大小皆决于上”（《史记·秦始皇本纪》）。这种由皇帝独揽立法、司法、行政、军事指挥大权的中央集权制，一直到封建社会末期的清朝都从未间断过。康熙朝《东华录》卷九十一记载：“今大小事务，皆朕一人亲理，无可旁贷。若将要物分任于人，则断不可行。所以无论巨细，朕心躬自断制。”康熙的观念与秦始皇并无二致，由此可见一斑。

秦始皇时代，为了加强对国家的管理，特别强化了中央集权，设立了三公（即丞相、太尉、御史大夫）和九卿。丞相为百官之首，处于“一人之下，万人之上”的枢纽地位，辅助皇帝料理国事。太尉负责全国的军务大事，御史大夫负责监察，九卿分管各方面的事务。汉代承袭了秦制，到了刘秀建立东汉政权后则把尚书台作为总理国家政务的中枢机构，从而使之成为实际上的国家最高权力机构。魏晋以后，尚书台总揽了秦汉九卿的几乎所有大权。隋代设置尚书省、中书省和门下省管理国家。唐代确立六部二十四司官制，把吏部、户部、礼部、兵部、刑部、工部各部归属于尚书统领，自此原本地位低下的尚书终因巩固皇权的需要而上升为掌握国家政务大权的最高官职。宋代开始，相权日益衰落，皇权愈加集中。明代的内阁、清代的军机处都是专门设立的为皇帝办事的机构。皇帝对亲信委以重任，把大权交给自己的亲信侍从，以取代皇帝以外庞大的官僚机构。

可以这样说，中国封建社会权力的高度集中，事无巨细都由皇帝做主；言出法行，一言兴邦，一言丧邦，国家的命运全在皇帝一念之间。所以，马克思曾说：“君主是国家个人意志的、没有根据的自我规定的环节，是任性的环节。”（《马克思恩格斯全集》第1卷）权力的高度集中，使得帝王凭着个人意志来处理诸项国家政务，全然置法律于不顾。权力绝对集中而缺乏必要的民主机制，造成重人治而轻法制的必然结果。

（四）人身自由被严密控制

中国是最早实行人口统计和户籍管理的国家。随着土地私有制的出现，开始有了户口和土地管理制度。统治者通过严密的户籍制度和颁布有关法令对平民百姓进行人身控制。春秋战国时代，有什伍制度，把老百姓编入什伍之中，十家为一什，五家为伍，实行连坐制。秦献公时，建立了“户籍相伍”的制度。商鞅变法时，为了加强中央集权，普遍推行郡县制。全国设31个县，官吏由中央任免。与此同时，还进行户口编制，实行连坐法，规定五家为保，十家为连，一家有罪，互相纠察告发“奸人”，如不检举告发坏人，则十家连坐。汉、唐、宋等各代都十分注重户籍管理，通过户籍管理来了解、掌控臣民的一切，基本原则是计口授田，土不离人，人不离土。元、明、清时期，户籍制度又有新的发展，户口管理更为复杂。按照规定，必须要根据老百姓的职业、民族、宗教、阶级身份以及所纳贡赋的不同而分为不同的户别，以此来平均徭役负担，作为征发赋役的根据。

历代王朝利用户籍制度和法令，把农民牢牢地固定在土地上，农民只能依附于土地，日夜劳作，安土重迁，使得农民失去了流动的可能。国家依靠对土地的控制来管理百姓，这样便可以按郡县、乡里、什伍系统来征收税赋、摊派徭役和兵役。在这种严密的管理体系中，皇帝的指令、国家的意志能够非常畅通地下达到每一个家庭，传达给每一位百姓。可以说，在严酷的中央集权制下，土地一旦得到了有效控制，人民也就被牢牢地捆绑在土地上，对劳动者与劳动对象一并严加控制，以有效掌握财富和权力，这样就轻而易举地控制了百姓的人身自由。于是，自古历代百姓就成了永远难以离开故土的缺乏冒险精神的顺民。

三、传统社会政治结构对中国文化的影响

（一）社会结构的宗法型特征导致了中国文化形成伦理型范式

伦理型范式是以传统宗法血缘为基础的，是宗法制社会注重人伦、讲究“君君、

臣臣、父父、子子”的必然结果。

这种范式具有积极的正面价值，那就是能够提升中华民族强劲的生命力和凝聚力，注重自我道德修养和自我内心的修炼；强化人伦亲情，重视人际间的友好交往，尊祖敬宗，尊老爱幼，和睦相处；讲究温文尔雅，重视言谈举止；重集体轻个人，重义轻利，国家利益和君主利益至上；安土重迁，稳重内敛，少说多做，低调行事。正是因为如此，才使得中国自古就有“礼仪之邦”的美誉。

以上这些伦理型范式的正面价值造就了中国文化的优秀品质，但是在历史发展的进程中，这些优点又恰恰构成了中国文化的弱势。强调人伦关系，注重血缘关系，把儒家学说的核心思想“三纲五常”作为中国伦理文化的基本架构，用“存礼灭欲”作为修身养性的基本规范，并由此体现中国封建社会的基本道德规范，这无疑成为维护封建等级制度的道德教条，以至于妨害了个性的自由发展，形成了以自我为中心、妄自尊大，守旧瞻后、缺乏进取意识的文化品性。与此同时，狭隘的小农意识往往会形成相对封闭的心理，开放意识不够，接纳新生事物的观念不够，从而不分良莠地盲目排外。

（二）社会结构的专制性特征导致了中国文化的政治型范式

政治型范式是建立在君主专制制度下权力高度集中的基础之上的，统治者利用权力把老百姓严格地控制起来，依附于专制政权，上行下效，政令既出，八方臣服。

这种政治型范式对社会发展的积极意义在于，由于专制政权的长期浸淫，中华民族形成的整体观念和国家至上思想，给民族心理造成了强大的文化认同感。既要忠君，又要报国，忠孝相通，家国同构，把对帝王的效忠当作对国家的忠诚；倡导学而优则仕，强调建功立业，立现世之功，要求为国家、为社会鞠躬尽瘁，作出自己的贡献。

这种政治型范式对社会发展的消极意义在于，由于受到专制政权的严酷统治，人身自由被禁锢，长时期生活在高压政策之下，造成国人自古就缺乏自信心，反抗意识不够，存在严重的服从心态，进一步造成了奴性化的人格特征。迷信权力，崇拜权威，主权高于民权，把权力和权威看得高高在上，形成了严重的“官本位”思想。正是在这种政治型范式下，才形成了政治上森严的等级观念。

（三）宗法制与专制制度的结合，使得儒法合流，伦理政治化，政治伦理化

古代中国走过的漫长历程中，宗法制与专制制度血脉相连，在较长的时期内彼此割舍不断。相互间的需要与促进，使得二者完美地结合在一起。宗法制与专制的结

合，在政治上表现为儒法合流，把儒家思想与法律法规融为一体，德法兼治；在文化上则表现为伦理的政治化和政治的伦理化，用政治伦理秩序来代替法律秩序，而往往是伦理大于法律，从而造成中国人法律意识、法制观念淡薄，社会法律制度不健全的情况，使中国传统文化表现出重人情而轻国法的特点。

【思考与练习】

1. 简要分析宗法制的具体内容。
2. 在宗法制度影响下中国传统社会结构的特征是什么？
3. 简要分析君主专制制度的特点。
4. 中国传统社会政治结构对中国文化有何影响？
5. 简要分析宗法制度是如何产生的。

第七讲 中国古代哲学

中国传统文化的博大精深，最为突出地体现在古代哲学上。中国传统文学、艺术、教育、政治、风俗等，莫不深受哲学思想的影响。中国哲学以儒释道三家思想为主，它们之间虽然各有渊源，各有侧重，但互为补充，在启发人们追求心灵家园、寻求内在精神自觉和培养伟大人格上有相同的旨趣。中国古代哲学是中国人“研讨宇宙人生之究竟原理及认识此种原理的方法”的结晶，与古代中国社会的发展相为表里。因此，要深入认识或把握中国文化的精髓，不能不了解中国古代哲学。

与西方哲学不同，中国古代哲学以“六经”作为共同的思想资源。章太炎曾指出：“六经者，周之史籍。道墨亦诵习之，岂专儒家之业。”（《国故论衡·原道上》）上古流传下来的《易》《诗》《书》《礼》《乐》《春秋》是先秦诸子哲学思考的出发点。“六经”中对中国哲学思想影响最大的当属《易》。《易》是西周文化的集成，它的阴阳变化观念为中国哲学的诞生奠定了深厚的基础。春秋战国时期，中国哲学出现了百家争鸣的局面，形成了儒家、墨家、道家、名家、法家等不同学派，其中对中国传统文化的发展影响最大的当属以孔子为代表的儒家和以老庄为代表的道家。儒家复周礼，创造了仁的学说。道家追求自然无为，强调个人和自然万物的和谐与平衡。儒道两家思想各有侧重，互有补充，为中国本土哲学的发展确定了运思的方向。两汉之际，印度佛教传入中土。印度佛教与以儒家、道家为代表的中国本土文化既冲突又融合，最终演化为富有汉文化特色的中国宗教，成为中国哲学的另一不可分割的组成部分。佛教一方面接受中国本土文化的影响，另一方面又不断影响中国本土文化，儒释道三家思想的互动融合，既形成了富有中国文化特点的中国佛教哲学，也不断推动着中国本土文化的更新发展。

第一节 《周易》

《周易》是殷周之际出现的一部卜筮之书，其作者何人，迄今未有定论。《汉书·艺文志》对此有“人更三圣，世历三古”的说法，认为伏羲画八卦，周文王演六十四别卦，孔子作《易传》，此一说法代代相承，最有影响。《周易》由《易经》和《易传》两部分组成。传说中伏羲所作的八卦和周文王所作的六十四别卦以及周文王为卦象所作的补充说明——卦辞、爻辞——是《易经》的主体内容。相传为孔子所编写的《十翼》则属于《易传》。《易经》在前，是远古文化的积淀；《易传》在后，是文明时代对远古积淀的总结与承传。《易经》与《易传》多元同构，对中国哲学史、中国文化史有着深远的影响。

一、《周易》是中国哲学的源头

“《易》乃大道之源”，这已成为中华民族的共识，并得到当今国际易学界的认同。“源”是开端，是后发学说取义参证的“原点”。纪昀认为：“《易》道广大，无所不包，旁及天文、地理、乐律、兵法、韵学、算术，以逮方外之炉火，皆可援《易》以为说，而好异者又援以入《易》，故《易》说愈繁。”（《钦定四库全书总目》卷一·易类一）《易》道之“大”在于包孕了哲学、历史、政治、军事、伦理、道德等诸多学科的思想观念，从源头处规定了中国古代哲学的基本范畴和思维习惯，具有很高的文化历史价值。

《周易》提出了一幅具有民族特色的宇宙生成图式，从源发处奠定了中国古代哲学的基本范畴和运思机制。《周易》提出了“易有太极，是生两仪，两仪生四象，四象生八卦，八卦定吉凶，吉凶生大业”的宇宙生成模式。太极是至极无以复加之义，由太极而生两仪，两仪就是阴阳。阴阳原是八卦阴爻与阳爻的指称，两者形成了矛盾对立关系。高亨认为：“天下矛盾对立之两种事物不尽是一为阴性，一为阳性。然《易传》作者运用不科学之观点与方法，将天下事物分为阴阳两种，从而认为阴阳两性事物矛盾对立是事物之普遍规律。”阴阳观念经由《易传》作者的发挥，逐渐从实体性的爻转化为抽象的哲学范畴，扩展了其释读万物的能力。阴阳二气的变动生四时，四时生八卦。八卦是自然界天、地、雷、风、水、火、山、泽八种实体性事物。《周易》以这八种卦象为基础象喻万事万物。《系辞传》说：“天地氤氲，万物化醇，男女媾精；万物化生。”天为阳，地为阴，天地阴阳二气出而万物生；男为阳，女为阴，男女阴阳合精而万物无穷。阴阳虽为气，但不是古希腊哲学家所言“水”“火”等有形体的自然之“气”，它是“神无方而易无体”的运行变化之“道”，这种“道”可以直接推用到“人”。《说卦》曰：“昔者圣人之作易也，将以顺性命之理，是以立天之道曰阴与阳，立地之道曰柔与刚，立人之道曰仁与义……分阴分阳，迭用刚柔。”天以阴阳对立而运转，是为天道；地以刚柔对立而相推，是为地道；人以仁义对待而相济，是为人道；天道、地道、人道分言为三，合而言之则是阴阳。由天地之道而推及人道，借天地之道而阐发人道，以此教化人，这正是中国古代哲学的基本范式。

《周易》提出了天地人三才结构，并以天地之道类比人道，形成了天—地—人阴阳相感的思维习惯。《周易·咸卦》彖辞曰："天地感而万物化生，圣人感人心而天下和平；观其所感，而天地万物之情可见矣。"咸卦上卦为兑卦，属阴柔，下卦为艮卦，为阳刚，所以是柔上刚下，阴气上升，阳气下降，阴阳二气正好交感互应，所以娶女吉。天地阴阳交感化生万物，圣人与百姓人心相感则天下太平，圣人感与天地感构成了平行类比关系。《周易·坤卦》文言曰："阴虽有美，含之以从王事，弗敢成也。地道也，妻道也，臣道也。"阴柔虽然也有美德，但是只能用于辅助君王，这是因为天为阳在上，地为阴在下。"天尊地卑，乾坤定矣；卑高以陈，贵贱位矣。"故而妻子必须听从丈夫，下臣必须忠于君王。显然，人道中妻子与丈夫、下臣与君王的关系是从天尊地卑的人格化天地之道中推衍出来的。《周易》中以天地阴阳之关系推断人事吉凶的卦辞比比皆是，在这些推断中，阴阳观念既是立卦的基础（《说卦》："观变于阴阳而立卦。"），又是解释社会、人事现象的依据。

从阴阳的互动平衡关系论述天、地、人，是中国古代哲学理气论的最核心内容，也是中国古代哲学最具民族特色的关键环节。《周易》之后，以太极为"元"，以阴阳论天道、地道、人道是中国古代哲学的基本范式。汉代董仲舒在《春秋繁露》中说："天地之气，合二为一，分为阴阳，判为四时，列为五行。""一"是"元"即太极，"元"与阴阳的分合关系是对《周易》的重复；西汉末扬雄以"玄"总该天道、地道、人道，"玄"其实是"太极"的别名；宋代周敦颐建构太极阴阳图，邵雍讲动静阴阳刚柔，张载论气化流行，二程朱熹论理气，虽然对《周易》道论有所发展，但其论理也离不开《周易》所奠定的太极阴阳范式。"一阴一阳之谓道"（《周易·系辞上》），《易》道的广大之处在于阴阳观念所解释对象的无所不包，《易》道的哲学开端意义也在于阴阳观念广大悉备的释读能力。

二、《周易》哲学思想读解

《周易》的哲学是尚"中"位的哲学。位是爻所处的位次。无论是八经卦还是六十四别卦，都由阴阳二爻排列组合而成，因而各爻之间就有着空间上的位置关系。爻的空间位置就是爻位。按高亨的说法，六爻的位次有天位地位人位、上位中位下位、阳位阴位、同位四种。爻象与爻位不可分割，《彖传》往往根据卦之爻象与爻位关系解释卦名、卦义，判断人事吉凶。因此，爻象与爻位的位次关系就显得极为重要。“中”位是象与位次的得当，即阳爻得阳位，阴爻居阴位，又称“当位”。以六十四卦为例，每一卦自下而上爻位依次为初、二、三、四、五、上爻，这六个爻位有明确的阴阳关系。奇数之位，即初、三、五为阳位；偶数之位，即二、四、上为阴位。凡阳爻居阳位，阴爻居阴位即“中”位，反之即为“失”位。在六十四卦中，爻象与爻位的阴阳关系是神秘的人为约定，而在《易传》中，爻象与爻位的“中”是名实相符的伦理秩序，是不偏不倚、无过不及的中庸之道。

“中”位是阳刚阴柔的“得中”，是社会各阶级伦理秩序的“当位”。《系辞上传》曰：“天尊地卑，乾坤定矣。卑高以陈，贵贱位矣。”就天地大宇宙而言，天地有高低尊卑之秩序，天为阳刚，刚者强健坚毅，是君主、长辈、男子、君子等的表征；地为阴柔，柔则恭敬谦和，是臣下、晚辈、女人、小人等的表征。阳刚阴柔具有不同的属性，表征着不同的社会阶层。这些社会阶层在周公制礼作乐时代依据礼乐制度而形成稳定的社会结构，其理想社会形态就是各阶层的行为都与自己在社会结构中的位次相符合。冯友兰在论孔子的“正名”思想时说：“在社会关系中，每个名都含有一定的责任和义务。君、臣、父、子都是这样的社会关系的名，负有这些名的人都必须相应地履行他们的责任和义务。”（《中国哲学简史》）君君、臣臣、父父、子子，每一社会阶层都有符合自己身份的伦理秩序，这一秩序不能僭越。孔子深恶痛绝“八佾舞于庭”，就是因为这一行为僭越了名与实的伦理秩序。“中”位就是各个阶层的行为都与自己的名分相符，从而共同维持稳定的社会伦理结构。在六十四卦中，“中”位思想体现在爻象与爻位的关系上，如《家人》卦，二四与初三五得位，《彖》曰：“女正位乎内，男正位乎外。男女正，天地之大义也。”二、五爻分别为内、外卦之中，六二是阴爻居阴位，阴爻表征女，二为内卦，故女居内，居阴位，象征女性在家庭成员的伦理秩序中具有“女”性，能够维持好家“内”的事务；同理，九五为阳爻居阳位，阳表征男，五为外卦之阳位，故男正位于外，男人具有“男”性，承担着家庭成员“外”的职责。男女正位，男主外，女主内，各司其责，构成儒家理想的男女关系，故“男女各守其正道，乃合天地之大义。”男人有自己的属性，有自己的职责，女人有自己的属性，有自己的职责。“中”位就是男人像个男人，承担着男人的职责，女人像个女人，承担着女人的职责。这种“中”位被视为天地之大义，是为吉。反之，失位就是男不男，女不女，是为凶。《归妹》卦二、三、四、五爻均不当位，《彖》曰：“征凶，位不当也。”人物的身份地位与其行为也必须“当”位才吉。鲁成公母亲穆姜解读遇《艮》之《随》卦时，认为自己不具备“四德”，所以不可能无咎，就是以自己的行为与社会身份是否相符来判断吉凶的。

“中”也是不偏不倚、无过不及的中庸之道。在六十四卦中，卦的初爻一般象征事物发展的萌芽阶段，卦的上爻一般象征事物发展的过盛阶段，二、五爻处于中间，爻处中位称为“得中”，一般为吉象。以不吉利的否卦为例，否卦为否塞难通，但其六二爻辞为：“包承，小人吉；大人否亨。”六二阴柔，但在中位，得中得正，因此阴虽为小人也具有包容德行，可获吉。大德之人在否塞困境中如能坚守中道，也会亨通顺利。卦的上爻不符合“无过不及”的中庸之道，因此不少卦体现出“过分”的意味而不吉。如乾卦上九爻为“亢龙有悔”，《文言》解读上九说：“贵而无位，高而无民，贤人在下位而无辅，是以动而有悔也。”“亢之为言也，知进而不知退，知存而不知亡，知得而不知丧；其唯圣人乎，知进退存亡而不失其正者，其唯圣人乎？”乾卦为“大哉乾元”的吉卦，上爻居高位，六阳旺盛到了极点，龙飞得过高，反而进入了不能上升也不能下降的困境。

《周易》与爻位相应的是变易思想。《序卦》曰：“物不可以终通”“物不可以终尽”“物不可以终过”“物不可以久居其所”，说的都是变易的道理。《周易》的变易源自卦爻之间的变动关系。卦由阴爻、阳爻组成，爻本身是变易的体现：“爻也者，言乎变者也。”有爻的变易才有八卦，有八卦的变易才有六十四卦，卦象中的任何一爻发生变易，卦象就会相应发生变化。《序卦》开首讲：“有天地，然后万物生焉。”天为乾，地为坤，所以六十四卦以乾卦为首。紧接着上经三十卦、下经三十四卦衍进相推而有“万物”“男女”“夫妇”“父子”“君臣”“上下”“礼仪”之道，爻之变动表面看是阴阳两种符号的变换，实质上是天道、地道、人道变易的模拟和符号推演。这种模拟和推演由于依附着阴阳二爻，从而既有神秘而诗性的爻象之“变动”，也有朴素辩证的万物消息之“盈虚”。

《周易》的变易思想是朴素的辩证智慧。《系辞传》曰：“《易》之为书也不可远，为道也屡迁；变动不居，周流六虚，上下无常，刚柔相异，不可为典要，唯变所适。”天象有其变易规律，故云行雨施，“日往则月来，月往则日来，日月相推则明生焉”；社会政治“顺乎天而应乎人”，因而革故鼎新；物有其消息盈虚，人有其祸福倚伏。这些辩证的变易思维凝聚了远古先民与文明时代知识分子的智慧。《剥卦·彖》曰：“君子尚消息盈虚，天行也。”君子重视万物消亡、生长、盈旺、虚亏，这是大自然的规律；物极必反则是万物变易的循环往复。乾卦龙居高位则亢龙有悔，凶；坤卦上六龙战于野，其血玄黄，亦为凶，这是“阳极反阴”“阴极反阳”的物极必反的变易；革卦水火相息，孔颖达说“息”字兼有生变与侵克两义，钱钟书释“息”为“生息、灭息两义同时合训”，这是事物因顺时宜而革故的“大矣哉”；鼎卦下巽上离，是燃鼎烹饪之象，《序卦》说“革物者莫若鼎”，《杂卦》说“鼎，取新”，鼎卦是革故后新的社会秩序的形成。有革故才有鼎新，《革》《鼎》二卦说明“汤武革命”政治变易的合理性。中国圣人不像古希腊哲学家，古希腊哲学家在“变”之动力以及“变”与“不变”之关系上着力，中国圣人看到了“变”，而从“变”所要引发的是居安思危的忧患意识。《系辞·下》子曰：“危者安其位者也，亡者保其存者也，乱者有其治者也。”危与安、亡与存、乱与治之间怎么变动，圣人并不在意，圣人要教化世人的是“惧以终始，其要无咎”的道理。

《周易》的“中”位、变易思想系统而深刻，这些思想是远古诗性智慧的积淀，也是文明时代知识分子的精神观念，对我国古代哲学的发展有深远而持久的影响，值得我们认真学习。

第二节　儒释道的哲学思想

中国古代哲学在春秋战国时期达到了诸子蜂起、百家争鸣的高潮，涌现出许多影响深远的重要思想家，如老子、孔子、墨子等，并形成了儒家、道家、法家、墨家、名家、阴阳家、兵家、农家等学派。先秦诸子著书立说，各引一端，崇其所善，四处宣扬自己的思想，以给统治者和时局带来重要影响。他们所提出的思想原则塑造了中华民族的文化性格，规定了中国哲学的运思方向和基本范畴，以致之后中国古代哲学的任何发展都要到诸子百家的学说中汲取营养。在两千多年的中国古代哲学发展史上，各种学派和学说在政治的作用下或被独尊或被罢黜，最终形成了儒家思想、道家思想与佛教思想三峰并峙的局面。这三家思想有竞争也有并流，共同影响着中国人的文化生活。

一、儒家思想

儒家思想是由孔子创立，逐渐发展为以“仁”为核心的思想体系。古代的儒家思想经过了原始儒学、汉代经学、宋明理学三个时期的发展，汉武帝后，儒家的诸多著述成为读书人必读之“经”，儒家思想成为专制帝国的统治思想，从而对中国古代的政治、道德、文化生活产生了深远的影响。

（一）儒家思想的起源及其发展

儒家思想的起源与巫这一特殊的文化阶层有关。章太炎先生认为，“儒”的古文字为“需”，“需”像人沐浴之状，沐浴是巫参加祭祀活动之前的行为，所以许慎在《说文解字》中说“儒”为“术士之称”，胡适称“儒”为“殷民族的教士”，道理便在此。孔子也认为自己的身份和巫有很深的关系，他说：“吾与史巫同途而殊归也。”（《马王堆帛书·要》）孔子祖先为殷贵族，殷敬鬼事神，巫则是主持祭祀活动的重要阶层，因此，“儒”从“需”来，其原型或为求雨的术士，或为主持仪式的司仪。周武王灭商后，文化经历了大变革的阵痛，从敬鬼事神转向了尊礼尚德，特别是周公制礼作乐后逐渐形成了“尊尊亲亲”的宗法结构，“儒”逐渐从术士转化为从周礼顺教化的“士”。

孔子在“儒”的身份转化过程中起了极其重要的作用。孔子（前551—前479），名丘，字仲尼，春秋时鲁国陬邑（今山东曲阜）人。孔子先祖是商朝君主汤，武王灭商后，商朝王室被迁至宋（今河南商丘），因此，宋保留着较多的商代尊神敬鬼的文化传统。孔子出生于鲁国陬邑。鲁国是周武王之弟周公旦的封邑，周公是西周初期杰出的政治家、军事家、思想家、教育家，他制礼作乐，协助周武王、周成王完成了从商到周的意识形态“变革”。孔子的文化基因有商文化的遗留，然而，经过周公等先贤的努力，中国文化已经走出了鬼神崇拜的阴影，‘人”开始走进历史舞台的前景，孔子顺应文化发展的潮流，推崇周文化而做了商代文化的“叛逆儿”。他感叹周文化“郁郁乎文哉”，立志“吾从周”。在王室衰微、诸侯征伐、礼崩乐坏的动荡时期，孔子周游列国，整理古籍、开办私学，积极传承、发扬礼乐文化，逐渐形成一个以“仁”为核心命题的学派。经由孔子的努力，一批批士人聚焦于政治，“学而优则仕”的理念和诸侯对“师”的渴求与尊重相互呼应，促进了知识与政治的联婚。知识从贵族走向平民，从鬼神世界走向世俗政治，标志着“巫”的没落与“士”的崛起。《汉书·艺文志》认为：“儒家者流，盖出于司徒之官，助人君顺阴阳明教化者也，游文于六经之中，留意于仁义之际，祖述尧舜，宪章文武，宗师仲尼，以重其言，于道最为高。”孔子通过自己的言传身教规划了“儒”的新使命，明确了“儒”的政治主张，在百家争鸣时期自成一家，孔子因此也成为“儒家者流”的宗师。

孔子之后，儒家一分为八，其中影响最大的是孟子与荀子。孟子（约前372—前289），名轲，战国中期邹国人（今山东邹县人）。孟子受业于子思之门人，故荀子将孟子和子思合称为思孟学派。孟子曾带领学生周游魏、齐、宋、鲁、薛等国，一度担任过齐宣王的客卿，但他见政治主张不受重用，遂退而聚徒讲学、著书立说。孟子是继孔子之后儒家学派的代表人物，有“亚圣”之称。孟子主张性善论，认为人的本性与动物本性的不同之处在于人有道德，即人生而有“良知”“良能”。在孟子看来，孩提之童无不知亲其长而敬其兄，亲亲敬长就是仁义。也就是说，仁义等这些美德不是外加于我而是生而具有的。这就将“仁”“义”“礼”“智”“信”这些外在的道德规范内置于人的天性，并从人兽之辨的高度肯定了人对道德价值的自觉追求。在政治主张上，孟子与孔子一样讲求仁政，孟子的仁政立足于民本，他的最高政治理想是“王道”。孟子提出“民为贵，社稷次之，君为轻”的思想，认为只有保民才能“王”天下，“保民而王，莫之能御也”（《孟子·梁惠王上》）。孟子“保民—仁政—王道”的政治主张是对孔子政治思想的进一步发展。

荀子是继孟子之后的又一儒学大师。荀子（前313—前238）名况，赵国猗氏（今山西安泽）人。荀子的思想批判性地总结和吸纳了诸子百家的思想精华而具有综合性的特点，在人性论、天人论、政治观、教育观等方面独树一帜，堪称诸子思想的集大成者。荀子提倡性恶论，他认为：“人之性恶，其善者伪也。”（《荀子·性恶》）“性”是与生俱来，不可学，不可事的。可学而能、可事而成的是“伪”即人为。人的本性恶，只有通过礼义法度才能矫正人的性恶。荀子指出：“圣人化性，而起伪；伪起，而生礼义；礼义生，而制法度。”（《荀子·性恶》）在荀子看来，礼义法度具有克制人欲、组织社会的功能，这种功能不是依靠人本能、天生的“善”，而依靠外在的规范。这就将儒家与法家的思想调和了起来，从政治规范的视角重新规定了人伦道德。荀子的天人观也是对儒家思想有所发展的体现。荀子认为“天行有常”，人应该“制天命而用之”，这是重人轻天的唯物主义自然观。在政治思想上，荀子继承了儒家“尊君”“民本”的思想又有所推进。荀子重视“民”，认为君必须以民为本，民为国强之基础。《大略》篇曰：“天之生民，非为君也；天之立君，以为民也。”《议兵》篇则明确地说：“爱民者强，不爱民者弱。”《大略》之言肯定了“民”的地位，《议兵》之说则继承了孟子的王道思想，站在君王的立场要求将民本落实在为政上。对于为政不为民的暴君，荀子和孟子一样认为“诛暴国之君犹诛独夫”（《荀子·正论》）。

秦以后，儒家思想经过了汉代经学与宋明理学两个重要发展阶段。公元前134年，董仲舒上书汉武帝，提出“诸不在六艺之科孔子之术者，皆绝其道，勿使并进”（《汉书·董仲舒传》）的主张，揭开了专制帝国独尊儒术的序幕。汉代经学有今文经学与古文经学之争。今文经学从政治视角讲阴阳灾异，从“天人感应”系统论人伦大道，维护了封建王权的权威。古文经学从历史视角讲文字训诂，探究典章制度，寻求经文大义。经学时代最著名的思想家是董仲舒。董仲舒对先秦儒家伦理思想进行了神学改造，兼采阴阳五行和黄老等诸子的思想精华，把阴阳五行与王道政治强力组合在一起，建构了以“天人感应”为核心的儒家思想体系。董仲舒提出了“君为臣纲，父为子纲，夫为妻纲”的“三纲”主张和仁义礼智信的为人处世标准，论证了“君权神授”的政治思想，维护了专制集权的权威，得到历代封建统治者的推崇。汉以后，儒家的经典著述被立为治国的法典，占据了意识形态领域的统治地位，并渗透到政治、法律以及社会生活的各个方面，成为历代王朝制定政策、治理国家的理论依据。儒家的《诗》《书》《礼》《易》《乐》《春秋》等被尊为“经”，通经遂成为重要的选官标准，研习儒家经典也就成为读书人仕进的重要途径。

宋代理学是儒家思想发展的又一重要形态，是儒释道三家思想合流的结晶，富有更强的哲理性和思辨性。理学是指以孔儒为核心，以“理”为宇宙最高本体和哲学思辨最高范畴的思想体系。因其以“明道”为目的，又称为“道学”。理学流派纷纭复杂，北宋有周敦颐的濂学、邵雍的象数学、张载的关学、二程的洛学、司马光的朔学，南宋有朱熹的闽学、陆九渊兄弟的江西之学，明中期有王守仁的阳明学等。从理学的影响来看，影响最大的当为以二程、朱熹为代表的程朱理学和以陆九渊、王守仁为代表的陆王心学。

理学的开创者是周敦颐。周敦颐出入释老，反求诸六经，建立起“无极—太极—阴阳—万物”的宇宙图式，提出了“主静”“窒欲”的主张。张载与程颢、程颐是理学的奠基人。张载认为宇宙万物的生成变化皆由“气”之聚散。他说：“气有聚散而无生天，气聚则有形而见形成万物，气散则无形可见化为太虚。”（《正蒙·太和》）这就将人性与天地之性混融一体，从而在天地之所以然的高度论证了人之所以然。程颢、程颐是周敦颐的弟子。他们从实有中抽象出一个“理”，认为“理”是宇宙万物的本源，在逻辑上先于万事万物，又是构成万事万物的本体存在。程颢、程颐认为，“万物皆只有一个天理”“万物皆出于理”，“理”是万物的本源，而人世间的伦理纲常是“理”的具象化。张载本体论上的“气”由是被二程改造成了“理”。程朱理学的集大成者是朱熹。朱熹继承周敦颐、二程、张载，兼采释、道各家思想，构建了一个庞大的哲学体系。这一体系的核心范畴是“理”，又称“道”或“太极”。朱熹对“理”的内涵及其功能作了更为充分的论述。他认为，“理”先于自然现象和社会现象，是第一性的。物质性的“气”则依“理”而存在，是第二性的。“气”其实是道家与周敦颐所论说的“太极”，朱熹说：“总天地万物之理，便是太极。”“太极只是一个理字”。而张载所论说的“气”则被朱熹置于“理”之下，其模式类似于道家与周敦颐的“太极（理）—气—阴阳—万物—人伦纲常”图式。“理”在逻辑上先于“气”，但“理”不能脱离“气”，“气”的阴阳聚散则为万物。“气”能生成万物，人也是“理”与“气”的产物。在论述了“理”的内涵后，朱熹运用“理”的概念论证儒家道德规范的合理性。朱熹认为，封建道德规范是“理”在人间社会的体现。万物有理，人常伦理也有“理”，他说：“夫天下之事莫不有理，为君臣者有君臣之理，为父子者有父子之理，为夫妇、为兄弟、为朋友，以至于出入起居，应事接物之际，亦莫不各有理焉。”（《朱子太全》卷十四）“理”成为论证现实社会封建伦理关系的基础。朱熹还从“理”与“气”的角度将人性区分为“天地之性”与“气质之性”。“天地之性”纯天理，是至善而完美无缺的；“气质之性”则“理”与“气”杂，为善与不善之统一。对应于“天地之性”与“天命之性”，朱熹提出了“人心”与“道心”的概念。“人心”出于形气之私而有饥食渴饮之欲望，“道心”则是天理，所以精微，“人心”之私欲必须听命于“道心”，因而朱熹提出了“遏人欲而存天理”的主张。朱熹的理学思想是孔孟儒学的系统化发挥，对维护封建伦理纲常、强化封建礼教起了重要作用。

“理”学的另一流派是“心学”，创始人是陆九渊。陆九渊（1139—1192）号象山，字子静，江西抚州人。陆九渊融合了孟子和佛教禅宗的思想，提出了“心即理”的哲学命题。陆九渊的“心学”在尊崇儒家伦理道德上与“理”学无异，而在论证“理”与“气”、“人心”与“道心”的关系上则吸纳了更多的禅宗思想。“心学”发挥了人本心的主体性作用，强调理不外求，理就在本心。他认为万事万物皆由心而生发。这一主张颠覆了程朱理学“太极—理—气—万物”的结构，直接将万物与“心”等同，从而张扬了“心”的主体地位。在人性及道德论上，陆九渊主张“明本心”，反对朱熹“人心”与“道心”的人为划分。陆九渊认为“人心”与“道心”的对立是“裂天人为二”，“心”就是道德伦理纲常的体现，有“心”就有“理”，“心外无理”，因此人不需要为了存天理而灭人欲，人“明心”尊德性就能增进道德。陆九渊之后，“心学”得到王阳明、李贽等的进一步发挥，对明清两代的文化发展有着重要影响。

宋代理学是涵泳了儒、释、道三家思想精粹而建立起来的本体论哲学。儒家思想经宋代学者阐发后越来越体系化，师承派别越来越明显，然而，“理学”和“心学”已经将儒、释、道三家思想的精华发挥到了极致，明清两代虽也思想家辈出，却都未能建立起可以取代宋明理学的新的哲学体系。儒家思想的再一次飞跃性发展需要新的文化资源，这一思想资源只有到鸦片战争后才出现。

（二）儒家思想的基本特征

1. 人文特征

在一定意义上，儒学是人学，其兴趣中心是按儒学标准塑造人格。孔子提“大地之性人为贵”，孟子主张“民贵君轻”的仁政原则，荀子说：“人有气，有生，有知并且有义，故最为天下贵。”（《荀子·王制》）汉代经学和宋代理学也秉承了“以人为本”的理念，张载的“民胞物与”论，“心学”肯定“我的灵明是天地鬼神的主宰”的“心”的作用。这些都体现了儒家思想对“人”的重视。

儒家重视人，更注重人的道德养成。孔子以“礼”规范人，要求君子“非礼勿视，非礼勿听，非礼勿言，非礼勿动”；孟子善养“浩然之气”，以“仁、义、礼、智”的道德标杆规范人；汉代经学提倡“三纲五常”的伦理秩序，以“政权、族权、神权、夫权”教化人；程朱理学积极区分“人心”与“道心”，“道心”即“仁、义、礼、智、信”的天理，“道心”虽不离“人心”，但“道心惟微”却管辖着“人心”；“心学”虽反对“人心”与“道心”的分立，但在主张“心即理”的同时也肯定了“心”对道德的直接把握能力。由此可见，儒家的“人”是道德化的人，是伦理纲常“化”成的人，他们既受伦理纲常的规范，又是维护着这些伦理信条的中坚力量。

2. 仁治的政治理想

儒家在政治上主张本礼治、行王道、尊贤能、施仁政、重教化。儒家知识分子好谈三代，喜论尧、舜，其理想的君王是尊贤能的仁德之君。孔子论为政：“为政以德，譬如北辰，居其所而众星共之。”（《论语·为正义篇》）孔子理想的有德之政是“君君、臣臣、父父、子子”的合“礼”状态，也是“子欲善而民善矣”的仁治社会。孟子主张君王尊贤保民，行王道而有天下。他认为君王如若有“不忍人之心”而行“不忍人之政”，能够“乐民之乐”“忧民之忧”，则自然能得民心而得天下。孟子在主张君王行仁政的同时，又对桀、纣之类的暴君加以批判。孟子认为，君如不爱民，则民可以杀君。他旗帜鲜明地说：“贼仁者谓之‘贼’，贼义者谓之‘残’。残贼之人谓之‘一夫’。闻诛一夫纣矣，未闻弑君也。”孟子的这一主张限制了君权，从而形成了儒家知识分子论政的基本范式：既承认君权的合理性，又主张通过仁义道德限制君权。孟子之后，儒家知识分子在政治上的主张基本继承了孟子的思想，在君与民之间既承认君权神授的合理性，又肯定“民”的力量，要求君王爱民保民；在王统与道统之间则以三代为理想，以道统限制君王。儒家思想的政治主张对维护帝国专制秩序有着重要作用，汉以后成为专制帝国的正统思想。

3. 经世致用的实用特征

儒学是帝王的经世致用之学，是知识分子为人处世之学，它也是古代知识分子处世智慧的集结。从孔子开始，儒家知识分子就积极寻求参与政治的机会。孔子、孟子、荀子等原始儒家代表人物曾周游列国，直接与各国诸侯谈论政治，积极寻求能够实现自己政治主张的舞台。秦汉后，知识分子以对策或科举的方式入世，继承了原始儒家参与政治的传统。程朱理学与陆王心学虽然专讲道德性命，有点不务实际，然而

"修身、齐家、治国、平天下"的修持路径，还是将为人处世与政治直接联系了起来，留下了许多处世的经验与智慧。明清是经世致用传统发展的高峰，黄宗羲、顾炎武、王夫之、颜元、赵翼等大儒批评空谈学风，提倡"务当世之务"的实学，更明确了"学"的功利效用。经世致用是儒家知识分子对社会的一种责任感和"舍我其谁"的担当意识，这种学问在促进中国良性发展的同时也强化了"学"的实用色彩。

4. 中庸的修身之道

中庸是儒家处世的最高标准。子曰："中庸之为德，其至矣乎！民鲜久矣。"(《论语·雍也篇》）孔子提倡中和，反对过与不及。《中庸》讲："喜怒哀乐之未发谓之中，发而皆中节谓之和。中也者，天下之大本，和也者，天下之达道也。"这是个人情感的自我约束。汉儒将这种情感特点理解为"温柔敦厚"。宋儒推崇《中庸》，南宋朱熹甚至作《中庸章句》，将《中庸》《大学》《论语》《孟子》并称"四书"。明清两朝《中庸》为科举考试的必读书，其影响越来越大。中庸是儒家的修身之道，包括"博学之，审问之，慎思之，明辨之，笃行之"的学习方式，也包括"五达道""三达德"的做人规范。

中庸所追求的最高境界是至诚。《中庸》说："诚者，天之道也；诚也者，人之道也。"诚既是天的根本性质，也是人内在修养的基本性质。通过"诚"，人内在的主观道德修养与客观外在的宇宙达成一致，从而消弭了修养过程的痛苦，强化了修养的神圣性。至诚的最后境界是与天地参："唯天下至诚，为能尽其性。能尽其性则能尽人之性；能尽人之性，则能尽物之性；能尽物之性，则可以赞天地之化育；可以赞天地之化育，则可以与天地参矣。"

（三）儒家思想的现代影响

在人类历史上，中国文明是唯一没有中断过的古代文明。在五千年的中国文明史上，儒家思想是影响古代中国的主流学说，是中国文化不可分割的重要组成部分。可以说，儒家思想是中华民族精神的重要核心，影响着一代又一代中国人的思维方式、行为习惯、风俗民情。这种影响是全方位也是深层次的，以至于讲中国文化精神、中华民族性格都难以与之切割。儒家思想在中国现代化历程中遭受过两次打压。新文化运动时期，现代知识分子猛烈抨击儒家思想，以"打倒孔家店"为新文化开路；新中国成立至"文革"时期，儒家思想被全面否定，"批林批孔"进一步削弱了儒家思想的影响力。尽管如此，儒家思想还是在东南亚、日本等国的现代化过程中起了重要作用。20 世纪 80 年代以来，儒家思想的影响越来越大，甚至在国际上出现了"儒学热"。儒学的复兴展示了儒家思想的生命力，说明儒家思想与现代社会并非格格不入。在新的历史时期，我们需要更为理智、辩证地看待儒家思想，努力去其糟粕，存其精华，促进儒家优秀传统和社会主义现代化建设的结合，从而使儒家思想焕发出新的生命力。

二、道家思想

道家是中国古代哲学最重要的学派之一。道家思想的创始人是先秦的老子、庄子。老子《道德经》五千言，为道家与道教贡献了最为核心的范畴“道”。汉初黄老之学是道家思想与黄帝之名的表里演绎，黄老之学是汉初 70 年的统治思想，为文景之治奠定了思想基础。魏晋玄学是道家思想的幽深玄远，是道与儒、释合演的结晶，对中国古代哲学思辨性的发展有着积极的作用。道家思想还孕育了道教这一中国土生土长的传统宗教，对我们古代社会的政治、经济、文学艺术、社会生活、农民运动、民族关系等方面都产生过极为深刻的影响。

（一）道家思想的源起及其演变

道家思想源起于老子、庄子关于“道”的学说。《道德经》开篇即言“道可道，非常道”。许慎《说文解字》曰：“道，所行道也。毛传每云行，道也。道者人所行，故亦谓之行。道之引申为道理……一达谓之道。”“道”的本义为路。《诗·小雅·大车》有：“周道如砥，其直如矢。”“道”的引申义为规律、法则、道理，也指宇宙的本源、终极。老子将“道”抽象化与神秘化，抽象性、神秘性的“道”是道家哲学与佛教思想相互激荡的资本，也是道家哲学方法论与政治、伦理思想的基础。“道”的神秘性为道教所继承，是道教与中国神秘文化联姻的桥梁。庄子继承老子的思想，在认识论、人生观、政治思想等方面继续推进“道”“自然”“无为”等范畴，并将“道”从哲学的“无”拉入现实的“有”，阐发出了“逍遥”“自由”“无己”“无功”“无名”等人生境界，为道家奉献了“心斋”“坐忘”“依乎天理”等美学、宗教式的修持方式。在战国诸子蜂起的时代，老庄对“道”的体认卓然成家，汉人以此将老庄学说统称“道家”，并尊崇老子为道家始祖。

汉初 70 年（从汉高祖到汉景帝）是黄老之学占统治地位的时期。黄老之学形成于战国中期齐国的稷下学宫，慎到、田骈、环渊等稷下学者远宗黄帝，融合了《黄帝内经》与老子的学说而成黄老之学。这一学派发挥了老子虚静无为的思想，强调“以道变法”，兼容了法家、儒家的思想而在齐国有相当大的影响力。汉初，经济残败，百废待兴，统治阶级面临的最关键问题就是恢复生产。“无为无不为”的黄老思想，正好适应汉初休养生息的需要。汉初陆贾在其《新语》中总结了秦败汉胜的经验教训，提出了“无为无不为”的政治主张，为黄老之学影响汉初政治、经济政策奠定了基础。淮南王刘安及其宾客所作的《淮南子》则为黄老之学作了总结。《淮南子》主张积极的“无为”：“所谓无为者，不先物为也；所谓无不为者，因物之所为。”所谓“无为”并非无所作为，而是在认识事物规律的基础上因势利导的主动行为。政治上，这种“无为无不为”被解读为君道无为而臣道有为的“因民之性而治天下”。《淮南子》还兼采了先秦儒家和法家的思想，强调“法”要与人心所向相吻合，这是比先秦法家更为进步的观点。黄老之学以道家为主，兼采儒家、法家思想而形成的政治主张为汉初的经济复兴作出了巨大的贡献，然而“无不为”的主张不能维护君权的权威。汉武帝后，黄老之学的统治地位被宣传“君权神授”的汉代儒学所取代。

魏晋玄学是道家思想发展的另一重要形态。“玄”之概念来自老子：“此两者同出而异名，同谓之玄。玄之又玄，众妙之门。”（《道德经》）玄，就是思辨的超越与玄虚，其内容是以老庄思想解释儒经，对宇宙、社会、人生所作的哲学思辨。玄学的代表人物有何晏、王弼、阮籍、嵇康、向秀、郭象等，他们研究《周易》《老子》《庄子》三玄，推动了儒与道的合流。魏晋玄学经历了正始之音、竹林时期、两晋之学和玄佛合流四个阶段，所讨论的问题涉及本体论、知识论、语言哲学、伦理学等各个领域，其核心内容有：

（1）本末有无的关系问题。本末有无讨论的是宇宙万事万物的始源，属于本体论的领域。在何为宇宙万事万物的始源和本体上，魏晋玄学有贵无、崇有两大主张。王弼贵无，认为“有”不能涵摄万事万物的多样性，“无”才是本体，“有”是“无”的具体存在。前者为“本”，后者为“末”，两者并存无间，体用不离。裴頠崇有，认为总括万有的道不是虚无，一切有生的存在都是有形的，从而肯定“有自生”而非“生于无”。崇有派因其肯定物质的客观性而有唯物主义的特点，贵无派因其将“无”置于“有”之上而更接近于唯心主义。

（2）自然与名教，即儒家礼教与道家自然的关系问题。何晏、王弼认为名教出于自然。在贵无论者看来，名教是“末”，自然是“本”，名教本于自然，因此必须去掉礼法的约束，才能达到礼法背后所要达到的真正道德。阮籍、嵇康进一步加剧了名教与自然的冲突。嵇康认为名教与自然有着本质性的冲突，六经、礼法等名教束缚人性，因此必须坚决反对立“六经以为准”“以周、孔为关键”，主张越名教，除礼法，恢复人的自然本性。郭象则调和名教与自然的关系，将人的尊卑、贵贱等级关系视为自然而不可逾越、不可错乱的规定。名教与自然的关系是政治伦理问题，与当时的政治形势联系紧密，嵇康甚至因提倡“越名教而任自然”而被杀。顺承“有”“无”之变而来，玄学家还对言与意、圣人有情与无情、才与性等问题展开讨论。魏晋玄学体现了儒与道相互排斥又相互吸收的关系，“儒玄双修”之士的大量涌现是儒玄合流的结果。

道教是在道家思想的基础上发展演变起来的土生土长的传统宗教。道教形成于东汉时期，创立时奉老子为始祖，尊崇《老子》《庄子》二书为《道德真经》《南华真经》，可以说，道家哲学是道教宗教理论的主干。道教以神仙不死之说为中心，以丹道法术为修炼途径，以得道成仙为终极目标，在吸收阴阳五行家、道家、墨家、儒家包括谶纬学的一些思想的基础上，由中国古代社会的宗教信仰和黄老道演变而来。道教最根本的信仰是“道”，道教经书对“道”的解释很多，或指理念，或指神仙术。道教认为，“道”与“生”相守，“生”与“道”相保，二者不能离，修“道”可以使人返本归元而成为神仙，从而永远摆脱尘世的疾苦烦忧，达至长生。道教相信，人的寿命可以通过修炼而得肉体永生，所谓：“千岁厌世，去而上仙，乘彼白云，归于帝乡，三患莫至，身常无殃。”（《庄子·天地》）根据这种信仰，道教发展了一系列的内养道功，如清静、寡欲、息虑、坐忘、守一、养性等，形成富有中国特色的养生文化。道教也积极调和儒学，将儒学伦理精义纳入教义、教规之中。范文澜认为：“儒家对道教不排斥也不调和，道教对儒家有调和无排斥。”说的就是这一事实。

道家思想博大精深，清代纪晓岚对道家思想下了八个字的评语：“综罗百代，广博精微。”从中国传统文化的发展历程看，道家思想对知识分子的人格塑造具有积极意义，对社会治理具有促进功能，对中国文学以及民俗的发展影响深远。道家思想是知识分子苦闷时寻求依托的精神食粮，也是统治阶级从事炼丹寻求长生的精神慰藉。

（二）老庄的基本学说

1.“天道”“无为”思想

老子尊崇“道”，认为“道”是世界的本原，它先天地生而又“无”具体规定。老子释“道”：“有物混成，先天地生，寂兮寥兮，独立而不改，周行而不殆，可以为天下母，吾不知其名，字之曰道。”“道”为天下母，故能生万物，老子说：“道生一，一生二，二生三，三生万物。”老子认为“道”能生万物，但是“道”怎么生万物，其动力是什么，其过程如何，其发展变化怎样？这些具体的问题老子一概不论，而是简言之为“自然”：“人法地，地法天，天法道，道法自然。”自然即自然而然，它本来如此，本根这样，无需外力的作用，当然也无须多言，人顺其自然就是“无为”。老子认为，人刻意的作为会违背“道”，他理想的政治与处世哲学就是“处无为之事，行不言之教”。“自然”与“无为”的思想一方面体现了老子顺任自然的智慧，另一方面也为道教、玄学的玄虚性、神秘性埋下了伏笔。

庄子将老子的“道”进一步神秘化，认为“道”“有情有信”却又“无为无形”。它可生万物，无所不在无所不能，然而它又没有固定的形态。“无为无形，可传而不可授，可得而又不可见”，从而将“道”推进了唯心主义的神秘泥淖。庄子也推崇“无为”，他的“无为”思想具有宿命论的色彩。庄子说：“得者，时也；失者，顺也。安时而处顺，哀乐不能入也。”老子的“无为”被庄子解释为“安时处顺”的人生哲学。这种哲学的最高追求是“天地与我并生，万物与我为一”的理想境界。

2. 追求个体自由的出世思想

老子的理想社会是小国寡民。他说：“邻国相望，鸡犬之声相闻，民至老死不相往来。”人民的生活是自适而没有纷争，到死都没有任何生活烦恼。老子之所以主张回到小国寡民的生活状态，是因为他看透春秋变革时期诸侯混战，统治者贪得无厌而肆意压榨的现实。《道德经·五十三章》说：“朝甚除，田甚芜，仓甚虚，服文采，带利剑，厌饮食，财货有余，是谓盗夸。”整个社会人心变化，汲汲于名利，统治者不断追求物质享受而导致贫富不均。在这种时局下，老子强调少私寡欲，恬淡为上。与众人之“众人熙熙，若享太牢，若春登台”（《道德经·二十章》）完全不同，他追求的是“吾欲独异于人，而贵食母，孔德之容，惟道是从”。老子在身与名、身与利之间选择了“保生”，追求“道”，从而与追求名利的众人保持了距离。

庄子进一步发挥了老子的出世思想。庄子对仕宦于朝廷非常抵触和厌恶，对于具有政治权力和财富的人给予辛辣的讽刺。《列御寇》篇中庄子说：“秦王有病召医，破痈溃痤者得车一乘，舐痔者得车五乘，所治欲下，得车愈多。子岂治其痔邪，何得车之多也？子行矣。”庄子认为爵禄如同腐烂的鼠肉，只有卑下的人才会孜孜不倦地追求；追求爵禄就像给统治者舔痔疮一样，志向高洁之人对此是不屑一顾的。庄子远离世俗人所追求的富贵功名，是为了避害，也是为了精神的自由。庄子追求纯粹精神层面的幸福，主张通过个人的修炼达到与天地万物为一体的最高境界。他在《逍遥游》中说：“今子有大树，患其无用，何不树于无何有之乡，广莫之野，徬徨乎无为其侧，逍遥乎寝卧其下。”《逍遥游》中的大鹏、神人是庄子逍遥人格的写真，实际上也是一种心灵自由而逍遥于无己、无名、无功状态的超越境界。庄子对个人精神自由的推崇彰显了人的精神魅力，为华夏民族奠定了至美至乐的人文传统。

3. 提倡“自然”的人生观、社会观

在老庄那里，自然是形容词，即自然而然、自本自根、本来如此。老子推崇道法自然，《道德经·十七章》：“悠兮其贵言也，功成事遂，百姓皆谓：‘我自然。’”《道德经·二十三章》说：“希言，自然。飘风不终朝，骤雨不终日。孰为此者？天地。天地尚不能久，而况于人乎？”老子认为，万事万物皆有自己的运行规律，人所要做的就是顺物而为，而不是妄为。顺物而为就是“无为”，因此“道常无为而无不为”。老子将这种观念从形而上的层面落实到政治与日常生活就是要求以“自然”的态度去“为”，所谓“为而不恃”“为而不争”就是这个道理。由于主张“自然”“无为”，老子在政治上甚至提出“使民无知无欲”，通过“不尚贤”“不贵难得之货”等方式而达到“无不治”的目的。

庄子也推崇“自然”。他在《应帝王》中说：“汝游心于淡，合气于漠，顺物自然而无容私焉，而天下治矣。”庄子所追求的是游心合气于恬淡之域、寂寞之乡，并且顺物自然。他排斥有为，反对将混沌日凿一窍，以致七日而混沌死。庄子的自然是率性而为，其前提是物皆有其性，人必须顺物之性而为。所谓“曲者不以钩，直者不以绳，圆者不以规，方者不以矩，附离不以胶漆，约束不以绳索”（《庄子·外篇·骈拇》），就是强调抱有顺其自然的态度以循道而行。人也有自己的天性，人的性情流露也要遵循“自然”这一普遍规律，所谓“真者，精诚之至也。不精不诚，不能动人。故强哭者虽悲不哀，强怒者虽严不威，强亲者虽笑不和。真者，所以受于天也，自然不可易也”，就是人纯任本性，促使自己的本性与自然之道相适合。如若人违背其本性则为“强”，“强”即为不真不美。庄子的自然观彰显了物与人之间的和谐状态。

老庄的哲学思想对我国古代的哲学、政治、军事、宗教、医学、养生、武术等产生了广泛而深远的影响，而且作为文化基因渗透到中华民族的生存方式、生活方式和思维方式之中，影响了中国人的世界观、人生观、审美观和生死观等文化观念的生成。老子是中国思想文化的智慧之根，是中国辩证智慧的集中体现。庄子不仅是大思想家，还是诗人，闻一多评价庄子：“他那婴儿哭着要捉月亮似的天真，那神秘的惆怅，圣睿的憧憬，无边际的企慕，无涯岸的艳羡，便使他成为最真实的诗人。”读《庄子》是一种美的享受，也是美的熏陶。老庄之后，中国知识分子在担当的同时多了一份超越，在入世的时候保持了一份淡泊，在追求社会价值的人生轨迹上多了一些美感。

（三）道家思想对中国文化的影响

道家思想对中国文化的影响是全面而深刻的，有其积极的影响也有其消极的影响。从积极影响方面看，道家思想关注的是人与自然、人与人以及人与社会之间的普遍性问题。这些问题是各个时代的人所难以避免的，道家思想为这些问题的解答提供了有利于个体生命与精神发展的可能。老子提出了“道”的最高范畴，围绕着“道”，庄子和道教发展出了保生、保持精神自由的生存态度。形而上的“道”实际上是知识分子对抗乱世、对抗强权、对抗世俗的处世方法和行为方式，也使人获得超越性的精神依托。在人与自然的关系上，道家主张顺应自然，强调无为；在处理人与人之间的关系上，道家提出“无争”的原则，主张挫锐解纷、和光同尘，反对功名利禄，从而达到人与人、人与社会之间的平衡关系。道家的这些主张虽然也有某种“策略”的要素，但是它对于缓和人与人之间因过分追求名利而带来的冲突是有积极意义的。道家哲学还是促进中国古代文学艺术发展的思想宝库，为中国美学贡献了“有”“无”“虚”“实”“妙”“味”“神”“道通为一”“象”等核心范畴，以致叶朗说：“不研究老子和庄子的美学，就不可能真正懂得中国古典艺术的意境的秘密。”

道家思想也有消极的一面。道家崇尚的“清静无为”“不争之德”“少私寡欲”“安之若命”等处世态度虽有助于个体保持内心的平静，却少了一份儒家“舍生存义”的担当和崇高，少了一些为了理想而不断进取、敢于抗争的自我意识。庄子论齐物、谈逍遥，扬“至人”“真人”，虽有摆脱喜怒哀乐、超越束缚的精神之美，然而从世俗中超脱而出没有佛教“我不入地狱，谁入地狱”的勇猛精进的精神。在中国传统哲学中，道家思想与儒家思想、佛教思想可以合流互补，原因在于，道与儒、佛之间的积极和消极之处恰好是彼之所长、我之所短，在取长补短中相互促进相互激发，共同促进传统社会的持续稳定发展。

三、中国佛教思想

佛教是世界三大宗教之一。佛是觉悟的意思，其梵文（Buddha）本义为“觉悟”。“觉”有三义：自觉、觉他、觉行完满，是佛教修行的最高果位。佛教是佛陀的教育，是佛“觉”后促使众生“觉悟”的觉行完满的践行。佛教起源于古印度，创始人是迦毗罗卫国的悉达多·乔达摩，后人尊为“释迦牟尼”，意为大彻大悟的“释迦”族圣人。民间信仰佛教的人也常称呼为佛祖、如来佛祖。佛教在印度经历了原始、部派、小乘、大乘、密教等发展时期，约公元前3世纪逐渐向印度以外的国家和地区传播，并逐渐发展成为一个世界性的宗教。东汉初年，佛教传入中国，经由融摄、调和儒家思想与道家思想而形成了具有中国民族特色的佛教。中国佛教具有民族特点，是中国化了的佛教，对汉民族性格的塑造与汉民族文化特征的形成均有极大影响。

（一）佛教的产生及其在中国的传播

佛教创始人俗名悉达多，姓乔达摩，生于公元前565年，圆寂于公元前485年，其生活时代与中国春秋时期相当。释迦牟尼是古印度西北部喜马拉雅山脚下迦毗罗卫国（今尼泊尔的毕柏罗婆）国王净饭王的儿子，相传他35岁时于菩提树下明悟万物皆因缘所生而成为佛陀。释迦牟尼证道以后，开始在鹿野苑传道，在其周围逐渐形成以佛陀僧团为骨干，以经、律、论三藏为教义的教派，是为佛教。

公元前3世纪后，佛教在古印度阿育王的支持和帮助下，开始在古印度全境和周边国家传播。佛教南传，进入缅甸、斯里兰卡等东南亚国家，借此传入中国东南地区。汉代张骞通西域后，随着西域各国同汉朝交流往来的密切频繁，佛教经由西域传入中国内地。据《后汉书》记载，东汉明帝夜梦金人，派出使者蔡愔等人西去访法，求经于大月氏国。大约于公元67年，蔡愔带领僧人迦叶摩腾和竺法兰，用白马驮经回到都城洛阳。汉明帝接待了迦叶摩腾和竺法兰，为他们建了中土第一座寺院，这就是后来的白马寺。迦叶摩腾和竺法兰在白马寺译出了《四十二章经》等中国佛教史上第一批佛经，佛教由此开始在中国大规模传播。

佛教传入中土后，从一种外来的印度宗教，最终发展演化为富有汉文化特色的中国宗教。在这一发展演化过程中，佛教与中国传统的道家、儒家思想既相互冲突又相互融合，它在接受中国思想改造的同时，也改变和丰富了中土固有文化。一方面，佛教进入中国后始终接受中国固有思想的“改造”，在汉代被视为“神仙祭祀致福”的道术，在魏晋被比附为玄学，在隋唐则形成了本土化的中国佛教宗派；另一方面，佛教也在改变和丰富中国固有思想，道教的玄学、内丹学，儒家的宋明理学，无不受到佛教思想的激荡。宋以后的禅思想是中国固有文化与佛教思想水乳交融的结果，印度佛教成了中国哲学的重要组成部分，完全演化为中国人自己的“宗教”。赵朴初先生认为，佛教与汉民族文化的融合沿着学术化、艺术化和社会化三个方面进行，“一方面是与中国的思辨哲学相结合，而向学术化发展，……使佛教本身达到高度的繁荣。一方面是与中国的精美工艺相结合而向艺术化发展，是佛教成为绚丽多彩的艺术宝库。一方面与中国的人生理想相结合而向社会化发展，使佛教与中国社会密切联系。这三方面都使佛教成为中国文化不可分割的一部分。”①

（二）佛教基本义理

佛教既是一种宗教，也是一种哲学。从宗教的意义上讲，佛教强调善恶因果与修行法门，这是它与一切宗教、道德说教共通的地方。从哲学的角度上说，佛教对宇宙人生的洞察、对人类理性的反省、对概念的分析都蕴藏着极深的智慧。方立天认为佛教哲学的主要内容有四点：缘起论是佛教哲学的理论基础，善恶、净染、真假是佛教哲学的中心观念，神秘直觉是佛教哲学的认识论，追求解脱是佛教哲学的根本目的。

---

① 赵朴初．佛教和中国文化［A］．佛家二十讲［C］．北京：华夏出版社，2008. 169.

无论是宗教意义还是哲学意义，佛教义理关注的核心都是人生问题，佛陀对宇宙万象的体悟是从现实人生开始的，最后还是回归人的现实生活。

佛教义理的哲学基础是缘起论。缘起，即诸法皆因缘而起，它是释迦牟尼悟道成佛后以之解释世界、生命以及各种现象的基本原理。释迦牟尼说："若见缘起便见法，若见法便见缘起。"佛教缘起论认为，一切事物都是由各种因素和条件因缘会和而生，这些因素和条件形成相依、相缘、相资的关系，没有这些关系和条件，事物就没有生灭变化。缘起论的中心内容是"十二因缘"。"十二因缘"是佛教对人生苦难及其原因所作的系统说明，包括无明、行、识、名色、六入、触、受、爱、取、有、生、老死十二个环节。这十二个环节一环套一环，次第相接又互为因果，系统地说明了人生困难的原因及其解脱之道。从缘起论看，佛教以人的觉悟为中心，把人内在意识的完满作为其教义的核心，最终目的是通过自我觉悟而达到精神圆满。

佛教教义的总纲是"四圣谛"。谛，意为真实不虚，"四圣谛"即有关苦、集、灭、道的真理。苦谛，指三界六道生死轮回充满了痛苦烦恼。世间一切皆苦，"三界无安，犹如火宅"，人有生、老、病、死、爱别离、怨憎会、求不得、五取蕴等八苦，毫无乐趣，无事不苦。集谛，指众生痛苦的根源，集有感招之意，人因贪、嗔、痴等业因而感招未来生死烦恼的苦果。佛教认为，众生痛苦的根源在于无明，人因为自己对佛法真理、宇宙人生真相的无知，从而执着于无穷爱欲的满足，最后因惑造业，招致人生种种痛苦与烦恼。人一造业就要产生果报，有果报就有轮回，一轮回就要重新受苦，造业与果报循环相续，苦无尽头。灭谛，指痛苦的寂灭，灭尽三界烦恼业因以及生死轮回果报，达到涅槃。既然众生痛苦源于贪、嗔、痴等爱欲，灭除三界烦恼就必须灭爱欲，从而促使众生从六道轮回中解脱出来，进入佛教所追求的寂灭涅槃的最高境界。道谛，指灭苦的道路和通向寂灭涅槃境界的修持方法。佛教认为，众生要脱离生死轮回的苦海，到达寂灭涅槃的境界必须按照"八正道"修行。

"八正道"是佛教用以达到涅槃解脱目的的八种修道方法，其内容属于"四圣谛"中的"道谛"。正道，即合乎正法，佛教各宗派由此演化出诸多修行法门。"八正道"的纲领是戒、定、慧。戒，包括正语、正业、正命。正语，即修口业，不妄语、不慢语、不恶语、不谤语、不绮语、不暴语。正业，即身、口、意三业清净，远离杀、盗、淫、妄、酒，修持五戒，养成正确的行为方式。正命，即修持正确的生活方式，通过远离一切不正当的职业和生活方式促使自己的生活符合佛教戒律。定，包括正念、正定。正念，即正确的念法，远离颠倒妄想，念念不忘佛教正道。正定，即专注一境，身心寂静，达到空如境界。慧，包括正见、正思维、正精进。正见，即正确的见解，远离一切妄见而正观四谛佛理。正思维，即正确理解佛理，远离一切邪妄贪欲。正精进，即勤修涅槃道法，勇猛精进不息。戒、定、慧三学的要点是教人

“清净其意，以正其行，而入禅定”。① 可见，佛教与儒家成圣成贤、道家成至人真人一样，追求的也是道德人格的完善。

中国古代哲学的主干是儒释道三家。三家思想在发展过程中既有纷争，又呈现出合流的总趋势。儒释道三家合流是中国古代哲学的特性，三家合流对任何一家思想的更新发展均有促进作用。这种促进作用也推动了中国传统文化的不断发展。在唐代，三教归一之说法“久已普遍朝野”，学者开始尝试以释道义理解释儒家经义，从而促进儒家思想的转变。到宋代，宋儒周敦颐等人援佛入儒，革新儒学，形成了理学。明代时，儒家学者与名僧、方士互相交游，互为影响，最终导致佛、道的世俗化以及儒学的通俗化。儒释道三家思想从道德、审美和宗教三个层面满足了中国人精神世界的需求，共同创造了灿烂的中华文明。

【思考与练习】

1. 针对当前社会出现的各种道德沦丧的现象，结合儒家思想的特点，谈谈儒家思想对当代道德建设的作用。

2. 对儒家是不是宗教这一问题，学界一直有不同看法，请你从儒家思想的基本内涵着手，谈谈你对这一问题的认识。

3. 结合儒家思想与道家思想的特点，谈谈你对儒道互补的认识。

4. 结合儒释道三家思想，说明宋明理学形成的主要思想基础。

5. 从禅宗的基本要义入手，说明禅宗在中国产生的原因。

① ［日］境野黄洋．印度佛教史［M］．上海：上海佛学书局，1934.34.

第八讲　中国文字与史学

在中国文字中，唯有汉字是中国使用人口最多、分布地域最广、影响最大的文字，更是中国文化的主要载体。汉字从无到有，采用了象形、指事、会意、形声等造字法，并在经历了甲骨文、金文、篆书、隶书、草书、楷书、行书等形体的演变之后逐渐得以定形。汉字作为表意体系的文字是形、音、义的统一体，肩负着重要的文化功能。因汉字而形成的书面形式、书籍形态经过了由简牍到版本，一直到纸质书籍出现的阶段。中国书籍形态主要有简策、金刻、石刻、兽皮、缣帛、纸张（雕版与活字印刷）等。中国古代文化典籍汗牛充栋、浩如烟海，大致可以划分为经、史、子、集四大部类，并有类书和丛书之别。众多的古代中国文化典籍，推动了中国史学的产生与发展。

第一节　中国汉字的产生与发展

一、汉字的起源

关于汉字的起源，历史上有很多传说。

关于结绳记事，古代典籍多有记载。《周易·系辞》中说："上古结绳而治，后世圣人易之以书契。"许慎《说文解字》中也认为结绳与汉字的起源有一定的关联："神农氏结绳为治，而统其事。"但结绳记事存在着诸多弊端。由于结绳自身功能的限制，又不具备语音的功能，便不能准确完整地记录事情，所以并不具备作为文字的基本属性。当然，结绳记事对汉字的产生起到了启发作用。

仓颉造字说，流传最广，影响也最大。相传，远古时代有一个叫仓颉的人，是黄帝的史官，他观察飞鸟走兽的运动，从鸟爪、兽迹中受到了启发，创造了汉字。仓颉所创造的汉字大多都是描摹事物的形状，根据事物的外观而成型，用来表达意义，所以这种文字被称为象形文字。《韩非子·五蠹》中记载："古者仓颉之作书也……"《吕氏春秋·君守》中说："奚仲作车，仓颉作书。"秦汉间的启蒙书就叫《仓颉篇》。

民间还有仓颉造字后“天雨粟，鬼夜哭，龙为之潜藏”的神话传说，由此可见传说中的仓颉在中华先民心目中的位置。在汉字产生、发展的过程中，也许有过像仓颉这样的人从事汉字的收集整理以及改造推广工作，对中华文化的传承与发展起到了积极的作用。当然，仓颉造字只是一种传说，实际上汉字并非出自一人之手。汉字是中华先民共同创造的，或者说是劳动人民创造的。

汉字究竟是怎么创造出来的，难以有定论。汉字又是起源于何时，到目前为止也难以断定。汉字产生之前，历史事件多是口耳相传；有了汉字，便有了记事的典册。汉字起源的过程大概是从公元前 6000 年到公元前 2100 年左右。

二、汉字的演变

汉字的产生是一个漫长的过程，不是一蹴而就，也不是由某一个人创造的。在这个过程中，汉字一直都处在演变中，逐渐地趋于完善、合理，能够适宜于记录汉语，而成为一套完整的书写符号系统。汉字的演变主要是指汉字形体的演变。汉字形体的演变大致经历甲骨文、金文、篆书、隶书、草书、楷书、行书等几个阶段。以隶书为分界，甲骨文、金文、篆书属于古文字阶段，隶书、草书、楷书和行书属于今文字阶段。其中，甲骨文、金文、篆书、隶书、楷书是汉字的五种正式字体，是汉字形体演变的主流；行书、草书是汉字形体的辅助性字体。

三、汉字的构造

汉字的产生说的是汉字从无到有的问题，汉字的构造说的是汉字本身的结构问题。关于汉字构造问题，传统的文字学有所谓“六书”的说法。所谓“六书”，是指象形、指事、会意、形声、转注、假借六种汉字构造的方式。这“六书”是根据汉字的构造情况分析出来的六种结构方式。一般认为，前四书即象形、指事、会意、形声为造字之法，后二书即转注、假借为用字之法。

四、汉字的特点

（一）汉字是表意体系的文字

其一，从形体与语音的关系看，汉字的形体与语音之间没有必然的联系。比如，

“人”字为什么读作 rén，“太”字为什么读作 tài 等，从形体本身找不到之所以这样读的根据和理由。因此，当人们认识汉字时往往需要死记硬背，牢牢地记住汉字的读音，很难有捷径可走。虽然形声字中用声旁来表示汉字的大致读音，但是形声字声旁的表音率太低，准确度也远远不够。所以，汉字作为表意文字的基本属性并没有改变。

其二，从读音上看，汉字缺乏体系性；而从意义角度看，汉字的表意则非常有规律性，而且字形结构也反映了字义特点。例如，“桦、桉、柳、桂、椅”等字以“木”表示字义类属，体现出表意特点。虽然汉字经历了形体的演变，尤其是隶变和简化，形体结构发生了很大变化，但是字形与字义之间依然保持了极为密切的关系。而且，从汉字构造来看，汉字的象形、指事、会意等造字法，都是从汉字字义入手的。

（二）汉字是形、音、义的统一体

汉字是由形、音、义构成的，是形、音、义的统一体。汉字属于语素文字，从总体上看与汉字直接对应的是一个个的语素。语素是音和义构成的，加上用以记录语素的汉字的形体，所以汉字实际上就是形音义所构成的统一体。一个汉字，它有可能记录了多个语素，也可能记录了几个音节，但是独立地看一个汉字，每个汉字一定是表示一个音节的（“儿化”除外），绝大多数的汉字都是一个汉字记录一个语素，而且一定是有外在的书写形式的，所以汉字是形、音、义三位一体的。比如“山”字，有“山”这样的书写形式，有 shān 这样的语音形式，同时又有“地面上由石、土形成的高耸的部分”这样的意思，所以“山”就是形、音、义的结合体。这就与拼音文字有很大的不同。拼音文字，比如英文所用的字母 a、b、c、d 等，虽然有形体，也有自己的读音，但是这些字母与其所记录语言中的语素并没有直接挂钩，自身并没有什么意义，只有当字母与字母按规则组合在一起时才能表达语言中的意义。所以，拼音文字不是形、音、义的统一体。

（三）汉字是形体复杂的方块结构

就形体而言，汉字是形体复杂的方块平面结构，占有宽与高二维空间，在一个二维平面上构形。与拼音文字按照发音顺序排列形成线性结构，只占有宽度一维空间相比，汉字的信息量更大，构形也更加灵活。汉字有两个维度的空间，这就为汉字构件的结合提供了许多用以区别的因素。一个汉字，可以由不同的构件组合成不同的汉字，也可以由相同的构件构成不同的汉字，如“人”“从”“众”是构件多少的差别造成的；“叶”与“古”、“呆”与“杏”是构件位置不同造成的；小篆“比”“从”“北”“化”的差别是构件置向不同造成的。对一个汉字的分析应该从结构单位、笔顺和造字法三方面入手。汉字的结构单位有笔画和部件两种，传统的基本笔画又有点、横、竖、撇、捺、提、折、钩八种。

（四）汉字和汉语基本适应

其一，从汉字与语素的关系看，用汉字记录语素非常合适。汉字的单音节形式与汉语中语素一般为单音节形式的事实比较一致，这样就很容易用汉字来记录汉语的语素，从而就使二者之间有一种对应的关系。汉语中，一个汉字一般记录一个音节，一个音节也往往用一个汉字来记录，而汉语中一个语素基本上也是一个音节，因此一个汉字常常记录了一个语素，一个语素往往用一个汉字记录。如“山、河、灯、人、看、谁、张、老”等就是一个汉字记录了一个音节，也记录了一个语素。

其二，从汉字与汉语语法的关系看，汉语是缺乏严格意义上的形态变化的语言。汉语主要采用语序和虚词两种主要语法手段来表示语法意义与语法关系，所以用汉字记录汉语是比较合适的。比如，英语中的可数名词在表达复数意义时都有形态的变化，在原型后边加 s 或者 es。汉语中则不需要如此，无论是表示单数意义还是复数意义，用以记录词语的汉字本身都没有形体上的变化，只需在名词后增加一个语素“们”或者在前面加数量词即可。这种情况用一个独立的汉字表示就非常方便。

其三，从汉字对同音词的分化作用看，汉字记录汉语具有很强的分化同音词能力。汉语音节结构比较简单，数量很少，当用有限的音节去表达相对无限的意义时，就必然会产生大量的同音词、同音语素，而形态各异的汉字就起到了分化同音词的作用。因此，在汉语中虽然很多同音词，但是当用汉字记录时就能够很好地区分开同音词。

其四，汉字具有超时空性。首先，从汉字与方言的关系看，我国幅员辽阔，在不同的空间区域内分布着很多不同的方言，汉字能够很好地记录方言语音、词汇和语法系统，从而在书面上对各方言起到很好的记录作用。当用汉字来记录方言时，就铲除了方言之间存在的壁垒。同一个词语虽然各方言说出来的声音形式不同，但大都用同样的汉字来记录。只要掌握一两千汉字，广大方言地区的人都能用汉字来交流，都能理解用汉字所记录的意思。因此，汉字就突破了语言在空间上的局限性，在各方言之间起到了很好的沟通作用。其次，从时间意义上看，古代汉语和现代汉语虽然有很大不同，但汉字却能为古今不同时代的人所共用。这就表明汉字也突破了时间上的局限性，从而表现出了非常大的优势。

五、汉字的文化功能

（一）汉字本身就是中国文化的有机组成成分

中国殷墟的甲骨文字早在公元前 15—14 世纪就非常发达，这种汉字文化，直到西汉王朝的成立得以定形。作为与汉语相适应的汉字，当它以一种文化事象的形式出现的时候，就大大推动了华夏文明的进程。殷商甲骨文字的发现就表明，历史悠久的汉字是源远流长的中国文化在发展过程中出现的一种文化现象，汉字本身就是中国文化的一部分，是中国文化的活化石。汉字产生以前，中国文化仅仅以口头形式存在，而且经历了一个相当漫长的历史时期。当社会发展到一定历史阶段的时候，中华先民们逐渐地意识到需要有一种能够用以记录的可视的东西。经过中华先民们较长时期的不懈探索和努力，在经历了契刻记事、结绳记事等方法的摸索之后，终于找到了最能够与汉语言相匹配的记录工具，那就是汉字。有了汉字，汉民族历史才有了书面记录，中国文化才进入了有文字记载的“有史时期”。汉字的产生，意味着中国文化完全脱离了口耳相传的时代，标志着中华民族文明时代的到来。

汉字和其他民族的文字一样有自己的特点，汉字的构造反映出了汉民族特有的文化内涵。汉民族往往会依据汉字特点形成许多的文化事象。比如，根据汉字二维空间的构形特点，形成了特有的汉字书法艺术和玺印艺术；根据汉字可拆可合的形体特点，造成特有的字谜游戏、算命测字和姓氏避讳中的缺笔避讳；利用汉字中的同音字，可以表现汉民族的同音文化现象等。这些都是由汉字直接衍生的文化事象，使汉字成为整个中国文化系统不可缺少的重要成分。

（二）汉字是中国文化的主要载体

汉字不仅仅是中国文化的有机组成部分，而且还是中国文化的主要载体。用以记录中国文化的载体很多，而汉字自产生以来就成为中国文化的主要载体。汉字记录了中国文化，是中国文化的代码。人们利用汉字这个介质，可以超越时间和空间的局限性，把中华民族所创造的观念文化较好地保存下来。中国古代文化典籍，浩如烟海，无论是经、史、子、集，还是类书和丛书，无不需要汉字作为载体加以保留。从中国历史发展来看，中国文化历经社会的动荡不安，饱受了种种磨难与浩劫，用汉字记录的书面文化典籍中部分汉字文化产品被洗劫，遭到了破坏，有相当数量的重要文化典籍比如“六经”中的《乐》等失传了，这就从反面证明了汉字对保留中国文化所起到的主要载体作用。当然，有更多的文化典籍得以保留了下来，流传至今，并成为中国文化的重要内容。从汉字作为主要载体的角度来考虑，这不能不说是汉字的功劳。如果没有汉字，中国文化的积淀与发展是不可想象的。汉字不仅记载了内涵无限丰富的心态文化，而且还记载了多姿多彩的中华民族行为文化、种类繁多的物态文化和形式多样的制度文化。

（三）汉字承载了相当丰富的文化信息

其一，从汉字构造所遵循的原则看，汉字蕴含着中国古代先民的价值观念。关于汉字的起源有很多说法，似乎没有定论。不过，古代先民在创造汉字时是经历过漫长的、反复的探索和实践，这一点毋庸置疑。《周易·系辞》的记载："仰则观象于天，俯则观法于地，观鸟兽之文与地之宜，近取诸身，远取诸物。""近取诸身"被作为先民们创造汉字时所遵循的重要原则。姜亮夫说："整个汉字的精神，是从人（更确切一点说，是人的身体的全部）出发的，一切物质的存在，是从人的眼所见、耳所闻、手所触、鼻所嗅、舌所尝出发的（而尤以'见'为重要）。故表声以殸，以箫管（即音），表闻以耳（听、闻、聪等），表高为上视，表低以下视，画一个物也以舆人感受的大小轻重为判，牛羊虎以头，人所易知也，龙凤最祥，人所崇敬也。总之，它是从人看事物；从人的官能看事物。"①

其二，从汉字的字形构造看，汉字蕴含着古代社会的一些生产生活方式。例如"男"字，许慎《说文解字》中说："男，丈夫也。从田力，言男用力于田也。""力"是耒的象形，"男"字就是一个人手执耒耜在田间劳作。"田"和"力"两个部件组合起来形成了上下结构，因形而生义，非常具体，非常明晰。从"男"字构形本身就可以看出，当古代中国社会进入父系氏族公社时期以后，男性由于与生俱来的体力上的优势而逐渐成为农耕生产的主要承担者，农耕自然是男性人生中的必有之义，并由此带来了社会地位的提高。这种文化意义的获取，就是从"男"这个字的形体上分析求得的。与"男"字相反，女性由于生理条件的限制，难以承担繁重的农业生产和田间劳作，因此只能退出生产领域而以操持家务为主，从而改变了女性的生产和生活方式。许慎《说文解字》中说："妇，服也。从女持帚，洒扫也。"所谓"服也"，是说在男权主导的社会与家庭中，女性在总体上必须要服从于男性。男性不仅仅是社会的主宰，而且也是家庭的主宰者；而女性则只能是依附于男性的，听命于男性的，没有地位可言的。这一文化信息在殷商甲骨文"妇"字的构形得到了充分体现。甲骨文中，"妇"字右旁是一个长跪女子的形象，左旁是扫帚的形状。这一

---

① 姜亮夫．古文字学［M］．杭州：浙江人民出版社，1984．69．

形体构造形象而明晰地表明了古代中国社会女子的社会地位和角色分配，那就是服侍丈夫、操持家务。

其三，从词源意义上看，汉字字义包含了古代中国先民的传统观念。古代汉语中单音节词占优势，所以一个汉字与一个词有更多的对应关系，因此从汉语词源意义就可以看出汉字本义所蕴含的文化观念。例如，“卑”“俾”“婢”“稗”这些字其实都是单音节词，它们所记录的词语是一组同源词。

第二节　中国古代的书籍形态

汉字在发展过程中，其书面形式、书籍形态也在悄然发生着改变，由简牍到版本，一直发展到纸质书籍。中国书籍形态主要有简策、金刻、石刻、兽皮、缣帛、纸张（雕版与活字印刷）等。按照出现的先后顺序，先有简策，再有金刻、石刻，接着又有了缣帛，最后才有了纸张。这几种形态都有了书籍的特征和功能。

一、金刻与石刻

现在人们所看到的周代典籍，就是金刻和石刻。

（一）金刻

金刻就是金文，是指铸在或者刻在铜器上的铭文。周代铭文大多都刻在钟、鼎、铎、敦、尊等铜器上，是最早的书籍形式之一。周代金文所记载的都是非常重要的事情，而一般的事情是不值得铸刻在青铜器上。金文的内容大多是以歌功颂德为主体，记载重要事件，歌颂的多是周王的功绩，纪念的是祖先业绩。周代最长的铭文有500字，史料价值很高，但战国以后的金刻内容很少有鸿篇巨制。

（二）石刻

石刻是指刻在石头上的碑文。如石鼓文因其刻在鼓形石头的碑上而得名。碑文作为书籍形态流传甚广。北京故宫博物院收藏的十块石鼓文，是我国现存最早的石刻文字，据考证，产生于春秋时期的秦地。它们用大篆分刻了十首为一组的四言诗，记述了秦国君臣的游猎情况。石刻最大的书籍功能在于“石经”的刻制。汉代王莽命令甄丰摹古文《周易》《尚书》《左传》刻于石，开了石经之先河。以后历代都有石经，都把经典著作刻在石上。这就成为后世校订经典的依据，也为唐代发明传拓方法之后对石经进行拓墨并将纸联成卷轴而制作成书籍，提供了先决条件。历代石刻的珍品现在有许多荟萃于西安碑林——中国最大的石刻博物馆。

二、简策与缣帛

（一）简策

简就是一个竹片，类似书籍中的一页，一般能写一行汉字；“策”是用线或牛皮将多片竹片编连起来成为一册，就像今天我们所看到的一本书。简策出现的时间大约在殷商时代，与甲骨并存。但是由于条件的限制，简策在当时难以完好地保存下来，所以殷商时代的简策并没有流传下来。从字数来看，自汉代以后，每一简的字数从 8 个字到 40 个字不等。从尺寸来看，简的尺寸在各个朝代都有不同。从书写方法来看，一开始是为漆书，就是用漆在竹简上书写；后改用石墨，再后来到了秦国蒙恬则发明了毛笔。从其劣势来看，简策书籍最大的缺陷就是量大笨重，阅读、携带、保存等都不方便。

（二）缣帛

缣帛是简策使用后不久又出现的一种书籍形态。帛是古代一种质地很薄的丝织品，也称作缣、素。所谓的缣帛就是在纸发明以前，人们用以记事的书写丝织品，也称帛书。帛书产生于春秋战国之交。帛书轻便易带，便于裁剪，把缣帛裁剪成像书一样大小，就成了最早的纸张。但是，缣帛又有一个非常明显的缺点，那就是帛作为丝织品又过于昂贵，因此书写成本太高，一般人难以承受。而由于缣帛与竹片是并存的，就相对地降低了书写的成本。因为竹简可以随时刮削修改，所以人们常常把竹简作为书的初稿；而缣帛写上字以后就不太容易修改，所以人们往往把缣帛作为书的定本。在具体的行文书写过程中，官方往往会根据文书的重要性决定是使用竹简还是使用缣帛。如果是皇帝的重要文书，往往使用缣帛；如果是臣民的一般文书，往往使用竹木。自东汉以后，帛书被广泛使用。

三、雕版与活字印刷

（一）雕版

雕版又叫刻板，是在木板或金属板上刻上文字或图形，使之成为印刷用的底版，再在底版上着墨印刷。雕版印刷起源于初唐，最初是从印刷历书和佛经开始的。甘肃敦煌发现的唐代懿宗咸通九年（868）印制的《金刚经》，是我国发现最早的雕版印刷实物。唐至五代，雕版印刷极为盛行，已经规模化，由此形成了官刻、坊刻、民制并行的盛况。自雕版印刷发明之后，书籍印刷盛极一时，促进了印刷技术的不断革新。宋代时，雕版以木刻为主，兼有铜刻，更加促使人们进一步思考改进印刷技术。

（二）活字印刷

到了北宋时期，由于印刷技术的不断改进与提高，毕昇在仁宗庆历年间（1041—1048）发明了泥活字版。活字印刷就是用胶泥刻成单个的反体字，用火烧以后制成陶字；再在有框的铁板上均匀地涂上油松脂、蜡、纸灰混合制成的黏合剂，然后根据表达意思的需要把活字排列在铁板上；加热之后使黏合剂熔化，再用另一块平铁板把字压平；冷却后泥活字就固定在铁板上，施墨即可印刷。印刷之后略微烘烤便可取下活字，以备日后继续使用。后来，毕昇又创造了木活字。到了明代，活字印刷术已经渐成规模，铜活字、铅活字都比较盛行。中国印刷技术的发明和改进开创了书籍形态的历史纪元，后被传播到世界各地，为世界印刷事业作出巨大贡献。

第三节　中国古代的文化典籍

一、经史子集

（一）经学著作

所谓经书，是指以孔子为代表的儒家书籍，包括儒家经典和历代对儒家经典的注疏。最早成为“经”书的是《诗经》、《书经》（尚书）、《礼经》、《乐经》、《易经》、《春秋》共六部，被称为“六经”。为什么把这六部书称为“经”呢？这是因为是孔子把它们整理出来的并作为课本向弟子们讲授。汉武帝时期，董仲舒借助朝廷“罢黜百家，独尊儒术”之力以后，孔子及儒家思想被奉为至尊。汉代六经中《乐经》失传，但由于当时提倡“以孝治天下”，所以又增补了《孝经》和《论语》作为经书，合称为“七经”。唐代时，把《礼经》分为《周礼》《仪礼》和《礼记》，加上《春秋》三传（即《公羊传》《谷梁传》《左传》）和《尔雅》，扩大为“九经”和“十二经”。南宋时，在“十二经”的基础上又增加了《孟子》，合为“十三经”。自此，在经历了从春秋到南宋一千多年的漫长历史之后，便形成了流传至今的古代文化经典，即“十三经”，包括《诗经》、《书经》（尚书）、《周礼》、《仪礼》、《礼记》、《易经》、《春秋左氏传》、《春秋谷梁传》、《春秋公羊传》、《论语》、《孝经》、《尔雅》、《孟子》等十三部经典。

“十三经”是儒家经典著作，历代都有不少儒学大师们对之进行研究阐释，著书立说，出现了数不胜数的研究经学的著作，广为认可的就是流传至今的《十三经注疏》。

（二）史学著作

中国的史学著作卷帙浩繁，体裁多样，品种齐全。南朝梁阮孝绪《七录》中的纪传录就已经把史籍分为12部，包括国史、历、旧事、职官、仪典、法制、伪史、杂传、鬼神、土地、谱状、簿录，共计1 017种，2 260帙，14 881卷。《四库全书总目》将史部书籍分为15类，包括正史、编年、纪事本末、别史、杂史、诏令奏议、传记、史钞、载记、时令、地理、职官、政书、目录、史评等。其中，传记类包括了官制和官箴；政书类包括了通制、典礼、邦计、军政、法令、考工等；史评类包括经籍、金石等。

（三）诸子百家

1. 先秦诸子

经学著作其实也都是诸子之书，后来上升为经书，才从子书中分离出来。下面简要介绍先秦诸子：

（1）儒家。以孔子、孟子、荀子为代表，主要经典是《论语》《孟子》《荀子》《大学》以及《中庸》等。其中，《论语》《孟子》《大学》《中庸》为“四书”，皆为经书。

（2）道家。以老子、庄子为代表，主要经典是《老子》和《庄子》。其中《庄子》是先秦诸子散文中艺术成就最高的著作。

（3）墨家。以墨子为代表，代表著作是《墨子》和《晏子春秋》。墨家主张兼爱、非攻、尚贤、尚同、天志、明鬼、非乐、非命、节葬、节用。

（4）法家。以韩非子、管仲、子产、李斯为代表。《韩非子》是其代表作，主张严刑峻法，给犯法者以重罪。

（5）阴阳家。以邹衍为代表，代表著作是邹衍的《洪范》。著作已失传。阴阳家的主要观点是水、木、金、火、土的“五行”说。

（6）兵家。以孙武为代表，《孙子》为其代表作。该书是现存最早的兵法。

2. 汉魏六朝诸子

汉魏六朝诸子中，具有代表性的著作有《淮南子》《盐铁论》《论衡》《世说新语》《申鉴》《法言》和《颜氏家训》等。其中，《淮南子》为西汉淮南王刘安及其门客集体编著，内容以道家思想为主，但也糅合了儒家思想、法家观点和阴阳家的五行说；《论衡》为东汉王充所撰写，主要内容是疾虚妄而求实证，对那个时代流行的谶纬神学进行了批判；《世说新语》为南朝刘义庆所撰，记录了魏晋时期封建士大夫的言谈轶事，分为德行、言事、政事、文学等36门。

（四）诗文集

中国古代典籍中，“集部”是诗文词等书的部称。《隋书·经籍志》的集部分为楚辞、别集和总集。《四库全书》分为楚辞、别集、总集、诗文评、词曲。其中，“别集”是指收录个人诗文的集子，“总集”是指汇录多人作品的集子。诗文集是指文学作品总集。

1. 集

集就是诗歌作品总集。我国第一部诗歌总集是《诗经》，据传曾由孔子删改汇编。西汉时，刘向又把战国时期楚国屈原、宋玉等人在民间歌谣基础上创作出的诗歌以及模仿他们的作品汇编成合集，定名为《楚辞》。

南朝梁时，萧统组织文人共同编选《昭明文选》，简称《文选》。全书收录先秦至梁各体诗文130余家，分38类，计30卷。至梁中叶，又有徐陵编《玉台新咏》，是一部十卷本的古诗总集，这也是我国现存最早的诗文集。

到了唐代，许敬宗等编纂《文馆词林》1 000卷。该书分类选编了先秦至唐初的各体诗文，是《文选》之后最古的诗文总集。此外，五代后蜀赵崇祚编有《花间集》，选录晚唐、五代18家500首词，这是我国现存最早的词总集。

到了宋代，诗文集比较多。比如，吕祖谦编录了150卷的《宋文鉴》；李昉等编撰了1 000卷的《文苑英华》；郭茂倩编撰了100卷的《乐府诗集》。

金、元、明、清以降也有非常多的具有重要价值的诗文集。比如，金代元好问编录的《中州集》，元代苏天爵编录的《元文类》，明代程敏政编录的《明文衡》。清代的历代诗文集编辑更为繁荣。比如，吴楚材等编选的《古文观止》是至今仍在使用的诗文总集，选录了上至先秦下至明代的散文222篇，并曾作为学塾使用的启蒙读本流传很久。清乾隆年间孙洙编的《唐诗三百首》，选录了313首唐诗，作为私塾课本流传甚广。清代康熙时彭定求等人编录的《全唐诗》，计900卷，共收唐、五代诗48 900余首。

2. 别集

别集收录了个人所作的全部诗文。在中国古代文学史上，历代文人多有别集。对别集的命名有很多种方法，比如有以姓名来命名的，像陶渊明的《陶渊明集》；有以官职来命名的，像唐代杜甫因曾官至检校工部员外郎，所以其诗集命名为《杜工部集》。有更多的诗集则用自己的字或者谥号来命名，如唐代诗人李白因字太白，所以其诗集命名为《李太白集》；宋代欧阳修，因谥号“文忠”，所以其文集命名为《欧阳文忠集》。

二、类书

在中国古代文化典籍中，类书是一种百科全书式的资料汇编工具书。它把群书中的各种资料或某一门类的众多资料，包括诗文、藻、人物、典故、天文、地理、典章、制度、飞禽、走兽、草木、虫鱼等，按照不同的方法进行编排，以供检索查阅之用。类书既有百科辞典的功能，也有助于对古书的校勘考证和收辑。从体例上看，类书分两种：一种是专收一类资料的类书，一种是综合博采各种类别资料的类书。就数量而言，尤以综合类居多。编排时，有以类、分韵分字等方法。

我国最早的类书是三国魏文帝时刘劭、王象、桓苑等编撰的《皇览》。明代类书中，规模最大、影响最深的要数《永乐大典》。它汇辑了从先秦到明初的古籍，包括经、史、子、集、释藏、道经、北剧、南戏、评话、医学、工技、农艺等各类著作七八千种。《永乐大典》由三千多人参与编辑，历时四年，全部靠人工手抄。全书正文22 877卷，凡例和目录60卷，计3.7亿字，装订成11 095册。《永乐大典》辑存了我国许多秘典佚文，其广泛及珍贵程度为古今所罕见，是世界上最早、最宏伟的百科全书。

三、丛书

丛书则是以数人之书合为一编而另提一总名，保留了原书中的原始资料，呈现的是历史文献原文。

我国最早的丛书是宋宁宗时愈鼎孙、愈经汇编的《儒学警悟》。

而在我国古代的所有丛书当中，规模最大的、最值得称道的是《四库全书》。《四库全书》在清乾隆年间开馆编纂，历时十年，收书3 503种，共79 330卷。总纂官是纪昀，另有360多个大学者参编。全书抄成七份，今存四份。《四库全书》将全书分为经、史、子、集四部，所以称为“四库”。在四大部下分设 44 类，66 个子目。四部和类目下又写成序录，论述书籍的内容、体例演变。“经部”围绕着十三经，辅以解经、考订、辨伪等有关经学著作；“史部”以二十四史为主干，旁及编年、纪事本末、别史、杂史、传记等；“子部”收录了“诸子百家”的经典；“集部”荟萃了历朝历代的诗文、小说和杂篇等。《四库全书》收录了我国几千年来的重要文化典籍，是对古代文化的大规模梳理与总结，其收录典籍之多、内容之广泛都是中外历史上所罕见的。

第四节　中国古代史学

一、中国古代史学的发展

（一）远古至先秦时期的史学

远古是一个神话传说的的时代，也是中国古代史学萌芽的时代。中华民族肩负着重大的历史责任感，具有强烈的历史意识。远古先民从很早开始就注意积累和保存过往的历史经验，对英雄人物和重大的历史事件往往给予更多的关注、颂扬与传播。在文字诞生之前，中华先民通过口耳相传，辅之以结绳、刻木、图画等简单的方法，使中华文化得以代代相传。我国关于三皇五帝、大禹治水、后羿射日、女娲造人等的历史故事，虽然不是史学著作，但其中也不乏史学意识，因此可以看作中国史学的源头。只不过，这一时期的史学还是一种非常粗糙的形式。

殷商西周时期，文字的产生及不断成熟对史学的发展具有重要的推动作用。人们可以有意识地利用文字记载历史，并且编纂成史书传给后代，因此可以说，文字的出现表明中国史学进入了一个崭新的阶段。称得上“史学之最”的，当属殷商时期的甲骨文和周代金文，这是中国历史上目前所知最早的历史记载。历史记载所具备的基本要素，诸如时间、地点、人物、事件等在甲骨文和金文中都有所体现。记载历史有专门的史官，他们负责占卜、记录时事、起草公文、保管文书等工作。继甲骨、金文之后，《尚书》中记载了殷商和周朝的大事，具有更多意义上的官书色彩。《诗经》作为一部记载西周到春秋时期的诗歌总集，其中的一些诗篇比如“大雅”等反映了周王朝某些历史发展阶段的传说和历史，可以视为史诗。按照当时的规定，各地史官最重要的使命就是把所在地发生的事变呈报国君，并分别报给其他各地史官，此种制度谓之“赴告”。

春秋战国时期，是一个“礼崩乐坏”的时代，社会的大变革为各阶级各集团的思想家们发表各自的主张提供了契机，中华文化正是在这一时期具有了以后延续几千年的文明雏形，形成了自己特殊的文化精神和特征。“学在官府”逐渐演变成为“学在四夷”，带来了文化的下移和私学的兴起，由此促进了史学的长足发展。为了记载本国的史事，各诸侯国都设有史官。春秋末年，孔子以鲁国国史为基础，编纂了我国第一部编年史《春秋》。孔子开设私学，又创私人修史之先河，成为中国史学上第一个大史学家，又被称为“中国史学之父”。《春秋》之后，史学迅速发展，史著逐渐增多，最有代表性的是《左传》等以记事为主的编年体史书，以及《国语》《战国策》等以记言为主的记言体史书。

（二）秦汉史学

如果说先秦是中国史学的奠基时期，那么秦汉时期则是中国史学的确立时期。这一时期史学的突出特点是规模宏富的纪传体通史和断代史的出现。西汉武帝时由史学家司马迁写就的《史记》开创了中国史学的新纪元。《史记》作为我国历史上第一部纪传体通史，创造了中国史学史上的纪传体表现形式，从记事的起讫时间上看，上起于传说中的黄帝，下讫西汉武帝时期；从记录的内容上看，记载了 3 000 年社会经济、政治、军事、民族、思想、文化、社会风貌以及各阶层人物群像，由此而奠定了中国古代史学发展的基础。鲁迅给予《史记》极高的历史地位和文学地位，称之为“史家之绝唱，无韵之《离骚》”。东汉时，班固循《史记》之体例，编修《汉书》（即《前汉书》）。《汉书》成为中国历史上第一部断代史，也由此而开创了皇朝史撰述的先河。世人以《史记》为通史的开山，《汉书》为断代史的初祖，这两部书都对后世产生了巨大影响。东汉末年，荀悦撰成《汉纪》一书，又创断代编年体先例。刘向、刘歆父子撰成的《别录》和《七略》，则是中国目录学的开端。通史、断代史、编年体断代史等都产生于秦汉时期，并且均已定形，因此秦汉时期是史学的确立时期。

（三）魏晋南北朝史学

魏晋南北朝时期是中国史学的初步发展时期，主要表现在：其一，修史成风，史学著作数量不断增加。魏晋南北朝时期的史学著作和之前相比，据学者统计数量增加了 40 多倍。《三国志》（陈寿撰写）、《后汉书》（范晔撰写）、《宋书》（沈约撰写）等有较大影响的史学著作都是在这一个时期成书的。其二，史书数目极为繁富，史著种类广泛。从记事时限上看，既有通史，也有断代史。从史学门类来看，进一步强化了纪传体的地位，编年体得到了空前发展，同时也涌现出了地方史、民族史、家史、别传、史论、史注等不同体裁类别的史籍。其三，史学真正摆脱了经学附庸的地位，在学术领域里成为一门独立的学科。这个时期，南朝刘宋时把史学作为专科之一设置专科学校，“史学”一词也开始出现。

（四）隋唐史学

隋唐时期是中国古代史学的重要转折时期，主要表现在：其一，统治阶级重视修史，设馆修史，完善了官史制度。隋文帝曾下令：“人间有撰集国史者，皆令禁绝。”唐贞观三年（629），唐太宗在宫中设立史馆，命人专修国史。当时著名的官吏如魏征、褚遂良都参与编史。其二，官修史学著作成绩斐然，史学著作数量进一步增多。根据《新唐书·艺文志》记载：“藏书之盛，莫盛于开元。唐之学者自为之书者，有二万八千四百六十九卷。”由此可见，史学著作数量之多。被列为正史的二十四部史书中，有三分之一成书于这个时期。其三，出现了总结性史学著作，为史学发展开辟了一条新的途径。唐代著名史学家刘知几所著《史通》，是我国历史上第一部史学理论专著。唐人杜佑的《通典》，是我国历史上第一部专门论述历代典章制度沿革变迁的通史著作，它的出现标志着一种新的史体——政书体（或称典志体）的创立。

（五）五代、宋、元史学

五代、宋、元时期是中国史学发展的重要时期，尤其是两宋史学发达，堪称史学盛世，主要表现在：史体广泛，应有尽有；各类史著成果丰硕，成就显著；出现了纪事本末体，开辟了金石学新天地。这一时期出现的史学著作主要有：宋代薛居正《五代史》（即《旧五代史》）、欧阳修《新五代史》和《新唐书》；元朝撰成的《宋史》《辽史》和《金史》；宋司马光《资治通鉴》、郑樵《通志》、元代马瑞临《文献通考》三部带有总论性的通史巨著，其中《资治通鉴》是编年体通史；南宋袁枢所撰《通鉴纪事本末》，开创了纪事本末体。

（六）明清史学

明清史学是中国史学的嬗变时期，史学发展又各有所属。明代史学中，方志撰述兴起，稗史数量空前；清代史学以考据为盛，乾嘉时期进入黄金时代。此一时期的主要史学著作有：明代著名思想家李贽著的《藏书》《续藏书》；明末清初三大思想家王夫之的《读通鉴论》《宋论》、顾炎武的《日知录》、黄宗羲的《明夷待访录》等，这些史著都是充满了时代气息的经世致用之作；明代《永乐大典》、清代《古今图书集成》、《四库全书》都代表了类书、丛书的最高成就；清代钱大昕的《廿二史考异》又是在校勘古籍、考证史实等方面取得的成果；清代章学诚的《文史通义》以史评史论见长；《元史》《明史》《大明会典》《明实录》《清实录》《清会典》和“清三通”（《清文献通考》《清通典》《清通志》）等则是重要的官修正史。

二、中国古代史学多样化的体裁形式

（一）编年体

所谓编年史，就是按照年、月、日时间顺序记载历史事迹的史书，是中国史学的重要体裁之一。编年史以时间为线索，把时间作为关联历史事件的纽带，把史事和时间紧密结合起来，给人以明确的时间观念。所记载的历史事件发生、发展的时代背景和前因后果，都反映在时间所形成的链条之上。

孔子编订的《春秋》是我国现存最早的一部编年史，其记载以鲁国为主兼及周王室和其他诸侯国。在《春秋》中，孔子采用春秋笔法，充分表达自己的政治立场，以期达到惩恶扬善之目的。鲁国太史左丘明撰成《左氏春秋传》（简称《左传》），这是继《春秋》之后产生的又一部重要的编年史。全书计约 18 万字，用编年体的形式，较为详实地记录了上自鲁隐公元年（前 722）下至鲁悼公四年（前 463）共 259 年的历史。其体例更加完备，记事更为详实，可以说代表了先秦编年体史书的最高水平。

到了东汉末年，荀悦撰写的《汉纪》，以编年体断代史的形式记录了西汉一朝比较重大的历史事件。《汉纪》突破了编年体叙事在时间上的约束，往往可以根据需要去补充前因或者备述后果，并兼及同类的人和事，从而扩大了编年体记叙的范围。

有宋一代，司马光打破了断代史格局，撰写出了《史记》之后包容年代最长的通史之一——《资治通鉴》。《资治通鉴》作为一部编年体通史，共计 294 卷，代表了中国古代编年体史书的最高成就。它按年份记载了上溯战国时期下终于五代末年的重大的政治事件和战争，也记载了一些重要人物的事迹和言行，以及历代与国计民生相关的制度、文化等状况。《资治通鉴》实际上是一部以政治为中心比较全面反映历史内容的通史。到了清末，陈鹤编写的《明纪》，属于明代编年史。

从《春秋》《左传》《资治通鉴》到《明纪》，中国古代史学形成了自春秋至明末近 2 400 年前后衔接的编年史。编年史就成为一个世代相继、上下贯通的庞大史书体系。

（二）纪传体

纪传体中的“纪”指按年编写的皇帝的传记，“传”则是用以记载将相和名人的传记。司马迁的《史记》（原名《太史公书》）开创了纪传体的新纪元，是中国第一部纪传体通史。它以人物为中心，记载了上起黄帝下至汉武帝 3 000 多年的史事，共 130 篇，计约 52 万字。《史记》从体例上看分为本纪、表、书、世家、列传五体。班固因《史记》作《汉书》，断代为史，改“书”为“志”，废除“世家”，归拢并置为纪、表、志、传四体，而以纪、传为主体。纪传体实际上是一种综合体。“本纪”以叙述帝王的事迹为中心，相当于全书的总纲；“表”分年表和月表几种，按谱牒形式调理历史大事，相当于大事记；“书”是各种制度的专史，以事为类，主要记载各类典章制度的发展过程和有关自然、社会各方面的历史；“世家”记述诸侯、勋贵和部分重要历史人物的大事，兼用传记和列传的写法，比如记述陈涉、孔子等人的事迹；“列传”主要记载各类重要历史人物的生平事迹，如《廉颇蔺相如列传》，以及民族史传、外国传。《史记》在每篇之末都以“太史公曰”的形式附上评论性的文字，以表达作者对历史人物、历史事件的看法或者评论，这种写法后人多有效仿。《史记》创立的以纪传为主、表书为辅的体例，为史书的编写奠定了一个有机整体的基础，后人称之为纪传体。中国古代有所谓“廿四史”，也就是由清乾隆帝诏定的二十四史，都是纪传体史书。

（三）典制体

中国古代非常重视对典章制度的记载。在史学界，一般把记述典章制度的史书叫政书，也就是史书的一种典制体形式。唐代杜佑撰写的《通典》是中国第一部记载历代经济、政治、文化等典章制度沿革的典制通史。全书共 200 卷，记事上起传说中的黄帝，下迄唐玄宗天宝末年，把历代典制分为食货、选举、职官、礼、乐、兵、刑、州郡、边防九门。每门又分若干目，每目都标有目名，其下以朝代先后为序，依次记述历代典制。体例完备、独立成书的《通典》，统括历代各种典制于一书，分类编述，开辟了中国典制通史之先河。南宋史学家郑樵沿袭司马迁通史家风，撰成 200 卷的纪传体通史《通志》；宋末元初马端临仿效《通典》体例撰成《文献通考》。《通典》《通志》和《文献通考》被后人合称为“三通”。清乾隆年间，诏修《续通典》150 卷，官修《清通典》100 卷；又官修《续通志》640 卷和《清通志》126 卷，并敕撰《续文献通考》250 卷，后撰《续文献通考》266 卷。之后，刘锦藻私自撰制《清朝续文献通考》400 卷。后世，人们就把“三通”“续三通”“清三通”和《清朝续文献通考》合称为"十通"，共 2 660 卷。

（四）纪事本末体

纪事本末体是以历史事件为中心的一种史书体裁，所记述的历史事件有头有尾，有本有末，叙事完整。这种体裁发端于南宋袁枢的《通鉴纪事本末》。由于袁枢酷爱《资治通鉴》，遂在修读《资治通鉴》的过程中对之进行整理，根据时间顺序对事目加以区别，从而使每一历史事件独立成篇，并用相应的题目作为标题。自袁枢首创此体起，明清史家纷纷仿效，不断有上接下续之作问世。就所载史事的时间前后而言，《通鉴纪事体末》之前有《绎史》（从远古至秦末）、《左传纪事本末》（春秋时期）；后有《续通鉴纪事本末》（北宋至元末）、《宋史纪事本末》、《辽史纪事本末》、《元史纪事本末》、《明史纪事本末》、《清史纪事本末》等，与编年、纪传配合。纪事本末体史书也成为史学中一个贯通古今的独立体系。

（五）史评

史评就是对评论史事或史书进行评论所撰成的著作。按其内容一般可分为两种：一种是史书评论，一种是史事评论。

其一，史事评论就是史学家对历史事件和历史人物进行评论。司马迁《史记》中每篇之后"太史公曰"首开先例，并为后世所沿袭。西汉贾谊的《过秦论》是较早的史论专篇。唐宋以后，评史之风盛行，史论专著不断出现，其中最负盛名的是王夫之的《读通鉴论》和《宋论》。

其二，史书评论就是对史学著作加以评论。这种史学评论，开端于司马迁《太史公自序》，发展于《汉书·司马迁传》，成系统于南朝刘勰《文心雕龙·史传》。中国古代系统而全面的史书评论，当以唐代刘知几《史通》、宋代郑樵《通志·总序》和清代章学诚的《文史通义》为杰出代表。

三、中国古代史学的优良传统①

（一）学兼天人，会通古今

司马迁《史记·太史公自序》中明确提出"究天人之际，通古今之变，成一家之言"的著史宗旨，成为后世中国史家治史的最高境界。"究天人之际"是中国史家

① 本小节主要参阅了张岱年、方克立《中国文化概论》的观点。

治史的最高追求，“通古今之变”成为中国史家治史的基本方法。自此，中国历代无论是通史家还是断代史家，都坚定地追求“究天人之际”“会通古今”。史学家们无论是对通史的编纂，还是对断代史的撰制，都在自己的史学著作中充分表现其学兼天人、会通古今的恢宏气象。无论是杜佑的典章制度体通史《通典》，还是司马光的编年体通史《资治通鉴》；无论是郑樵的纪传体通史《通志》，还是袁枢的纪事本末体《通鉴纪事本末》等，这些史学著作都展示了史学家对政治、经济、军事、文化的无所不通，对天事、人事的无所不晓，表明他们都是学贯古今的绝佳通才。唐代史学家刘知几提出的史家三标准中，其中“史才”和“史学”是衡量一个史家是否能够做到才学并茂的基本要求。阮堂明、沈华认为，所谓“史才”，就是一个史学家所具有的搜集、鉴别、组织史料的能力，叙述事实、记载言语和撰写文章的能力，以及运用体例、编次内容的能力，其实就是史家撰写史学著作的写作能力。所谓“史学”，是指一个史学家要掌握丰富的史料，拥有渊博的历史知识以及与历史有关的各种知识。[①] 史学家们只有在知识上“博闻强识”，在见识上“疏通知远”，才有可能真正做到学兼天人、会通古今。中国古代史学家的这一优良传统，不仅促进了中国史学的繁荣，而且也影响并造就了其他国家难以比拟的通人、名家。

（二）以史为鉴，经世致用

会通古今的目的在于鉴古知今，以史为鉴，经世致用。中国古代史家非常重视当代史的研究，非常重视史学研究的古为今用。这是中国古代史学又一优良传统。在中国历史上，详今略古的思想由来已久。《战国策》中指出：“前事之不忘，后事之师。”借鉴历史经验是中国历代的统治者都十分重视的，司马迁的《史记》就是一部着重写当代史的不朽之作。贾谊之所以撰成《过秦论》，就是基于汉高祖刘邦为了谋求西汉王朝的长治久安之目的。唐太宗更直接说他有三面镜子：“以铜为镜，可以正衣冠；以古为镜，可以知兴替；以人为镜，可以明得失。”宋代司马光写《资治通鉴》的目的同样是为了让帝王阅览，以从中鉴戒得失，强调以史为鉴的作用。中国古代许多史学家包括明末至清代的顾炎武、黄宗羲、王夫之、章学诚等人作为其中杰出的代表，都是高举“经世之用”之大旗，为“经世”而治史，通过撰写通史或者断代史等史学著作来回答和解决社会提出的重大问题。章学诚在《文史通义·浙东学术》中就提倡“史学所以经世，固非空言著述也”。

---

① 阮堂明，沈华．中国文化概论［M］．广州：暨南大学出版社，2012. 210.

（三）求实直书，书法不隐

史学作为一门求真、求实的学问，追求的是据实直书，不隐恶，不溢美。“书法不隐”就是提倡求实直书，实录历史事实，要求史学家们实事求是地记录历史事实。一个有社会道德感和历史责任感的优秀史学家必须具备这样的德识与品行，以及明是非、别善恶、观成败的能力。孔子就曾赞扬晋国史官董狐为“古之良史也，书法不隐”。司马迁是良史的典型代表。他在《史记》中，不仅忠实地记写了给他施以宫刑的当朝天子汉武帝的雄才大略，而且又以“敢述非汉”的浩然正气，毫不留情地记载了汉武帝的种种不善之事、迷信方术的愚昧以及生活上的奢靡，做到了忠贞不阿，“宁可玉碎，不为瓦全”，表现出了作为史学家当有的凛然正气和严谨的治史精神。班固在《汉书·司马迁传赞》中称司马迁有“良史之才”，最直接的理由就是“善述序事理，辩而不华，质而不俚，文质相称”。因此可以说，只有兼具史才、史学、史识之三长，全面拥有才、学、识等方面的基本素养，才能成为优秀的史学家。

【思考与练习】

1. 为什么说汉字是表意体系的文字？
2. 举例说明汉字的构造类型。
3. 汉字具有哪些文化功能？
4. 中国古代都有哪些重要的书籍形态？请以简策为例对之作简要分析。
5. 中国古代文化典籍中，如何理解经史子集的内涵？
6. 中国古代史学主要分为哪几种体裁？各有哪些代表作？
7. 以《史记》为例分析其体裁类型的特点。
8. 简要分析中国古代史学的优良传统。

第九讲　中国古代文学

中国古代文学，起于上古，止于“五四”，共分先秦两汉、魏晋南北朝、隋唐五代、宋代、辽金元、明代、清代七个历史时段，主要以汉民族的文学为主，兼有其他民族文学。中国古代的诗歌、词曲、散文、小说，在创作和理论上不断丰富完善，充分体现了中国历史和文化的源远流长与博大精深，并展现出古代中国人文精神的独特内涵与文化魅力。

第一节　中国古代诗歌

一、先秦诗歌

先秦文学作为先秦文化的一部分，以其独有的魅力，昭显着中国文学强大的生命力。诗歌是最古老的文学形式之一，其产生与发展有一个明显的历史过程。由最初的宗教颂赞祷祝诗，演进到政治叙事诗，再到言志抒情诗，遂确立了中国古典诗歌的基本范式。

（一）现实主义的杰作——《诗经》

《诗经》是我国第一部诗歌总集，原名《诗》，或称“诗三百”，共有 305 篇，另有 6 篇笙诗，有目无辞。全书主要收集了西周初年至春秋中叶五百多年间的作品，按照音乐类型分为风、雅、颂三类。《诗经》的主要内容有祭祖颂歌、周族史诗、农事诗、燕飨诗、怨刺诗、征役诗和婚恋诗等，集中了我国最早一批富有现实主义精神的诗歌，奠定了中国诗歌面向现实的传统。

《诗经》中的诗歌，比较集中地运用了赋、比、兴的手法。南宋朱熹认为，“赋者，敷陈其事而直言之者也”，“比者，以彼物比此物也”，“兴者，先言他物以引起所咏之词也”。（《诗集传》卷一）如《豳风·七月》用赋的手法来叙述农民在一年十二个月中的生活。《卫风·硕人》用了“手如柔荑，肤如凝脂，领如蝤蛴，齿如瓠犀，螓首蛾眉”一连串的比来描绘庄姜之美。“关关雎鸠，在河之洲。窈窕淑女，君子好逑”（《周南·关雎》）则是运用起兴的手法。《诗经》的句式以四言为主，间杂有二言至八言不等。《诗经》中多用重章复唱手法，如《周南·芣苢》是同一诗章重叠，仅变换几个词。而《周南·卷耳》有四章，首章不叠，后三章是重章。雅、颂多用严整的四言句，极少杂言，而国风中杂言较多。

《诗经》在文学史上有着非同一般的地位与巨大影响。首先，《诗经》中有大量的抒情言志之作。此后，我国诗歌沿着《诗经》所开创的这一传统，使抒情诗成为我国诗歌的主要形式。其次，《诗经》表现出的关注现实的热情、强烈的政治和道德意识、真诚积极的人生态度，被后人概括为“风雅”精神，直接影响了后世诗人的创作。最后，《诗经》对我国后世诗歌体裁结构、语言艺术等方面也有广泛的影响。

（二）浪漫主义杰作——“楚辞”

“楚辞”是在战国后期产生于楚国的一种新诗体，是继《诗经》之后崛起的又一座文学高峰。屈原是我国第一位伟大诗人，从“悲莫悲兮生别离，乐莫乐兮新相知”（《九歌·少司命》）中的深切感慨和“路漫漫其修远兮，吾将上下而求索”（《离骚》）中的坚持不懈，读者可以明显感受到屈原的人格魅力。所谓“才高者菀其鸿裁，中巧者猎其艳辞，吟讽者衔其山川，童蒙者拾其香草”（刘勰《文心雕龙·辨骚》），正说明其创作具有不可估量的文学成就与精神动力。

《离骚》以“灵均”的“制芰荷以为衣兮，集芙蓉以为裳”的特征，向人们展示了一个坚贞高洁的抒情主人公的光辉形象。屈原继承和发展了《诗经》、神话的优良传统，其《离骚》以现实主义为基调，以浪漫主义为特色。如“朝发轫于天津兮，夕余至乎西极”一段中尽是四方神游的描写，富于飞腾的想象和奇幻的意境。在表现手法上，《离骚》也多有开拓。诗人寄情于物，托物寓情，使主观之情与客观之物融而为一，创造出象征意味的艺术形象。这就突破了《诗经》以借物抒情为主要特点的比兴手法的局限，善鸟香草、恶禽臭物、灵修美人、宓妃佚女都莫不如此。

屈原的其他作品也各具特色。《九歌》是屈原在楚国民间祭神乐歌的基础上加工创作而成的一组体制独特的抒情诗，依旧保留了歌、舞、乐三者结合的特点。全诗最后一曲《离魂》“成礼兮会鼓，传芭兮代舞，姱女倡兮容与。春兰兮秋菊，长无绝兮终古”，体现“祠祀将毕而歌以送神之词。乐之卒章，犹曲之尾声也”（王邦采《屈子杂文笺略》），由此实能看出歌、乐、舞三位一体的影迹。《九章》的思想内容与《离骚》大体相似，但更富有现实主义特征。其中《橘颂》借颂橘而言志，抒发了美好的理想，歌颂了高尚的情操。《天问》是我国文学史上的一篇奇文。它纯以问句构成，篇幅巨大，内容广博，思想奇特，富于哲理。《招魂》则以善于描写著称。在屈原之后，出现过一些深受屈原影响的楚辞作家，其中仅宋玉有作品传世，《九辩》是其代表作。其中“悲哉秋之为气也！萧瑟兮草木摇落而变衰”一句，开启了中国文学史上影响深远的“悲秋”主题。

屈原砥砺不懈、特立独行的节操，在逆境中敢于坚持真理、反抗黑暗统治的精神，为后世文人推崇与效仿，其忧愤深广的爱国情怀和为了理想而顽强不屈地批判现实的精神，养成了中国士人主动承担历史责任的勇气。鲁迅说屈原的作品“逸响伟辞，卓绝一世”，“其影响于后世之文章，乃甚或在三百篇之上”（《汉文学史纲要》），正说明了屈赋的艺术成就对中国文学史产生的深远影响。

综而论之，不管是《诗经》中的现实主义，还是《楚辞》中的浪漫主义，从当中都能看到古典诗学“诗言志”“诗言情”的基调。正是沿着先秦诗歌开拓的一系列优良传统，中国古典诗歌最终获得了久远的发展与永恒的艺术魅力。

二、西汉与东汉诗歌

两汉诗歌就思想性、艺术性而言，成就最高的是汉乐府和东汉文人五言诗。

“乐府”一名始于秦。汉武帝时的乐府规模较大，掌管朝会宴飨、道路游行时所用的音乐，兼采民间诗歌和乐曲。魏晋以后的人也把乐府所唱的诗称为“乐府”。《汉书·艺文志》在叙述西汉乐府诗歌时写道：“自孝武立乐府而采歌谣，于是有代、赵之讴，秦、楚之风。皆感于哀乐，缘事而发。”两汉乐府诗都是创作主体有感而发之作，具有很强的针对性。相和歌辞中的《东门行》《妇病行》《孤儿行》表现平民百姓的疾苦，是来自社会底层的呻吟呼号。这些作品用白描的笔法揭示平民百姓经济上的贫苦和感情上遭受的煎熬。与之迥然有别的是，同是收录在相和歌辞中的《鸡鸣》《相逢行》《长安有狭斜行》三诗，却以富贵之家为表现对象，展现与苦难世界完全不同的景象。汉代乐府诗还对男女两性之间的爱与恨作了直接的袒露和表白，代表作品有《上邪》《有所思》《孔雀东南飞》等。两汉乐府诗中既有叙事诗，也有抒情诗，而以叙事诗的成就更为突出。两汉叙事诗的出现，标志着中国古代叙事诗的成熟。

汉代诗歌的另一巨大成就是东汉文人五言诗，最高成就是《古诗十九首》，它标志着中国文人诗进入成熟时期。《古诗十九首》出自汉代文人之手，作为一个整体收录在《文选》。作者多为当时社会中下层失意的知识分子，内容表达朋友夫妇间的离愁别恨，羁旅游宦的失意彷徨，有伤感色彩，格调浑成，意蕴丰厚。《古诗十九首》

的语言达到了炉火纯青的程度，钟嵘《诗品》称它“惊心动魄，可谓几乎一字千金”。其中“相去日已远，衣带日已缓”“人生寄一世，奄忽若飙尘”“盈盈一水间，脉脉不得语”等名句千古传诵。

三、建安风骨

建安时期的诗歌以“三曹”（曹操、曹丕、曹植）、“七子”（陈琳、孔融、王粲、刘桢、徐干、阮瑀、应玚）的成就最高。他们诗歌所反映出来的深广的社会人生内容，丰富而深切的情感体验，刚健爽朗的语言以及慷慨悲凉的风格，形成了建安诗歌鲜明的时代特征，被后人誉为“建安风骨”。

建安文坛的领袖曹操（155—220），字孟德，诗歌以乐府旧题写时事，古直悲凉。“白骨露于野，千里无鸡鸣。生民百遗一，念之断人肠。”（《蒿里行》）反映了汉末军阀混战、百姓流离失所的惨况，具有深刻的现实意义，堪称“汉末实录”。“老骥伏枥，志在千里。烈士暮年，壮心不已”（《步出夏门行·龟虽寿》）则充溢着慷慨之气，颇具一代枭雄的豪纵之风。魏文帝曹丕（187—226），字子桓，代表作《燕歌行》是我国第一首成熟的文人七言诗。其中“秋风萧瑟天气凉，草木摇落露为霜”为千古名句。曹植（192—232），字子建，曾因曹丕政治迫害而作《七步诗》。生前曾为陈王，死后谥号思，因此也称陈思王。历代以来，曹植被誉为建安时代最伟大的文学家，钟嵘赞叹他“骨气奇高，辞采华茂”（《诗品》）。其创作以曹丕称帝为界，明显分为前后两个时期。前期的诗歌洋溢着乐观浪漫的情调，代表作《白马篇》中的名句“捐躯赴国难，视死忽如归”，塑造出一个年少无畏、意气风发的游侠儿形象。后期的诗歌则以沉郁悲伤、愤懑慨叹为主。《赠白马王彪》一诗则对曹丕玩弄权术、迫害亲伦这一暴行发起控诉，文辞含蓄隽永，字字含泪，是建安诗歌中的代表名篇。“建安七子”是围绕着三曹父子的文人群体，他们的诗歌善于熔铸时事，时代特征鲜明，具有感人肺腑的力量。其中被誉为“七子之冠冕”的王粲（177—217），成就最为突出，代表作《七哀诗·西京乱无象》中以瞻恋京师发端，途中见妇人弃子草间写实，最终以“悟彼下泉人，喟然伤心肝”作结，道尽战乱时期惨状，悲苦之情难以自已，表达了对和平生活的向往。

四、两晋诗坛与陶渊明

两晋诗坛上承建安、正始，下启南朝，是古朴原始诗风向近体格律诗风转变的关键时期。西晋太康年间，诗坛名家以三张、二陆、两潘、一左为代表，其中陆机、潘岳是太康繁缛诗风的典型代表作家。陆机的《赴洛道中作》与潘岳的《悼亡诗》，内容多写羁旅之愁与丧偶之悲，华词丽藻，句式骈偶，描写繁复详尽，是太康诗风的代表性作品。这时诗歌的艺术形式虽有所发展，但文学的风骨却大大减弱。继承建安以来慷慨诗风的是令“洛阳纸贵”的左思（约250—305），《咏史》八首是其代表作。《其二》全篇用对比，通过“涧底松”和“山上苗”、“金、张”和“冯公”的不同遭遇来表达对“世胄蹑高位，英俊沉下僚”的批判。《其五》中“振衣千仞岗，濯足万里流”一句，更被钟嵘标举为“又协左思风力”，开创了名为咏史实为咏怀的咏史诗新传统。

西晋末年，受魏晋以来玄学清谈之风影响，“淡乎寡味，理过其辞”的玄言诗开始在诗坛流行。郭璞（字景纯，276—324）在这样的文学风气中，“变创其体”，代表作《游仙诗》将老庄思想与道教神仙之说相杂糅，歌咏高蹈出世的精神，寄寓避祸远世的思想感情。钟嵘称它“乃是坎壈咏怀，非列仙之趣也”。南渡之后，孙绰、许询等人皆擅长创作玄言诗，在东晋诗坛占据主导地位。他们的创作大都“平典似道德论”，情感平淡，哲理性强。而以山水媚道的倾向，为山水诗的兴起带来先声。王羲之等人在兰亭雅集所辑录的《兰亭集》，或抒写山水游玩之乐，或观山水悟取玄理，正是这样的典范之作。

陶渊明（约365—427）又名潜，字元亮，谥号靖节，东晋末刘宋初的隐逸诗人、辞赋散文家。陶渊明的一生以辞彭泽令为界，分为前后两期。前期他“一心处两端”（《杂诗·遥纵羁役》），在仕与隐之间徘徊。诗人的痛苦在于自以心为形役，希冀有所作为但苦于官小位卑。因此他一方面感叹“日月掷人去，有志不获骋”（《杂诗·白日沦西阿》），另一方面却又只能“望云惭高鸟，临水愧游鱼”（《始作镇军参军经曲阿一首》）。真正奠定陶渊明在文学史上不朽诗名的是他后期反映自己躬耕田园、任真自然、安贫乐道生活的诗作。他的诗自创田园一派，雅俗共赏，实现了雅的文学形式与俗的躬耕生活相结合，行先贤之弗行，效农人躬耕以自给，赋予贫困艰辛的田园安静悠闲的色彩，使之成为失意文人的精神家园。如《归园田居·其一》，诗人用草屋、榆柳、桃李、远村、近烟、鸡鸣、狗吠等农家俗物构成了一幅恬静幽美、清新喜人的田园风景画，与误落尘网的羁鸟、池鱼形成鲜明对比。《于西田获早稻》诗中则说：“人生归有道，衣食固其端。孰是都不营，而以求自安?”表达了坚持躬耕自足的立场。就艺术特点而言，陶诗发乎事，兴乎景，源乎情，摄乎理，浑然成篇，平淡中见警策，朴素中见绮丽，语言平淡自然，言外寓不尽之意。如《饮酒·其五》将说理写景、抒情言志融为一体，用字简练，语言淡泊清新，悠然自得的心境与恬静幽美的自然融为完整的艺术境界。诗人置身其中，感受到的是自然“此中有真意，欲辨已忘言”的深意。陶渊明赋的代表作品则有《归去来兮辞》与《闲情赋》。

陶渊明在其所处时代并不盛于诗名，钟嵘《诗品》仅将陶诗列入中品。直至南朝梁太子萧统主编的《文选》收录陶诗八首，更为其编《陶渊明集》并亲自作序，陶渊明才声名鹊起。北宋文坛领袖苏轼非常倾慕陶渊明，著有和陶诗百余首。他称赞其人“欲仕则仕，不以求之为嫌；欲隐则隐，不以去之位高。饥则叩门而乞食，饱则鸡黍以延客，古今贤之，贵其真也”；称赞其诗文则“质而实绮，癯而实腴”。加之南宋理学大家朱熹为之揄扬，陶渊明才真正确立了他在文学史上的崇高地位。而他不为“五斗米折腰”的气节，则成为中国封建士大夫的精神壁垒，陶诗平淡自然的风貌也成为了他们心中崇高的艺术追求。

五、南朝诗歌

南朝政权更迭频繁，社会动荡不安。士族阶层受到极大冲击，全身避祸的思想抬头，魏晋以来的隐逸之风愈发兴盛。诗至南朝，诗运也发生了重大的转关，一变魏晋诗歌古朴的诗风，开始追求声色之美，但在一定程度上掩盖了真性情的表达。这一时期，有三位诗人的成就备受瞩目，便是并称为“元嘉三大家”的谢灵运、颜延之和鲍照。

谢灵运（385—433），东晋名将谢玄之孙，小名“客”，人称谢客，又以袭封康乐公，称谢康公、谢康乐。他所开创的山水诗，描摹大自然的山水美景，不仅使山水成为独立的审美对象，为中国诗歌增添了新的题材，更开启了南朝一代新的诗风。谢诗语言富丽精工，鲜丽清新，显得“自然可爱”。钟嵘评价其“名章迥句，处处间起；丽典新声，络绎奔会”（《诗品》卷上）。而刻意的经营安排、琢磨锻炼从而达到自然清新，正是谢诗的过人之处，如名句“池塘生春草，园柳变鸣禽”（《登池上楼》），“昏旦变气候，山水含清晖”（《石壁精舍还湖中作》）等句。他的诗“情必极貌以写物，辞必穷力而追新”，如《入彭蠡湖口》《于南山往北山经湖中瞻眺》等作品对景物刻画细腻，展现了其高超的描摹技巧，其鲜丽的语言和画面感也十分具有艺术张力。与谢灵运并称为“颜谢”的颜延之（字延年，384—456），写过不少的山水诗，代表作品有《始安郡还都与张湘州登巴陵城楼作诗》。鲍照（字明远，415—466），南朝刘宋时期的文学家，“才秀人微，故取湮当代”（《诗品》）。鲍照的诗歌多表现建功立业的愿望和抒发寒门之士倍遭压抑的痛苦，勇敢地发出了寒士的强烈呼声，反抗门阀社会，充满了难以抑制的怨愤和慷慨不平之气。比如《拟行路难·其四》:“对案不能食，拔剑击柱长叹息。丈夫生世会几时？安能蹀躞垂羽翼。”他还描写边塞战争，反映征夫戍卒视死如归，“身躯蹈死地”，却受到荣薄赏微的不公正待遇的社会现实，如《代出自蓟北门行》。他的诗也描写游子、思妇和弃妇，比如《代白头吟》等。鲍照诗风俊逸豪放，奇矫凌厉，“发唱惊挺”，对后世具有深远的影响。他发展出七言歌行体的诗歌形式，变逐句押韵为隔句押韵，允许自由换韵，为后代七言格律化的发展确立了规范。

宫体诗是南朝梁、陈之际最为盛行的诗风。“宫体”之称，始于萧纲入主东宫之后，受到南朝市井歌词与文人歌诗所流行的侧艳之风的深刻影响，在南朝梁、陈两代达到顶峰。代表作家有梁武帝萧衍、梁简帝萧纲、梁元帝萧绎，徐氏父子（徐摛、徐陵）、庾氏父子（庾肩吾、庾信）等。宫体诗以宫廷生活为描写对象，其中多着笔于女子形貌体态与宴乐生活，亦有一些抒情咏物之作，情调流于轻艳，风格柔靡缓弱。如“腕动苕华玉，衫随如意风。上客何须起，啼乌曲未终”（萧纲《咏舞二首》其二），或“春花竞玉颜，俱折复俱攀。细腰宜窄衣，长钗巧挟鬓”（庾肩吾《南苑看人还》）。这类诗歌共同的艺术特点是注重词藻、对偶与声律，而忽略情志表达。

由于南北朝长期处于对峙的局面，南北朝民歌也呈现出不同的情调与风格。南朝民歌大部分保存在宋代郭茂倩所编《乐府诗集·清商曲辞》里，主要有吴歌和西曲两类。现存的南朝民歌内容比较狭窄，绝大多数是情歌，清丽缠绵，更多地反映了人民真挚纯洁的爱情。它体制小巧，大多为五言四句，语言清新自然。大量使用双关语，是南朝民歌尤其是吴歌的显著特点。艺术性最高的《西洲曲》，描写一个青年女子的相思之情，中间穿插不同季节的景物变化和女主人公的活动、服饰及仪容的点染描绘，层层深入展示人物内心情思，加之回环宛转的旋律，全诗声情摇曳，余味无穷。北朝民歌大部分保存在《乐府诗集·横吹曲辞》的《梁鼓角横吹曲》中，内容反映北方的游牧生活、风光、战争、羁旅行役和流亡生活，具有直率朴素、粗犷豪放的特点。长篇叙事诗《木兰诗》是北朝民歌中最为杰出的作品，名句“朔气传金柝，寒光照铁衣。将军百战死，壮士十年归”，寥寥数字，将战场上的肃杀气氛、将士们的浴血奋战以及木兰的英风豪气展现得淋漓尽致。“雄兔脚扑朔，雌兔眼迷离，双兔傍地走，安能辨我是雄雌？”更是以双兔在一起奔跑、难辨雄雌的隐喻，对木兰女扮男装、代父从军十二年未被发现的奥秘加以巧妙地解答，妙趣横生而又令人回味。

六、唐诗气象

唐诗发展大致分为初唐、盛唐、中唐、晚唐四个阶段。

（一）初唐诗歌

初唐代表诗人是王勃、杨炯、卢照邻、骆宾王四人，后代将之称为“初唐四杰”。王勃的“海内存知己，天涯若比邻。无为在歧路，儿女共沾巾”（《送杜少府之任蜀州》），一扫传统别离诗的愁绪，写出了英雄豪气，为后人熟知。杨炯的“宁为百夫长，胜作一书生”（《从军行》），抒发了诗人弃笔从戎的报国之情。骆宾王的“无人信高洁，谁为表予心”（《在狱咏蝉》），人蝉双咏。杨炯的“寂寂寥寥扬子居，年年岁岁一床书”（《长安古意》），道尽读书人的孤寂。他们的创作在题材上从宫廷走向山川旷漠，情感从柔靡走向豪放，格律则是更为完备的五言律诗。

初唐后期的陈子昂，主张诗文革新，风骨兴寄。《登幽州台歌》：“前不见古人，后不见来者。念天地之悠悠，独怆然而涕下。”正是风骨兼备、遥承汉魏诗风的作品。张若虚的《春江花月夜》，有“以孤篇压倒全唐”之誉，整篇创造性地再现了江南春江夜景，展现了唐人宏大的宇宙与生命视野。

（二）盛唐诗歌

盛唐是指唐代自开元至大历间，为唐诗的全盛时期。盛唐时期，涌现出大批禀受山川英灵之气、天赋极高的诗人，其中最具影响的是以王维、孟浩然等人为代表的“山水田园诗派”和以高适、岑参、王昌龄等人为代表的“边塞诗派”。

山水田园诗派的作品多采用五言古体与律绝的形式，反映了士大夫阶层闲适淡泊的思想情绪，以意境深远、色彩雅淡著称。在发掘自然美方面，既能概括地描写雄奇壮阔的景物，又能细致入微地刻画自然事物的动态；在自然景物的观察上别出心裁，能够巧妙地捕捉适于表现其生活情趣的种种形象，构成独到的意境，把六朝以来的山水诗向前推进了一步。其中以王维成就为高，他是诗人，又是画家，能以画理通之于诗，诗中有画，画中有诗；后期以佛理入诗，境界玄远空明，于李杜之外，别立一宗，对后世影响很大。

边塞诗派以高适、岑参、李颀、王昌龄最为知名，而高、岑成就最高，所以也叫高岑诗派。他们的诗歌主要是描写边塞战争和风土人情，以及战争带来的各种矛盾，如离别、思乡、闺怨等，形式上多为七言歌行和五、七言绝句，诗风悲壮，格调雄浑以表现盛唐气象，代表作有高适的《燕歌行》与岑参的《走马川行奉送封大夫出师西征》。王昌龄擅长七绝，人称“七绝圣手”，其《出塞》中“秦时明月汉时关，万里长征人未还”与《芙蓉楼送辛渐》中“洛阳亲友如相问，一片冰心在玉壶”都是千古流传的名句。

盛唐诗歌是唐诗发展的顶峰，山水诗表现静谧明秀之美，边塞诗体现清刚劲健之美，达到了声律风骨兼备的完美境界，形成了盛唐诗坛的鼎盛风貌。但最为后人称道的，是这时出现了两位在中国诗歌史上被人奉为圭臬的伟大诗人——李白与杜甫。

李白（701—762），字太白，号青莲居士。祖籍陇西成纪，出生于碎叶城（当时属唐朝领土，今属吉尔吉斯斯坦），4 岁才随父迁至剑南道绵州。生活在盛唐时期的诗人豪侠任情，游踪遍及神州南北，写出了大量颂赞名山大川的壮丽诗篇。他的诗既有“直挂云帆济沧海”的豪迈奔放，又有“欲上青天揽明月”的清新飘逸，想象奇崛，意境缥缈，语言爽利，被后人奉为“诗仙”。

李白以乐府、歌行及绝句成就最高，其歌行完全打破了诗歌创作的固有格局，似“黄河之水天上来”，空无依傍；又似“蜀道之难难于上青天”，变幻莫测，代表作《将进酒》和《蜀道难》都具有这样的特点。李白的绝句自然明快、飘逸潇洒，能以简洁明快的语言表达出无尽的情思。在盛唐诗人中，王维、孟浩然长于五绝，王昌龄七绝写得很好，兼长五绝与七绝而且同臻极境的，只有李白一人。盛唐诗歌最主要的特征是“气来，情来，神来”，这一点在李白的绝句中体现得淋漓尽致。明人胡应麟说：“太白五七言绝，字字神境，篇篇神物。”李白的绝句，无论写景言情，都具有一气流贯的俊逸风神和爽朗情韵，如“飞流直下三千尺，疑是银河落九天”（《望庐山瀑布》），“两岸猿声啼不住，轻舟已过万重山”（《早发白帝城》）。这些作品所表现的是自然的美和普遍的人性，平易真切，极富生活情趣。李白的诗歌创作带有强烈的主观色彩，想象变幻莫测，随情思流动，意象群体丰富壮美，这些独特的艺术个性，奠定了李白在盛唐诗坛中的重要地位。

李白的诗歌对后代产生了极为深远的影响。中唐的韩愈、孟郊、李贺，宋代的苏轼、陆游、辛弃疾，明清的高启、杨慎、龚自珍等著名诗人，都深受李白诗歌的影响。

杜甫（712—770），字子美，自号少陵野老，世称杜工部、杜少陵等，河南巩义人，唐代伟大的现实主义诗人。杜甫诗歌的内容大多是反映当时的社会面貌，题材广泛，寄意深远，尤其描述民间疾苦，多抒发他悲天悯人的仁民爱物、忧国忧民情怀。“杜逢禄山之难，流瘫陇蜀，毕陈于诗，推见至隐，殆无遗事，故当号为诗史。”同时，他亦因其诗中悲天悯人的情怀和非凡的艺术造诣，被世人尊为“诗圣”。

杜诗的主要风格特征表现为沉郁顿挫，《秋兴八首》是其典范之作。此外杜诗风格多元，胡震亨说杜甫的诗“精粗巨细，巧拙新陈，险易浅深，浓淡肥瘦，靡不毕具”（《唐音癸签》卷六），就是说杜诗风格的多样性。杜甫的律诗成就极高，他把律诗写得纵横恣肆，极尽变化之能事，合律而又看不出声律的束缚，对仗工整而又看不出对仗的痕迹，如“随风潜入夜，润物细无声”（《春夜喜雨》），“无边落木萧萧下，不尽长江滚滚来”（《登高》）。

唐代的大文学家韩愈曾把杜甫与李白并论说：“李杜文章在，光焰万丈长。”（《调张籍》）王安石表彰杜诗有“丑妍巨细千万殊，竟莫见以何雕镂”的成就。陈善《扪虱新语》卷七称，“老杜诗当是诗中‘六经’，他人诗乃诸子之流也”。从唐诗的发展来看，杜甫是一位承盛唐启中晚唐的人物，但其对后世最为重要的影响，则体现在思想情操方面。他系念国家安危、同情生民疾苦的伟大操守，为历代士人所崇仰，对中国士大夫阶层传统人格的形成，有着不可估量的影响。

（三）中唐诗歌

中唐是唐诗的变化时期。韩孟、元白两大诗派崛起，李贺、刘禹锡和柳宗元等具有独特风格的诗人纷沓而至，展示了唐诗大变于中唐的蓬勃景观。

韩愈（768—824），字退之，是韩孟诗派的代表人物。在诗的形式上，韩愈追求诗文合一，以文入诗，如“嗟哉吾党二三子，安得至老不更归”（《山石》）表现了韩诗散文化的特点。韩诗气势壮阔，笔力雄健，力求新奇，对后来的宋诗影响很大，“韩愈为唐诗之一大变，其力大，其思维，崛起特为鼻祖”（叶燮《原诗》）。有时由于过分地避熟求生，韩诗不免流于险怪。

白居易（772—846），字乐天，号香山居士，是中唐时期的元白诗派的代表诗人。他提出“歌诗合为事而作”（《与元九书》），以《卖炭翁》为代表的讽谕诗是其代表，“可怜身上衣正单，心忧炭贱愿天寒”（《卖炭翁》）。白居易的“感伤”类诗歌中最优秀的两篇分别是《长恨歌》《琵琶行》，其中有不少佳句，如“在天愿作比翼鸟，在地愿为连理枝。天长地久有时尽，此恨绵绵无绝期”（《长恨歌》），“同是天涯沦落人，相逢何必曾相识”（《琵琶行》）。他的诗歌主张和诗歌创作，以其对通俗性、写实性的突出强调和全力表现，在中国诗史上占有重要的地位。

刘禹锡（772—842，字梦得）、柳宗元（773—819，字子厚）是中唐诗坛两位重要诗人。刘诗雄直劲健，诗中将个人情感、具体的历史事件上升为生命历史共性的共鸣，如“人世几回伤往事，山形依旧枕寒流”（《西塞山怀古》），“沉舟侧畔千帆过，病树前头万木春”（《酬乐天扬州初逢席上见赠》）。相比之下，柳诗则显得冷峭简淡，这种特征在那首被誉为唐人五言绝句最佳者的《江雪》中得到了集中表现：“千山鸟飞绝，万径人踪灭。孤舟蓑笠翁，独钓寒江雪。”其中闪现着一种深沉凝重而又孤傲高洁的生命情调。在中国文学史上，柳宗元诗、文成就皆极高，可谓一时之杰。

（四）晚唐诗歌

从中唐进入晚唐以后，士人的心理发生了很大变化。王朝末世之景和自身抱负落空，使晚唐诗人的情感由正面面向社会转向关注历史变迁，追求官能感受，咀嚼闲散生活的滋味。

杜牧（803—852），字牧之。他的诗立意高远、内容充实，受到政治抱负和开阔心胸的影响，诗歌展现出明朗、劲健的风格，豪迈不羁和情思缠绵相结合、清丽俊爽而又绰约含蓄是其主要特色。如《赤壁》："折戟沉沙铁未销，自将磨洗认前朝。东风不与周郎便，铜雀春深锁二乔。"晚唐背景下，有相当一部分人以苦吟的态度作着"清新奇僻"的诗，代表人物有贾岛、姚合。他们的诗歌内容大多狭窄，描写个人生活多于社会问题，在创作态度上则表现为苦吟。贾岛诗的风格相对清稳闲适，如《题长江厅》。姚合的诗则境界幽静，如《县中秋宿》。

闺阁情怀在晚唐的诗中也占有很大比重。温庭筠，史称其"士行尘杂""与新进少年狂游狭邪"（《新唐书》本传），其《春愁曲》"凉簪坠发春眠重，玉兔煴香柳如梦"，从内容上看，属于一般闺怨诗，但侧重视觉彩绘，华美绰约。

李商隐（813—858），字义山。他的咏史诗，内容多针对封建统治者的淫奢昏愚进行讽慨，如《贾生》："可怜夜半虚前席，不问苍生问鬼神。"咏物诗，托物寓慨，表现诗人的境遇命运、人生体验和精神意绪，如"曾苦伤春不忍听，凤城何处有花枝？"（《流莺》）爱情诗，情挚意真深厚缠绵，如《无题》："春蚕到死丝方尽，蜡炬成灰泪始干。"李商隐善于把朦胧图像化为迷离的意象，如《锦瑟》："庄生晓梦迷蝴蝶，望帝春心托杜鹃。沧海月明珠有泪，蓝田日暖玉生烟。"其中"庄生晓梦迷蝴蝶"，由原典生发的人生如梦引入一层浓重的迷惘感伤情思，"望帝春心托杜鹃"也由原典之悲哀意蕴而引入伤春的感怆。

第二节　中国古代词曲

词也被称为诗余、曲子词，是中国古代诗歌的一种，源于古代西域燕乐，始于南朝梁代，形成于唐代，五代十国后开始兴盛，至宋代达到顶峰。

一、唐五代词

文人词在中唐以后逐渐流行起来，到晚唐五代开始兴盛，代表词人有温庭筠、韦庄、李煜、冯延巳等。

温庭筠（约 812—866），中国文学史上第一个致力于填词的人，今存词有七十余首。其词题材狭窄，多写宫怨闺思、歌伎的生活等，基本风格偏于香艳细腻、深隐含蓄，如“小山重叠金明灭，鬓云欲度香腮雪”（《菩萨蛮》），以感官刺激暗示内在意蕴情思，隐约透露出一种空虚孤独之感，显得隐约含蓄。温庭筠在《花间集》中名列首位，被推尊为“花间鼻祖”。韦庄（约 836—910），诗人韦应物的四代孙，花间派词人的重要代表，有《浣花词》存世。韦庄与温庭筠齐名，并称“温韦”。语言清丽，多用白描手法，笔法清疏，如“人人尽说江南好，游人只合江南老”“未老莫还乡，还乡须断肠”（《菩萨蛮》其二），直抒胸臆，委婉表达对江南水乡的依恋和有家不能归的郁结。冯延巳（903—960），词作数量居五代词人之首。受花间词影响，冯词仍以相思离别为题材，但词风冶艳雕饰不再，着力表现人物的心境意绪，文人气息很浓，如“日日花前常病酒，不辞镜里朱颜瘦”（《鹊踏枝》），情景交融，通过写情感交织的愁闷，从而产生一种对韶光易逝和人生苦短的感叹。后蜀赵崇祚，于广政三年编成《花间集》，是最早的文人词总集，选录 18 位“诗客曲子词”，凡 500 首，其中的词人被称作“花间词派”。

南唐中主李璟（916—961），初名景通，字伯玉，存词四首。作品情思婉转，表现出无限的悲哀与愁恨，蕴含浓厚的忧患意识。“细雨梦回鸡塞远，小楼吹彻玉笙寒”（《浣溪沙》）一句对仗工巧，托梦境诉哀情，映衬了作家的寂寞孤清，而且是千古传唱的名句。南唐后主李煜（937—978），字重光，存词三十余首。李煜前期词以描写宫廷生活、男女情爱为主，也有一些抒发离愁别恨的作品，在内容题材上仍受南朝宫体诗和花间词的影响，如《玉楼春》。后期词以抒写故国之思、亡国之痛为主，感情真挚沉痛，凄怆动人，颇具艺术感染力，如《乌夜啼》《浪淘沙令》。李煜的“剪不断，理还乱，是离愁。别是一般滋味在心头”（《乌啼夜》），用“剪不断，理还乱”的千丝万缕，形容愁思之纷繁难解，也暗示了离愁好似一团乱丝，紧紧缠绕着人，无法摆脱。“别是一般滋味在心头”，欲言又止，缠绵之至。“别时容易见时难”（《浪淘沙令》）将一己之感扩展为人世间普遍的共同体验，具有很强的感染力。李煜继承了花间派词人的传统，但又通过具体可感的个性形象，使词的意境更深远，扩大了词的表现领域。

二、宋词

960 年，北宋建立。宋初复古诗风盛行诗坛，词的创造基本处于停滞状态，尚未形成一种独特的时代风貌。直到 11 世纪上半叶柳永等词人先后登上词坛，宋词才开始步入迅速发展的轨道。

柳永（987？—1053？），初名三变，字景庄，后改名永，字耆卿，福建崇安人。柳永从创作方向上改变了词的审美内涵和审美趣味，即变“雅”为“俗”，着意运用通俗化的语言表现世俗化的市民生活情调，如“镇相随，莫抛躲，针线闲拈伴伊坐。和我，免使年少光阴虚过”（《定风波》），坦率表露了生活理想和生活愿望。这种泼辣爽直的性格和直抒其情的写法，正符合市民大众的审美趣味。柳永在语言表达方式上也进行了大胆的革新，充分运用现实生活中的日常口语和俚语，如“早知恁么。悔当初、不把雕鞍索”（《定风波》）中的“恁”、“不会得都来些子事”（《满江红》）中的“都来”等，这些口语生动活泼，富有表现力，使读者和听众既感到亲切有味，又易于理解接受。作为第一位对宋词进行全面革新的大词人，柳永对后来词人影响甚大。柳词在词调的创用、章法的铺叙、景物的描写、意象的组合和题材的开拓上都给苏轼以启示；秦观雅词长调的铺叙点染之法是从柳词变化而出；周邦彦慢词的章法结构，同样脱胎于柳词。

苏轼（1037—1101），字子瞻、和仲，号东坡居士，世称“苏东坡”，死后追谥为文正。说到苏轼对宋词的贡献，首先要提到的就是他豪放的词风。曾有文献记载：东坡在玉堂，有幕士善歌，问：“我词何如柳七？”对曰：“柳郎中词，只合十七八女郎，执红牙板，歌‘杨柳岸，晓风残月’。学士词，须关西大汉，铜琵琶，铁卓板，唱‘大江东去’。”东坡为之绝倒。（《吹剑录》）这虽为笑谈，但苏轼词不同于柳永词的婉约，自创豪放词风，也可见一斑。著名的《念奴娇·赤壁怀古》可视为这一风格的代表作。再如《水调歌头·明月几时有》，上阕才以不能“乘风归去”为憾，马上又以“何似在人间”自解；下阕才以“人有悲欢离合”为憾，马上又以“月有阴晴圆缺，此事古难全”自解。其他还如《水调歌头·落日绣帘卷》“一点浩然气，千里快哉风”，《定风波·莫听穿林打叶声》“一蓑烟雨任平生”等词句，充分体现了他胸襟开阔、豁达超脱的风格。

但除了豪放词，苏轼词也不乏婉约之作。如《江城子·正月二十日夜记梦》，“十年生死两茫茫，不思量，自难忘”，这首词抒发的情感自然深挚、凄恻、哀婉、缠绵，在苏轼婉约词风中堪称一绝。又如“花褪残红青杏小。燕子飞时，绿水人家绕”“微雨过，小荷翻。榴花开欲燃”等词句，都是苏词婉约词风的体现。

苏词令历代文人为之倾倒，他将宋词推上了一个可与唐诗媲美的高度。宽广的词境，丰富的题材，“如此令调，令十七八女郎歌之，岂在晓风残月之下！”（清·贺裳《皱水轩词筌》）元好问在《遗山自题乐府引》中说：“乐府以来，东坡第一。”显然并非过誉之词。

两宋过渡之际，词坛主要由周邦彦和李清照为代表的乱世词人主导。

周邦彦（1056—1121），北宋末期著名的词人，字美成，号清真，钱塘（今浙江杭州）人。周邦彦精通音律，曾创作不少新词调，作品多写闺情、羁旅。由于受到新旧党之争的影响，仕途不如意，诗人深切感受到漂泊流落的辛酸，“飘零不偶”的羁旅行役之感成为他创作的主题与感情基调，《满庭芳·夏日溧水无想山作》便是这方面的代表作。词中尽显漂泊的孤独疲倦和憔悴失意，即使是重返汴京，心中也是压抑苦闷的，充满着“谁识京华倦客”（《兰陵王》）的孤独和“自叹劳生，经年何事，京华信漂泊”（《一寸金》）的悲伤，反映了北宋亡国前夕悲观失望的心理。清真词格律谨严，追求词的艺术规范性和音律的规范化，语言典丽精雅，章法回环往复，为后来格律派词人所宗。旧时词论称他为“词家之冠”，有《清真集》传世。

李清照（1084—1155），号易安居士，山东省济南章丘人，南北宋之际女词人，婉约词派代表，有“千古第一才女”之称。早期生活优裕，与丈夫赵明诚共同致力于书画金石的搜集整理。此间的词作一半是对丈夫的钟情，另一半是对自然景物的热爱以及对禽鸟花草的眷顾（如《如梦令》），反映出女词人的博大情怀和慈爱心性。靖康之难后，词人从轻盈妙丽的望夫词转向了沉重哀怨的生死恋歌书写，词境也由明亮变为了灰冷凝重。前期多写其悠闲生活，后期多悲叹身世，情调感伤。李清照善于选取日常生活来展现内心世界，语言精妙清凉，清新素雅，风韵天然；喜欢用生活化的语言来精确地表达复杂微妙的心理和情感，“才下眉头，又上心头”（《一剪梅》）八字便传达出内心的曲折变化。李清照论词强调协律，崇尚典雅，提出词“别是一家”之说，反对以作诗文之法作词；能诗，但留存不多，部分篇章感时咏史，情辞慷慨，与其词风不同。有《易安居士文集》《易安词》，已散佚。后人有《漱玉词》辑本，今有《李清照集校注》。她以女性的身份，大胆地表现了对爱情的追求，丰富生动地书写自我的情感世界，不仅比“男子作闺音”更为真切自然，而且改变了男子一统文坛的格局，在中国文学史上有一席之地。

南宋词坛最具代表性的词人是爱国词人辛弃疾与姜夔。

辛弃疾（1140—1207），原字坦夫，后改字幼安，别号稼轩。他出生于金人占领下的山东历城，年轻时参加抗金义军，后投归南宋。一生力主抗金，曾上《美芹十论》与《九议》，条陈战守之策，展现了卓越的军事才能与爱国热情。抗金复国是辛弃疾作品的主旋律，其中不乏壮士闲置的愤懑与英雄失路的悲叹，具有鲜明的时代特色。他还以生动细腻的笔触描绘江南农村四时的田园风光、世情民俗。其词题材广阔，又善化用前人典故入词，风格沉雄豪迈又不乏细腻柔婉之处。在苏轼的基础上，他大大开拓了词的思想意境，提高了词的文学地位，后人遂以“苏辛”并称。

辛词似“天风海雨”，以极强烈的力度震撼着读者的心灵。当英雄的豪壮与绝望交织纽结，大起大落，反差更为强烈。如《破阵子·为陈同甫赋壮词以寄之》，从开头起一路写想象中练兵、杀敌的场景与气氛，痛快淋漓，雄壮无比。但在“了却君王天下事，赢得生前身后名”之后，突然接上末句“可怜白发生”，点出那一切都是徒然的梦想，事实是白发无情，壮志成空，令人震动。意象使用上，辛弃疾很少采用传统的香草美人意象。他笔下所描绘的自然景物，多有一种奔腾耸峙、不可一世的气派，如“峡束苍江对起，过危楼、欲飞还敛”（《水龙吟》）；他所叙述的历史人物，也多属于奇伟英豪、慷慨悲凉，如“金戈铁马，气吞万里如虎”的刘裕（《永遇乐》），“年少万兜鍪，坐断东南战未休”的孙权（《南乡子》）等。

南宋后期，贵族雅士们的审美情趣是弃俗尚雅。姜夔（1154—1221），字尧章，别号白石道人。其词下字运意都力求醇雅，因而被奉为雅词的典范。他的词题材沿着周邦彦的路子，仍是写恋情和咏物，可是由于冷香、冷红、冷云、冷枫、暗柳、暗雨等衰落、阴冷的意象群的运用，营造出幽冷悲凉的词境，如“淮南皓月冷千山，冥冥归去无人管”（《踏莎行·自沔东来丁未元日至金陵江上感梦而作》）。

总体来看，宋末词坛没有多少实质性的进展。吴文英（约1200—1260），字君特，号梦窗，在艺术上有较大的突破。他将常人眼中的实景化为虚幻、心中的虚无化为实有，通过奇特的艺术想象和联想，创造出如梦如幻的艺术境界，如史上最长词调《莺啼序》，就很典型地体现出这种特色。另外，其词语言上生新奇异，如“青春半面妆如画”（《思佳客·赋半面女髑髅》），将半面枯骨幻化成风姿绰约的少女。写池水，则用“腻涨红波”（《过秦楼·芙蓉》）。《四库全书总目》卷一九九《梦窗稿提要》中就有“词家之有文英，亦如诗家之有李商隐”之誉。此外，刘克庄作词“总不涉闺情春怨”，蒋捷融辛、姜二派的长处而自成一家。宋末词坛是词史高峰状态的结束期，也是多种词风的融合期。

三、元曲

元曲是继唐诗、宋词之后又一蔚为时代文学之盛的艺术形式，有着独特的艺术魅力。一方面，元曲继承了诗词的雅词丽句；另一方面，元代政治专权、社会黑暗，读书人处于“八娼九儒十丐”的地位，也使得元曲有着极为鲜明的战斗光彩，反抗锋芒直指种种社会弊端与不良世风。在创造方面，最具代表性的是被称为“元曲四大家”的关汉卿、马致远、白朴、王实甫。

关汉卿（约1220—1300），号已斋（一作一斋）、已斋叟，历来被奉为“元曲四大家”之首。贾仲明《录鬼簿》吊词称他为“驱梨园领袖，总编修师首，捻杂剧班头”，可见他在元代剧坛上的地位。他的剧作有着浓郁的时代气息，深刻地揭露了社会现实中的黑暗，充满了反抗精神。他自嘲“是个蒸不烂、煮不熟、捶不扁、炒不爆、响当当一粒铜豌豆”（《南吕·一枝花·不伏老》）的傲骨形象，也广为历代文人称誉。

关汉卿杂剧名目共62种，今存18种，其中最有名的是《感天动地窦娥冤》，主要讲述了窦娥年幼被卖、夫亡侍奉婆母，后被无赖张驴儿诬陷，又遭官府冤判错斩的故事，是我国古代悲剧的代表作。《窦娥冤》思想内涵丰富，揭露了元代吏治的腐败残酷，歌颂了窦娥的纯洁心灵与反抗精神，思想价值与艺术价值相当高。全剧共四折一楔子，故事情节紧凑，扣人心弦，全无累赘之语。文辞真实动人，能深刻地触动读者的情感世界。剧作中展现了作者丰富的想象力，运用了大量夸张的修辞手法。如窦娥临刑前向苍穹诉苦：“这官司眼见得不明不暗，那赃官害得我负屈含冤；倘若是我死后灵应不显，怎见得此时我怨气冲天，我不要半星红血红尘溅，将鲜血俱洒在白练之间；四下里望旗杆人人得见，还要你六月里雪满阶前；这楚州要叫它三年大旱，那时节才知我身负奇冤！”后来这一系列超现实的情节一一应现，不仅体现出了窦娥一身正气、清白可昭日月，也表达出了剧作家对黑暗官吏鲜明的憎恨，以及伸张正义、铲除奸恶的强烈愿望。这种现实主义与浪漫主义有机结合的手法，体现了剧作家创作手法的超前与高妙。此外，关汉卿剧作中的《救风尘》《单刀会》《蝴蝶梦》，都是元代杂剧中的杰出作品。另有散曲小令40多首、套数10多首存世，皆收在《金元散曲》中。

马致远（1250—1321），字千里，号东篱，中国元代初期杂剧作家，人称“曲状元”“马神仙”，晚号“东篱”。马致远著有杂剧十五种，存世七种。马致远的散曲作品也负盛名，现存辑本《东篱乐府》一卷，收入小令104首，套数17套。其杂剧内容以神化道士为主，剧本全都涉及全真教的故事。元末明初贾仲明在诗中说“万花丛中马神仙，百世集中说致远”。

《汉宫秋》是马致远的代表作。剧本以历史上的昭君出塞故事为题材。文中文武百官都是“干请了皇家棒”，奸臣当道“雕心雁爪，做事欺大压小”，汉元帝却还被蒙在鼓里，在外族凭陵、危机四伏的情况下，最终只能以美人换取和平。在金元之际，马致远选择了汉室受到凌辱的历史题材，通过汉元帝、王昭君的形象，向人们揭示对历史、对人生的体悟。《汉宫秋》以“秋天”的意境作为结撰全剧的背景，突出秋的萧瑟悲凉，更使整个戏笼罩着灰暗荒漠的气氛，表达出作者对时代的体验和认识。

王实甫，生卒年不详，名德信，大都人。元末明初的贾钟明在其所作追吊王实甫的《凌波仙》词中，略约提到有关他的情况："风月营密匝匝列旌旗，莺花寨明飚排剑戟，翠红乡雄赳赳施谋智。作词章风韵美，士林中等辈伏低。"王实甫著有杂剧十四种，代表作《西厢记》。

《西厢记》全名《崔莺莺待月西厢记》，最早来自于唐代元稹所著的传奇小说《莺莺传》，又依托于金代董解元的《西厢记诸宫调》为基础改编而成。《王西厢记》和《董西厢》在情节上相差无几，但在每个方面都进一步加工、发展和提高，使戏剧冲突更加激烈，人物性格也更为鲜明，特别在心理描写上，细致、精确，引人入胜。在王实甫的笔下，张生、莺莺固然是才子佳人，但才与貌并非是他们结合的唯一纽带。他们是冲破封建礼教的典型，追求至爱无邪的爱情。《西厢记》在莺莺上场时写道："可正是人值残春蒲郡东，门掩重关萧寺中，花落水流红，闲愁万种，无语怨东风。"在春天即将逝去的时刻，莺莺的怀春，正是对爱情与自由的潜在诉求，是对封建礼教的沉默抗议，在戏剧的开始就为全局的发展定下了情感基调。受经济发展以及市民阶级日益壮大的影响，王实甫提出响亮的口号"愿天下有情人终成眷属"。历史上这一美好的愿望，也成为众多文学作品的主题，《西厢记》为描绘这一主题最成功的戏剧之一，也是我国戏剧史上杰出之作。元末明初贾仲明的《凌波仙》吊曲说王实甫"作词章，风韵美，士林中等辈伏低。新杂剧，旧传奇，西厢记，天下夺魁"。明初朱权《太和正音谱》誉王实甫词如"花间美人"，"铺叙委婉，深得骚人之趣"，"极有佳句"。可见，他的作品在元代和元明之际很为人所推重，《西厢记》其时已被誉为杂剧之冠。

白朴（1226—?），原名恒，字仁甫，后改名朴，字太素，号兰谷。幼年遭遇国破家亡，使其在作品中流露出沧桑之感和失落之哀。白朴擅词曲，代表作《梧桐雨》。

《梧桐雨》是一部描写杨玉环、李隆基爱情生活和政治遭遇的历史剧。作者在戏剧中营造了深沉的意境，笔墨酣畅优美。从主人公二人的相爱相守到相离，最后只留唐玄宗在梧桐雨下思念，呈现出完整的故事情节。戏剧中诗味醇厚，词彩讲究，长于比喻和铺陈描写，更不乏心理刻画、场面描写，也运用叠字、排比、对偶。如有一处写雨的就十分雅致："润蒙蒙杨柳雨，凄凄院宇侵帘幕；细丝丝梅子雨，装点江干满楼阁；杏花雨红湿阑，梨花雨玉容寂寞；荷花雨翠盖翩翻，豆花雨绿叶萧条。"还有一处细腻地描写了雨声，紧若珍珠落玉盘，响若笙歌，清若寒泉瀑，猛若鼙鼓操。"窗儿外梧桐上雨潇潇"更是惹得唐玄宗梦破、心焦、心碎。在白朴的笔下，雨是有声有形有情的，但是人却可以变得无声无形无情。白朴把梧桐与李隆基联系起来，把梧桐的孤独寂寞凄怨融入雨中，通过有形的雨展现唐玄宗悲凉的心境，也营造了悲凄的戏剧氛围。由于白朴曲词的用词精美，铺陈赡富，联想深广，获得了“风骨磊石鬼，词源滂沛”的评价。

第三节　中国古代散文与小说

一、古代散文

中国古代散文源远流长，历经千余年的文字演变与词语衍进，从龙山陶文到殷商甲骨文、铜器铭文，散文开始萌芽并逐步成型。此时虽无散文概念，但记事记言的书写艺术已经简明扼要，渐趋成熟，《尚书》便是中国古代散文已经形成的标志。它是中国第一部上古历史文件和部分追述古代事迹著作的汇编，保存了商周特别是西周初期的一些重要史料，思维严谨、语言洗练，堪为中国散文的典范。

《左传》是一部编年体史书，继承了孔子《春秋》的现实精神和表现手法。它记述了周王室的衰落和诸侯的争霸，表现了公室卑弱和诸侯兼并的历史现实。它维护周礼崇尚礼德，以明锐的历史眼光，站在儒家的立场，对历史事件进行道德伦理评价，为人们提供历史借鉴。《左传》按时间顺序交代历史事件的发展、变化、结果，非常注重完整叙述历史事件的过程和因果关系，并带有道德伦理上的评价。《左传》作为叙事散文著作，故事叙述有很强的戏剧性、故事性，并刻画了很多个性鲜明的人物形象，是先秦史传的顶峰之作。

诸子散文早期以语录体和对话体为主，如《论语》和《孟子》。后期逐步演变成政论散文，如《荀子》和《韩非子》。无论是表述对自然和人生的理性认识，还是阐发政治主张和学术观点，这些散文不仅有严密的逻辑，文字之间还灌注了浓烈的情感，生动形象。如“鱼我所欲也；熊掌，亦我所欲也；二者不可得兼，舍鱼而取熊掌者也。生，亦我所欲也；义，亦我所欲也；二者不可得兼，舍生而取义者也”（《孟子·告子上·鱼我所欲也章》），将生与义对于人的重要性形象地以“鱼”和“熊掌”一大一小表现出来。还有《韩非子》中所运用的构思精巧的寓言故事，如“守株待兔”（《五蠹》）、“矛和盾”（《难一》）、“滥竽充数”（《内储说上》）等。诸子散文大都分析透彻、议论纵横，而不同的作品又各具特色，风格各异。如《孟子》散文长于论辩，长于譬喻，气势浩然。《庄子》散文的主要特征是“寓真于诞，寓实于玄”（《艺概·文概》），其诡奇的想象是为了表达其哲学思想。

秦世不文。西汉初期，散文多战国遗风，虽多歌颂升平之作，但以贾谊《过秦论》、晁错《论贵粟疏》为代表的政论散文，以司马迁《史记》为代表的史传散文，形成汉初散文的彬彬之貌。

《史记》是我国传记文学的典范。它是历史、文学的统一体，是文学的历史，又是历史的文学。《史记》最初没有书名，或称“太史公书”“太史公传”，是我国历史上第一部纪传体通史。全书共一百三十卷，有十二本纪、三十世家、七十列传、十表、八书，约五十二万六千五百字，其中本纪和列传是主体。它以历史上的帝王等政治中心人物为史书编撰的主线，各种体例分工明确。其中，“本纪”“世家”“列传”三部分，占全书的大部分篇幅，都是以写人物为中心来记载历史的，从而确立了史书新体例“纪传体”。司马迁秉承“究天人之际，通古今之变，成一家之言”的创作精神，写就了“史家之绝唱，无韵之离骚”的散文杰作。虽然是史书，但司马迁在尊重历史的前提下，充分发挥想象，补充细节，灌注了个人强烈的情感体验。尤其是《项羽本纪》《孔子世家》《荆轲列传》等篇目，皆具有发愤著书的力量，堪称中国散文史上的杰作。

受到汉赋的影响，汉代的散文逐步走向辞赋化的形态。到东汉时期，散文趋向工雅典整、四平八稳，但题材得到拓宽，写作技巧得以增强。班固的《汉书》是中国第一部纪传体断代史，也是东汉散文的杰出代表，《苏武列传》是其中的代表名篇。《汉书》的语言庄严工整，多用排偶、古字古词，遣词造句典雅远奥，与《史记》平畅的口语化文字形成了鲜明的对照。自《汉书》以后，中国历代纪史的方式都仿照它的体例，纂修纪传体的断代史。

汉末建安至魏晋，儒学式微，玄学大兴。文人的人生价值观由依附于封建大一统帝国转向实现独立的人生价值追求，在文学创作上则更自觉地追求审美价值，注重辞藻的修饰与体例的划分。从曹操“设使天下无有孤，不知当几人称帝，几人称王”（《让县自明本志令》）到阮籍的“礼岂为我设邪”（《无君论》）、嵇康“越名教而任自然”（《无私论》），从清议到清谈，题材越发多元，个性特质越发鲜明。由于受整个魏晋南北朝时期中国文学审美化趋势的影响，散文在形式美、情韵美上刻意追求和骈俪纂组，成为两晋至南北朝散文的主要特征。形式上，骈文大兴、“文笔”之辨、永明“四声八病”之说，都是散文向诗赋形式靠拢的显著标志。内容上，由于玄学与佛理的结合，山水成为独立的审美对象，山水散文随之大盛，但不乏情深意切之作，如鲍照的《登大雷岸与妹书》、陶弘景的《答谢中书书》等。庾信的《哀江南赋序》，融南北文风于一体，是骈体散文的巅峰之作。此外，刘勰的《文心雕龙》、杨衒之的《洛阳伽蓝记》、郦道元的《水经注》等，都是魏晋南北朝时文学自觉、重视审美价值之后呈现出全新面貌的代表之作。

唐初文章词理贞刚，王绩、“初唐四杰”、陈子昂、“文章四友”等相继崛起。虽直至中唐前期仍以骈文称盛，但已出现骈散兼用、内容充实的新特征。萧颖士、李华、梁萧等上承隋代李谔，力倡复古，为散文全面革新做了准备。中唐韩愈、柳宗元领袖文坛，既有鲜明系统的理论，如“文以载道”“不平则鸣”“气盛言宜”等，又有大量的散文创作，如韩愈《原道》《原毁》，柳宗元的《永州八记》等，在文坛掀起了一场声势浩大的“古文运动”。“古文”这一概念由韩愈最先提出。他把六朝以来讲求声律及辞藻、排偶的骈文视为俗下文字，认为自己的散文继承了两汉文章的传统，所以称“古文”。韩愈提倡古文，目的在于恢复古代的儒学道统，将改革文风与复兴儒学变为相辅相成的运动，在提倡古文时进一步强调要以文明道。但这场古文运动随着韩愈与柳宗元的殁去，最终偃旗息鼓。晚唐五代，仍然是骈文的天下，李商隐的骈文天下独绝。但中唐古文运动的巨大成就与韩柳廓清文脉之功，依然不可磨灭。

宋代国势虽弱，但文人地位优越，参政意识强烈。北宋前期欧阳修主盟文坛，复古革新精神与唐代韩、柳的古文运动一脉相承，其“新古文运动”对有宋一代散文风格产生了深远影响。曾巩、王安石、三苏父子，是这场古文运动的参与者和中坚力量，如曾巩之《墨池记》、王安石之《答司马谏议书》、苏洵之《六国论》、苏辙之《黄州快哉亭记》等。苏轼继欧阳修之后主盟文坛，将北宋新古文运动推向高峰。他不仅有新的理论建树，更在创作上有着非常高的成就，叙事记游散文如前后《赤壁赋》《喜雨亭记》《潮州韩文公庙碑》等，政论文如《留侯论》《思治论》等。苏轼还擅长撰写书札、题记、叙跋等杂文，他的笔记文《东坡志林》，情趣丰饶，灵心澄澈，是中国散文史上的个性之作。此外，苏轼善于识拔人才，苏门后学如黄庭坚、陈师道等，都对北宋之后文脉发展产生了极其深远的影响。

元代散文始终未能形成一以贯之的、稳定的文风，而是沿着唐宋的路子发展，越走越正统。许衡，有“开国大儒”之称，著作有《鲁斋遗书》。姚燧以散文著称，是元代文章大家，张养浩将其和韩欧并论，说他“雄健古邃”，尊他为“皇元”第一人，代表作品有《序江汉先生死生》。刘因的散文不趋古奥，颇多议论，遒健有力，醇正有法度，最能见其散文思想风格的作品是《辋川图记》。吴澄的文笔，往复百折，层转层深，与许衡的“达意而止”不同，代表作是《送何太虚北游序》。赵孟頫以书法名世，又精于绘画，其散文亦如其书法有特色、有个性，在当时自成一格，代表作是《缩轩记》。虞集散文多为官场应酬之作，颂扬权贵，倡导理学，《尚志斋说》可谓“治世之音”、盛世之文的典范。欧阳玄在元后期文坛地位显赫，文章也是“润色鸿业”的治世之音。他的传世作品虽然不像宋濂所说那样奇伟不凡，但其《芳林记》《求志堂记》《读书堂记》等也颇具特色。

明初的散文大都是“道从伊洛”“文擅韩欧”，馆阁文章流行。宋濂曾被朱元璋称为“开国文臣之首”。宋濂的序记深得韩柳之风，醇深温厚，以情味动人，这一特点在传世之作《送东阳马生序》中表现得很出色。刘基与宋濂并为一代之宗，他的散文多触及世风时弊，蕴含着抑郁不平之气，其寓言广为传诵，代表作品是《郁离子》。明初著名理学家方孝孺，为文注重宣扬治国修身之道，但从不作抽象的说教，《读吕氏春秋》和《读陈同甫上宋孝宗四书》等都是写得较有深度且颇具感慨的文章。杨士奇为文主要以宋以来先道后文的传统观点为主导思想，尤尊崇曾巩文章，所作之文自然是“大雅之音”，亦多为盛世之作，如《务勤堂记》《退思斋记》《东耕记》等。李东阳为文力求像曾巩一样“达事明理，以翼圣道”，代表作品有《拟恨赋》《京都十景诗序》等。明中期的李梦阳，文章平衡、古朴，力追先秦风格，《高庙碑》最能显示其文章特点。人称“震川先生”的归有光，其文章曾被黄宗羲在《明文综序》中誉为“明文第一”，其平易近人、清新淡远的艺术风格在当时影响很大，作品有《震川先生集》。何景明的《郑子擢郎中序》、唐顺之的《大观草堂记》，都别致新颖。徐霞客的《徐霞客游记》是一部相当出色的游记文学作品集，钱谦益称它是“世间真文字，大文字，奇文字”。到明后期，随着资本主义萌芽的出现，追求个性发展的社会思潮也影响到散文创作，突出代表是李贽、徐渭，接着是以“三袁”为代表的公安派，再后是以钟惺、谭元春为代表的竟陵派。明末张岱是晚明小品文集大成者，有人称他为“绝代的散文家”，其小品在中国散文史上有一席之地，尤以《陶庵梦忆》文学价值最高。

清初散文一改元、明以来的颓势，呈现出多种趋向，出现了新的繁荣。顾炎武，人称“亭林先生”，散文代表作品有《郡县论》《生员论》等，均质直锐利、简明宏伟，具有强烈现实性的文风。王夫之，人称“船山先生”，主要长于史论与哲学论文，代表作有《读通鉴论》《宋论》《知性论》等。这些文章精思独到，思想中闪耀着战斗的光辉。黄宗羲主张以文写史，所以取材严谨，艺术手法多自史书中来叙事生动，风格质朴，以《万里寻兄记》《柳敬亭传》等为代表。侯方域最为人称道的文章是传记，著名的人物传记是《李姬传》《马伶传》等。清中期散文影响最大的是桐城派，戴名世、方苞、刘大櫆、姚鼐被尊为桐城派“四祖”。方苞被视为清代桐城派散文的鼻祖，以文章道德名于当世，也是当时公认的“一代正宗”，代表作品有《左忠毅公逸事》《狱中杂记》《辕马说》等。曾国藩是桐城派的中兴人物，代表作品有《求阙斋记》《欧阳生文集序》。抒写性灵的散文与桐城派散文同行于世，其中最值得称道的人物是郑燮和袁枚。郑燮，为“扬州八怪”之一，有《郑板桥文集》；袁枚提出著名的“性灵说”，是一个独立于各派之外有独特个性和特色的人物，代表作有祭文《祭妹文》、亭记《峡江寺飞泉亭记》。沈复则以所作散文《浮生六记》留名后世。晚清文章进入了一个新的天地，这个时期的散文是近代资产阶级新文化的组成部分，明显带有社会变革时期的特征，以龚自珍的《病梅馆记》和梁启超的《少年中国说》为代表。

二、古代小说

宋元话本指宋元时代说话人演讲故事所用的底本，包括各种不同的家数和名称。小说家的话本称作小说，多谈论古今，主要描写“烟粉灵怪传奇公案扑刀杆棒发迹变态之事”。讲史家的话本称作平话，多描述历史，即“谓讲说《通鉴》汉唐历代书史文传兴废战争之事”。此外还有“说经者”，包括说参请、说诨经等，多描写宾主参禅悟道之事，所流传下来的话本唯有一本《大唐三藏取经诗话》。话本是民间说话人的创作，既具有口头文学清新活泼的特色，又发扬了志怪传奇等古代小说的优良传统，在思想性和艺术性上都有突出的成就。宋元话本是中国小说史的一个重要发展阶段，为明清白话小说的发展奠定了基础。

明清是古代小说的高峰期。这一时期显示了白话小说的巨大艺术潜力，出现以白话为主要书写语言的名篇著作，而这两个朝代有着各自特色和方向。先以明代来讲，大体可分为两大主潮：一是神魔之争，二是人情世故。这两类又有着各自的代表作家和作品，成就辉煌。在神魔之争中最值得一提的莫过于吴承恩的《西游记》，其以丰富的想象、离奇的情节、多幻的世界和从民众日常口语中提炼的文学语言，成为神魔小说的卓越代表。世情小说中的《金瓶梅》被称作一大淫书，却流传甚广。

清代小说盛极而衰，先后出现四大派别：拟古、讽刺、人情、侠义，四派各有成就，都与当时政治社会有着密切联系。清初为拟古，以蒲松龄的《聊斋》为代表；后有讽刺小说，以《儒林外史》为最，其讽刺成为古来之冠；侠义以《三侠五义》为代表，在人情之后成为了说书的一大亮点。但清代小说的绝唱莫过于人情之中的《红楼梦》（又名《石头记》）。此书言尽辛酸、一句道尽真情，在“木石前盟”与“金玉良缘”之间，最终结局都隐于幻境之中。由文言而白话，从注重情节转变为刻画人物性格，在性格的刻画中解说社会环境，是明清小说巅峰之作。

明清小说的高峰成就，是唐宋元之前都无可比拟的。明清小说，经历了两大主潮、四大派别，从而形成了中国古代小说的完整历史体系，在盛极而衰中撒下了它最后的余晖。

第四节　中国古代文学的传统

中国文学，源远流长。历代菁英辈出，旷世之作纷呈，但总其要略，终不出言志与载道传统。

所谓言志，出自《尚书·尧典》："诗言志，歌永言，声依永，律和声。"这最早确立了中国文学的创作模式，并作为文学传统得以承续。"诗言志"的文学传统，简单说来就是要求诗歌必须表达创作主体内心的情志感怀，抒情性成为诗歌的主要特征。这一特征注定了中国诗歌重抒情表意而非写实、重概貌描写而非细节叙述的创作格调，成就了中国文学在世界文学领域的东方魅力，被誉为"诗歌的国度"。但也正是因为高度抒情性的特征，使得中国文学中很难出现与西方《荷马史诗》相媲美的史诗文学作品。由于诗歌是中国古典文学的重镇，也是历代文人寄寓主观心灵最常用的表现形式，抒情性的表现手法遂广泛地渗透到中国散文文学、戏曲文学、小说文学等各个领域，出现了发愤著书而成"一家之言"的《史记》，依托历史但终究归于情爱离合的《梧桐雨》《桃花扇》，以及"满腹辛酸泪，一纸荒唐言"的《红楼梦》等伟大文学作品。"诗言志"范畴下的情志表达，指的是创造主体与社会相关性特别高的内在精神力量，属于社会化共性情感体验的表达。这一传统被儒家发扬光大，孔子曾教导他的学生学诗，说"小子何莫学夫诗？诗可以兴、可以观、可以群、可以怨"。这里说的兴、观、群、怨，都是在谈《诗经》中诗歌在鼓舞人心、体察时政等方面的社会化功用，具有很强的政治属性。当然，也不是说"志"就不应该包含私人情感，但是社会化的共性情感表达，在文学创作的序列中始终排在私人化的个性情感表达之前。这一倾向，直到宋以后才逐步有所改变。

载道的文学传统，与言志传统密切相关。虽然这一口号是直到中唐才由古文运动的领袖韩愈正式提出，但其重视文学的社会性功用、要求作者在进行文学创作时主动肩负社会责任，却与言志传统保持着一致，具有浓厚的儒家思想特征。在历代作家的创作中，我们都可以看到这样的载道精神，如屈原"香草""美人"意象下的爱国之心，汉乐府"缘事而发"的创作态度，汉赋"劝百讽一，曲终奏雅"（扬雄）的自觉意识，陶渊明诗歌中"衣食固其端"农耕思想等。在中国历史上，每当政治革新运动来临时，"文以载道"都被作为文化领域的革命旗帜高高扬起，无论是宋代欧苏文人群体，或是明代前、后七子，乃至清代的桐城派，莫不如是。这一传统发展到后期，也影响到了戏曲与小说的创作。如《琵琶记》欲正夫妻之伦理正义，《牡丹亭》

欲矫时俗男女情爱之弊，曹雪芹在创作《红楼梦》的初期本以《风月宝鉴》名之，这些文学现象都是载道精神对中国文学创作的潜意识影响所造成的结果。

文学表达在社会化共性体验与私人化个体感受之间，努力寻找平衡。社会化感受过度，就容易板滞，类同说教，如韩愈《原道》篇。私人化情感过甚，则容易轻浮流俗、品格卑下，如宫体诗，或宋代的冶艳之词。但有时候好的文学作品能够超越这种平衡，达到一种奇妙的和谐。如白居易的《长恨歌》，本意是讽刺唐玄宗与贵妃荒淫误国之事，但最终变成对爱情的礼赞，深蕴千古风情。可见作家写作中的无意识，是足以超越初始意图，成就杰作的。第一流的作家常具备这一能力，他们的作品也因为在个体表达与社会表述之间达成平衡，最终成为时代符号或人性精粹，千古流传。李白与杜甫无疑正是其中的超拔之辈。李白“欲上青天揽明月”的想象，相信是所有人都有过却无法恰当描述的心灵诉求。再到他“奔流到海不复回”的壮志豪情、“举杯销愁愁更愁”的生命喟叹、“我辈岂是蓬蒿人”的自信狂放，都是被放大之后的社会共性体验，但又带着鲜明的李白个人标识。再来看杜甫，他将对国家、对社会的责任与个人的身世遭遇紧密地结合了起来，以个体生命体验来书写历史片段。如“烽火连三月，家书抵万金”，并非是杜甫置身事外、对苦难之人的怜悯，因为他自己就是受难者，这是他作为受难者代表所发出的历史呐喊。《北征》中“朱门酒肉臭，路有冻死骨”，也不同于曹操的“白骨露于野，千里无鸡鸣”（《蒿里行》）。曹诗表现的是作为时代枭雄的阔达人生情怀与悯世之心，杜诗则是以一个受难者的身份，发出最强有力的斥责与怒号。正是因为杜甫这种俯身向下的态度与仁爱的精神力量，再加之他超凡的艺术技巧，最终成就了“诗圣”的名号。若说李白是天地间的奇山异水，逸响尘外，虽不自言说就令人睹之相亲、生发喜爱之心，那么杜甫就是尘世间与苍生并行的圣人，他体验着最真实的民众的苦难，有着一种宗教的怜悯关爱，践行了儒家本来的人文精神。至于宋代的苏轼，则是在李、杜的向上与向下之间找到了一个中间位置。他亦仙亦凡，亦俗亦雅，成就不逊李杜。当然，这是禅宗中国化之后全面进入士大夫心灵格局建设的必然结果，也是苏轼个人天才式的表达与不同常人的经历所共同铸造的人文瑰宝。

【思考与练习】

1. 中国古代文学历代具有什么样的典范性文学样式与作品？
2. 中国古代文学史历代出现过哪些伟大作家与文学流派？
3. 中国古代文学在历代沿革中经历了什么样的变化与发展？
4. 中国古代文学与中国文化之间有什么样的关系？
5. 中国古代文学在世界文学处于什么样的地位？

第十讲　中国古代艺术

中国古代书法、绘画艺术，源自伏羲画卦、仓颉造字。中国古代音乐、舞蹈艺术，起于击石拊石、百兽率舞。中国古代建筑、雕塑艺术，始于构木为巢、模物赋形。总览其类，经纬天地；巧构精造，垂范人文，为世界艺术之林的珍宝。

第一节　中国书法艺术

文字是人类用来记录语言的符号系统，是文明社会产生的标志。文字在发展早期都是图画形式的表意文字——象形文字，具有很强的实用性。而书法艺术是将文字书写放入审美范畴，追求美观度，使之成为富有美感的艺术作品。

早在五六千年前，我们的祖先已经在陶器上刻画一些符号，这是汉字的雏形。我国发现的最早的文字是先秦时期的甲骨文。甲骨文是用刀刻在龟甲和兽骨上的文字，用以记载史事占卜，因此也称“甲骨卜辞”。虽然字体大小错落，但是已经能够按照一定的顺序排列文字，字体多细长体或扁长体，具有一定的观赏性，成为书法艺术的基础。

金文稍后于甲骨文而出现，是指铸刻在殷周青铜器上的铭文，也叫钟鼎文。金文和甲骨文属于同一系统的文字，但比甲骨文更进步，内容也更丰富。金文和甲骨文形体构造基本一致，但风格有所不同。由于青铜器上的字大多是铸的，因此有粗而宽的笔画，也有圆笔画。西周晚期，金文形体趋向线条化，笔画比较整齐、匀称，这种字体叫作大篆。

秦统一后，秦始皇为了巩固政权，命丞相李斯以原秦国的字体为基础，参照六国的文字进行整理和简化，制定标准写法，并在全国推行，这就是小篆。小篆结构整齐，字形固定，笔画简省，多弧形笔画，形体上开始由图画文字向纯粹表意文字过渡。由于小篆的书写还很不方便，后来，程邈将篆书化繁为简、化圆为方、化弧为直，创造出隶书，在民间普遍使用。此时，文字的象形面貌完全消失，这是汉字形体发生的最大变化。从此，汉字从古文字阶段正式进入今文字阶段。

汉朝是隶书大盛时期，也是汉字书法发展史上至关重要的一个时期。汉朝是刘邦建立的中国第二个大一统王朝，民族高度融合，文化艺术得到空前发展，华夏文字亦被定名为“汉字”。隶书上承篆书，书写庄重严整，字体扁而宽，横长直短，趋于方正，又富于变化；下启楷书，是汉字书法发展史上的一个转折点，为以后各种书体流派奠定了基础。汉武帝“罢黜百家，独尊儒术”，汉代隶书逐步发展成型，成为官定的标准字体，不但笔法日渐成熟，而且书体流派纷呈、风格多样。东汉时，隶书发展到高度成熟的阶段，树碑立传风靡一时。刘勰在《文心雕龙·碑》中说：“自后汉以来，碑碣云起。”汉书作品中以《乙瑛碑》《礼器碑》《史晨碑》《熹平石经》《曹全碑》《张迁碑》等为最。

草书是在汉代成熟的另一字体，是在两汉隶书定型时出现的一种隶变。草书的诞生，对书法艺术的发展无疑有着重大意义。它标志着书法开始成为书法家高度自由发挥、张扬个性的一种书写艺术，具有非常高的艺术观赏性。草书分为章草、今草两种，唐代张怀瓘《书断》中说：“章草即隶书之捷，草亦章草之捷。”现存汉代章草有三类作品：第一类，简牍，有甘肃武威出土的《武威医药简牍》和敦煌出土的《天汉三年十月牍》等；第二类，砖刻，有《急就奇觚砖》和《公羊传砖》等；第三类，刻砖，有张芝《秋凉帖》等。后由张芝创立了今草，即草书。今草不拘章法，笔势流畅，自魏晋后盛行不衰，代表作有晋代王羲之《初月帖》《得示帖》等。与此同时，隶书又演变成楷书、行书。楷书形体方正、笔画平直，而行书可能还早于楷书出现。至汉末，我国汉字书体已基本齐备，为书法艺术奠定了基础。

魏晋南北朝后，楷书成为汉字的主要书写字体。一千多年来，楷书一直作为汉字的规范字体，广泛应用。钟繇和王羲之两位书法革新大家，推动着中国书法发展史往前迈进一步，他们树立了楷书、行书、草书美的典范，此后历朝历代学书者莫不宗法“钟王”。“书圣”王羲之被后世奉为楷书的楷模，他的行书《兰亭序》被赞为“天下第一行书”，代表作有楷书《黄庭经》、行书《兰亭序》、草书《十七帖》等。其子王献之与他齐名，盛誉“二王”，后又有其侄王洵善行书，作《伯远帖》传于世。

唐朝结束了西晋以来的动乱，国初二十年形成了文治武功的“贞观之治”。此后更是空前繁盛，文化兼收并蓄，与各个民族宗教进行开放的交流和学习，文化艺术具有多元化的特点。这时的书法在书法发展史上是晋代以后的又一高峰，各体书法蓬勃发展，极具时代特色，对后世的影响以楷、草为尤。

唐太宗喜好书法，大力推崇王羲之的书法，后又设立“书学”，对唐代书法的发展和繁荣起到重要作用，其时有“初唐四大家”欧阳询、虞世南、褚遂良与薛稷为代表。盛唐经济、文化发展到鼎盛时期，书法风格突破了对王家的模仿，出现了张旭、怀素、颜真卿和柳公权等著名的书法家。他们在草书和楷书上张扬个性，形成独特的新风格。颜真卿的《祭侄文稿》被誉为“天下第二行书”，柳公权受其书体的影响很大，后人以“颜柳”并提，且有“颜筋柳骨”之说，此二体也成为初习书法者的范体。柳有字迹《送梨帖题跋》，以及碑刻《金刚经碑》《玄秘塔碑》等流传于世。以张旭、怀素为代表的唐代书法家发展了狂草，笔势狂放不羁，后世再无超越之作，张旭《肚痛帖》等和怀素《自叙帖》等为代表作。篆隶二体重出书坛，篆书以李阳冰声名最大，后人将他与李斯并称“二李”，隶书则有韩择木、蔡有邻、李潮、史惟则四家。

唐灭亡以后，在中原及其以外地区相继出现了五个朝代和其他十个政权，简称“五代十国”。五代十国时期政权分裂，社会动乱，战争频发，文化趋于衰落，在书法上也鲜有造树。杨凝式尚可称道，苏轼曾评价他：“独杨公凝式，笔迹雄杰，有‘二王’、颜、柳之余，此真可谓书之豪杰，不为时世所汩没者。”代表作有《韭花帖》和狂草《神仙起居法》等。

宋代国家复归统一，可惜宋太祖并不十分重视书法艺术，帖学大行但质量参差，且科举制度兴盛，写字力求匀称工整，书法艺术的个性遭受遏制。直至宋仁宗到宋神宗间（1023—1085)，出现蔡襄、苏轼、黄庭坚和米芾四大家，为后世所推崇。他们提出“上学六朝，不守唐人窠臼”，主张摒除帖学，形成宋书“尚意”的独特风格，为汉字书法发展史拉开新的时代序幕。四家之外，宋徽宗赵佶独树一帜，亦堪称道。宋徽宗的书法笔画瘦硬，初习黄庭坚，后又学褚遂良和薛稷、薛曜兄弟，并杂糅各家，取众人所长而独出己意，最终创造出别具一格的“瘦金书”体，代表作品有《楷书千字文》和《秾芳诗》等。

元初书法崇尚复古，创新不大。元文宗时，书法一度出现兴盛现象，赵孟頫、鲜于枢等便是这个时期的名家。赵孟頫主张严守古法，一丝不苟，复古潮流兴起。赵孟頫的书法集前代诸家之大成，后世赞誉很高，“篆、籀、分、隶、真、行、草书，无不冠绝古今，遂以书名天下。”(《元史》本传）代表作有小楷《汲黯传》、行书《洛神赋》、楷书《福神观记》等。然而，书法艺术在元代并没有得到明显的发展。

明代诸皇帝都爱好书法，朝野士大夫重视帖学，皆以行、楷为主。但当时流行于馆阁及科举考场的“馆阁体”，十分拘谨刻板，缺乏生气，一定程度上限制了书法艺术的发展。此时的代表性书法家有董其昌、文徵明、祝允明、唐伯虎、王宠、张瑞图、宋克。

清代初期，书法继承明代，仍以帖学为主，发展不大。在书坛上以王铎、傅山等为代表，均擅长行草书。但由于清代固步自封的文化政策，明末狂放不羁的狂草书风在清代末有发展。清中期，兴起了金石学。嘉庆、道光时期，开创了碑学，帖学逐渐衰微。咸丰后至清末，碑学尤为昌盛，许多书法家勇于创新，作品多具有个人风格，书法艺术得到空前发展，其成就甚至超过前朝，还出现了与书法艺术紧密结合的篆刻艺术。

第二节　中国绘画艺术

绘画的起源，有伏羲画卦、仓颉造字的书画同源说，也有史皇造画说。原始时代先民最初只有线条画，后趋繁复。有虞之时流行在服饰与旗帜上绘彩画，夏禹在鼎上绘制神怪之像，而后殷高宗有以形求傅说，为后代人物画的滥觞。至周代画作渐多，题材扩展至山水鸟兽与帝王之像，绘画素材扩展至器皿衣物，美术渐趋发达，本土特征鲜明。至秦后，渐与西域互通往来，中国绘画从厚重走向简重，从庄严走向活泼，呈现出多元化的面貌。

至汉代，绘画用途愈广，画作愈多。石上刻画、新入中原的佛画、宫殿内的功臣画像，种类繁多。汉代的甘泉宫中画天地太一诸鬼神，明光殿中画烈士，白马寺壁上有千乘万骑绕塔图。整个汉代帝国楼台中多绘有古圣贤像，著名宫廷画工如毛延寿等，开后代画院之滥觞。汉代绘画受道家思想深刻影响，后又受佛教的影响。汉时绘画虽不如后世精巧，但笔法浑古有雄厚气象，著名画工有蔡邕、张衡、刘褒等。蔡邕有《讲学图》和《小列女图》传世。

六朝政局纷乱，老庄思想复苏，清谈玄理流行。士人唯借三玄之说，在美术书画与诗文创作中寄托主体精神。六朝的美术与文学一样，走向自觉，具有独立精神。人物品鉴审美风行，绘画题材扩大。自由艺术萌芽，绘画技巧提升，绘画理论也相应出现。南齐谢赫的《画品》、梁元帝的《山水松石格》等画论，盛行于世。整个魏晋南北朝，也是佛教进入中国的关键时期，随之兴起的佛教题材的画作，受到追捧。

三国时魏、吴、蜀皆有绘画名家，曹不兴是其中的杰出代表。其画作惟妙惟肖，曾有将误笔化作蝇而极似之事。曹不兴为后世人物画所祖，据载，直到隋代，宫内尚藏有他的《龙头样》四卷、《青貕侧坐赤龙盘龙图》二卷、《南海监牧进十种马图》一卷等画作。

西晋荀勖、张墨称为名手，东晋名家愈多。卫协，曹不兴弟子，所作道释人物冠绝当代，尝作《七佛图》《穆天子宴瑶池图》等，谢赫称“古画之略，至协始精”，傅抱石称其“以‘情’入画，埋伏了蔑视形似的暗礁”。协之弟子顾恺之，著有《论画》《魏晋名流画赞》等，博学有才，人称其画“虽寄迹翰墨，而神气飘然在烟霄之上，不可以图画间求”。其尽美尤须尽善，迁想得妙之识见，中国绘画思想至恺之而成系统。其画有《女史箴图》《洛神赋图》和《列女仁智图》等。王廙，晋室过江，其书画第一，画有《异兽图》和《列女传仁智图》等。其余有温峤、谢安、王羲之父子等。魏晋间文人弄笔，儒雅风流，自能入妙，盖为一时风尚。

南北朝时，北方曹仲达等亦颇为世所称，绘有《齐武临轩对武骑图》等。南方的陆探微、张僧繇二人声名最显。陆探微侍奉宋明帝，其画多佛像及古圣贤像。笔法遒丽，润媚动人。画有六法，自古鲜能足之，至探微得法为备。他又独创“一笔画”，有《无量寿佛像》《佛因地图》和《降灵文殊像》等传诸后世。尔时有宗炳、王微，拟迹巢由，放情丘壑，意远迹高，为文人画之先率者。当时北魏有蒋少游善画佛道人物，为北方名家。南齐谢赫作《古画品录》，分画家为六品，以六法为标准，为后代评画所祖。时又有毛惠远善画马，刘瑱善画妇人，并为当世第一。梁元帝父子皆能绘画，武帝时张僧繇为当代巨擘，当时佛寺塔庙绘画，多出自他的手笔，绘有《卢舍那佛》《孔子十哲》，以及金陵安乐寺之四龙和鹰，有“岂惟六法美备，实亦万类皆妙”之工夫。他效法印度染晕的绘画技巧，把不变的“骨法”大胆易以染晕，开后世没骨法之先河。

隋代绘画融南北风尚，名工辈出，如展子虔（有《游春图》等）、董伯仁（有《周明帝畋游图》等）等。郑法士独步江左，最长人物、楼台画，有《擒卢明月像》等。楼台画为界画，子虔、伯仁亦善长，故界画于隋发展兴盛。法士画派有袁子昂等并传其法，发展之运气，影响及于山水画。子虔人物描法细，以色晕开，可为唐画之祖，后阎立本、李思训宗其法。

绘画至唐，众体臻备。唐朝前期大抵承六朝风尚，阎立德父子兄弟风光一时，其门画作多沉着痛快。阎立本尤擅长写真，其《西岭春云图》设色奇崛，人物仅寸余而生韵尽出。两宋之皴染法，其源盖出于此。尉迟乙僧，善丹青，用笔紧劲有气概，尝于慈恩寺前作观音图。其他有一技之长的画家，如窦师纶创瑞锦宫绫，范长寿善画风俗田家景候，薛稷画鹤等，皆是唐初画坛生气勃勃的表现。

贞观以后六十年，有吴道玄、李思训、王维等名家，为中国人物画、山水画开出新纪元。道玄字道子，实为千古不遇之才。他最工壁画，神禽鬼兽，山水云树，崖石草木，皆冠绝一时。壁画有《地狱变相图》，画作有《十指钟馗图》《天王送子图》等。因感于蜀道山水清丽，始创山水之体，自为一家。唐朝山水画始于吴，最终成于二李。

盛唐的李氏父子是中国山水画集大成者。李思训出生于绘画世家，一门五人，皆善丹青。李思训喜用金碧辉映色彩，画风自成一家。曾累月画蜀道风景于大同殿（道玄一日画毕），其画精细巧妙，后人山水往往效仿。作有《江帆楼阁图》《九成宫纨扇图》等。他的儿子李昭道，画技愈发工细，有《秦王独猎图》传世。

“画之南北二宗，亦唐时分也……北宗则李思训父子着色山水……南宗则王摩诘始用渲淡。”王维特创水墨渲染，变钩斫之法，影响后世。他说：“凡画山水，意在笔先。”其为在野之人，是绘画南宗之祖，有《江干雪霁图》《辋川图》等传世。其时韩干、陈闳、韦偃等各有所善长，多善画马。中晚唐最出名的是王洽，其初受笔法于郑虔，后自创泼墨法。唐朝佛道人物与花鸟画与画论，如周昉水月体人物、赵公祐佛道画和边鸾花鸟、王维《山水决》，均有传者。

五代唯蜀与南唐褒举画家，名手辈出。南唐后主李煜自能书画，其画院有周文矩、曹仲玄等。江南花鸟画，始于徐熙一家，如徐熙的《玉堂富贵图》。前后蜀要者为黄荃，其尤长花竹翎毛写生，有《珍禽图》。山水则有荆浩、关仝，浩有《匡庐图》，仝则有《山溪待渡图》。且山水画自王维、郑虔后又为之一变。要之五代时皆前师唐而技艺进于唐，而为宋代兴隆之基础。

宋代武运不兴，但文人兴。宋代君主多好书画，开设画院搜罗绘画名家。中国画此时呈现出画派历史沿革的清晰脉络。

（1）山水画之沿革：宋初山水画，可称古今绝响，其最著者为李成、董源两家。李成一派，李成善体貌，且重视远近透视法，画有《读碑窠石图》等。得传者有许道宁等，又传则有郭熙、高克明。李成、郭熙能以丹青水墨合为一体，当时画工竞效其法。而熙晚年著《山水论》，创三远法。董源一派，源山水水墨学王维，着色学李思训。释巨然得之正传，且有刘道士、释惠崇等。源画有《夏景山口待渡图》《潇湘图》。其余有范宽、郭忠恕、米芾等为宋朝前期名手。南宋后复兴画院之风，李思训父子金碧青绿山水，至赵伯驹首嗣其法。李唐亦师思训，刘松年嗣之，赵（《风云期会图》）、李（《采薇图》）、刘（《四景山水图》）其风相通，善用青绿。此外有马远、夏珪苍劲一派，专用水墨，远画有《秋江渔隐图》，珪画则有《长江万里图》等。

（2）道释人物画之沿革：佛画之罗汉图及禅僧顶相图，宋最为发展，而供礼拜之画渐废，代以赏玩之道释人物，乃宗教绘画史上一大变革。李公麟出为精巧。贾师古学公麟，传之梁楷，创简笔新法。又传许多能手。然为后世师表者为李公麟，高文进一家亦著。公麟画有《五马图》《维摩诘像》等。

（3）花鸟画及杂画之沿革：赏玩画兴而宋山水花鸟画遂凌驾唐代。宋初黄荃子居寀画传其父法，勾勒遒劲，设色浓厚，画得天真，有《山鹧棘雀图》传世。后世称父子为黄派，为院体画开端。徐熙之孙崇嗣，在院外创没骨法，传熙之清淡野逸之趣，与黄氏派对峙，谓徐氏体。后有赵昌，易元吉传徐氏法。院体画至崔白兄弟等而稍革从前之院体，白有《双喜图》等传世。宋画梅画竹特产，篆隶、行草、飞白之法皆可纳入画竹之中，而画梅至宋概以色彩。鱼龙海水之妙亦有人在。宋朝之画论有郭熙（《山水训》《画决》）、郭若虚为重镇。

元初名家辈出，有溯晋、唐，善高古细描人物，而山水尤精的赵子昂，以《水竹图》传世。有好墨竹，画山水、人物各师前贤的高克恭，以《云横秀岭图》传世。此外，还有花鸟画巨擘钱选与王渊，界画大家王振鹏。马远、夏珪等画院派画家，以水墨格调代替青绿之色，工笔严整，趋向南宗。元季四大家黄公望、王蒙、倪瓒、吴镇的山水画，一变宋画山水的技法。元以前画山水多用湿笔，至元季四大家始用干笔，倪与吴犹重墨法，其他则以浅绛烘染为主。黄有《富春山居图》和《九峰雪霁图》，王有《春山读书图》和《稚川移居图》，倪有《渔庄秋霁图》和《江岸望山图》，吴有《芦花寒雁图》和《渔父图》等。画家题款，自元始讲求。而当时喇嘛教隆，佛教遂颓。释道画不甚发展，然亦有名手。

元代画院体中歇，成就南宗全盛，至明又复赵宋遗绪，朝廷复设画院。太祖推崇，待遇优渥，但稍逆其意则格杀勿论。画工愈多，最著名的是周位。而后如蒋子成、郭纯、戴进、林良、林郊都应旨入院，蔚为画界大观。明朝画坛之争集中在水墨与青绿画风的竞争，故有不少人效法宋代马远、夏珪一路。山水画有苍劲的浙派，如戴进等，有《春山积翠图》传世；院体画一派，如周臣、唐寅等，唐寅有《看泉听风图》传世；吴派，承王维、荆、关以至元季四大家等，代表为沈周、文徵明及董其昌。沈周有《溪口秋色图》、文徵明有《千岩竞秀》、董其昌有《关山雪霁图》等。后浙派声嘶而吴派鸣。道释人物画甚微，而风俗人物画仇英集其大成，其画有《汉宫春晓图》等。花鸟画，墨竹墨梅，亦多有名手。明且有闺秀妓女之绘画可称。

清虽无画院但仍有画人供奉内廷。而势力均属南宗。有名的集团如画中九友、江左三王、清初四王、清代六大名家、海阳四家、四大名僧、金陵八家等等。有笔精墨妙的王时敏（有《仿大痴山水图》等）、学董巨有深诣的王鉴（有《溪色棹声图》等）、能合南北宗为一的王翚（有《层峦秋霁图》等）、境地清旷笔墨遒拔的王原祁（有《溪山林屋图》等）、执清花卉界牛耳的恽格（有《牡丹图》等）、曾赴欧洲以西法证中国绘墨的吴历（有《仿宋人山水》等），统共六派影响最大。王时敏、王鉴、王原祁为娄东派，王翚为虞山派，恽格为常州派。娄东最盛，虞山次之，而常州独掌花卉题材。稍弱的有浙派、袁派、新安派等。纵观清代绘画，愈趋简净，视技法如敝履，直抒胸臆，虽枯笔破墨，残幅片章，然数量方面是各代皆有所不及的。

第三节　中国音乐与舞蹈艺术

一、远古的音乐和舞蹈

远古的乐器主要由生产工具演变而成，歌唱则起源于语言及共同劳动中协调的呼叫。《吕氏春秋·音处篇》记涂山氏女歌“候人兮猗”，闻一多先生称之为“音乐的萌芽”“孕育而未化的语言”。这首最古老的南方情歌体现了原始歌曲中曲调和语调的密切关系。《淮南子》所引翟煎之言：“今夫举大木者，前呼‘邪许’，后亦应之，此举重劝力之歌也。”形象地反映了原始歌谣在劳动实践中自然产生的过程。

虽然在音乐产生的过程中，实用的功能先于审美的感情，但音乐毕竟是人类思想情感最直接、最便捷的方式之一，于是，音乐遂以一种独立的艺术样式，作为社会意识形态之一，随着社会的演进而不断地向前发展。

原始的音乐与诗歌、舞蹈合为一体。乐舞多与氏族部落的农耕狩猎、图腾崇拜、祭奠典礼等社会生活有关。《吴越春秋》中相传为黄帝时期的《弹歌》，语言简洁规整，富于节奏律动性，是先民从制作弓箭到射箭的劳动过程的记录。歌颂氏族图腾，是原始乐舞经常表现的内容。

二、夏商

从夏代开始，舞蹈主要是以对奴隶制王权统治者的歌颂为主。歌颂开国君主大禹治水功绩的乐舞《大夏》是夏朝最主要的舞蹈，它赞颂禹“勤劳天下，日夜不懈，通大川，决壅塞”“以利黔首”。

据说《大夏》演出时，舞者每八个人站成一行，称为一“佾”。舞者头上戴着毛皮帽子，袒露上半身，下身穿着白色短裙。右手持羽毛，左手持乐器“籥”，边唱边舞，颇为质朴、粗犷。季札看后，深深地被它的内容和表演所感动，说：“真美啊！像这样勤劳而又有道德的人，除了禹，谁能比得上呢?”季札的话，虽然带有过分赞誉的成分，但也说明《大夏》的内容确与大禹治水有关。所以商周以来，它一直被奴隶主贵族用来作为祭祀山川的乐舞。《大夏》共分“九成”（九段），用“籥”伴奏，又称“夏籥九成”。“籥”在甲骨文里的写法像是用数根苇竹制成的管子，周围用绳子捆扎在一起，管子上端有一个吹孔，可以吹奏发声。一个籥，可吹出数个不同的乐音。这种乐器，就是后来“箫”（排箫）的前身。《大夏》用这种乐器伴奏，比起“击石拊石”的原始乐舞来，要进步多了。不过，因其乐音较少，推想其曲调可能比较简单。

商代乐舞《大濩》祭祀祖先，也炫耀成汤伐桀的武功，目的是通过对统治者的歌功颂德，起到肯定王权、巩固奴隶制统治的作用。商代的巫乐广泛用于征战、畋猎、降神祈雨及驱鬼逐疫等各项祭祀仪式中，既有求雨用的“厓舞”“雩舞”，也有头戴假面具驱傩辟邪的“盌舞”，以及边奏乐器边舞蹈的“奏舞”等。

三、周秦时期

为了维护礼乐制度，周王朝设立了由“大司乐”总管的音乐机构，对贵族子弟进行系统的音乐教育。教学的课程主要有乐德、乐语、乐舞。六代乐舞据传是历史流传下来的六部史诗性乐舞，包括黄帝时的《云门大卷》、尧时的《咸池》、舜时的《大韶》、禹时的《大夏》、商汤时的《大濩》，以及演述周武王伐纣战争活动全过程的《大武》。其中《大武》和被认为歌颂文德为主题的《大韵》，经常演出于天子大祭、礼学、养老等典礼中。

《大武》是周代编创的歌颂武王伐纣获得胜利的乐舞作品，属《六舞》之一，共分为六段：①在一段击鼓声后，舞队从北面上场，舞者都手执武器，列队而立，以歌唱表现了武王伐纣的决心；②舞队两面有人振铎传达军令，舞队随即分两行，作激烈的击刺动作，边舞边进，表示已灭商；③灭商后再向南进军；④表示南方的疆域已稳定；⑤舞队再分两行，表示周公在左，召公在右，协助周王统治。接着有条不紊地变化各种复杂的队形，形成整齐的队式后，舞者皆坐，作低势的静止场面，表示国家得到了很好治理；⑥舞队重新集合，排列整齐，表示对周王的崇敬，全舞结束。

像“羽舞”“皇舞”“旄舞”等，是宫廷中的娱乐性小舞。周代除了宫廷乐舞之外，宫廷中另有用于天子祭祀、大射、视学及两君相见等重要典礼的大典乐歌，如颂、雅，以及后妃们在内宫侍宴时唱的房中乐，不用钟磬，只用琴瑟伴奏。另外，以“郑卫之音”为代表的民间音乐得到了空前发展。

这个时期编撰成集的《诗经》，收集了合乐歌词305首，分为风、雅、颂三类。风是当时十五国的民歌，雅主要是贵族文人的作品，颂为祭祀乐舞中的歌曲。南方的乐歌以楚国南部的“九歌”尤具特色，屈原的《离骚》《天问》等也具有楚地民歌的特色。

四、汉代

秦王朝为了适应政治上的大一统和文化管理上的一体化的需要，曾设有专门管理音乐的官署——乐府。相和歌和鼓吹乐是汉乐府最主要的音乐载体。

相和歌的原始形式是民间徒歌，以及由“一人唱，三人和”（《宋书·乐志》）的但歌，它们经乐府整理，加上管弦乐器伴奏，就成了“丝竹更相和，执节者歌”的相和歌。相和歌的伴奏乐队，通常用笙、笛、节鼓、琴、瑟、琵琶、筝等组成。其所用的乐调，既有周代房中乐遗传下来，相当于古音阶宫、商、角调的平调、清调、瑟调，还有孕育着新音阶的“楚调”及燕乐音阶的“侧调”。相和大曲是相和歌发展的最高形式，它的结构主要包括艳、曲、解、趋乱四部分。

鼓吹乐是以吹奏笳、角之类乐器，以铙、鼓、排箫等伴奏歌唱的音乐，经乐府整理改编，用于军队、出行、宴乐、宗庙祭祀等仪仗。比较有代表性的有李延年用西域乐曲《摩诃兜勒》为素材创作的《新声二十八解》。

汉魏之际乐器种类较多，有最引人注目的“琵琶”，以及“琴”“卧箜篌”“竖箜篌”“胡笳”“角”等。琴在汉魏时期的音乐中占有特殊的位置，汉代的琴已经逐渐确立了七弦十三徽的形制，演奏上也达到了较高的水平，琴曲有蔡邕“蔡氏五曲”：《游春》《绿水》《尘埃》《秋思》和《幽居》；嵇康的“嵇氏四弄”：《长清》《短清》《长测》和《短测》等。

五、两晋南北朝

清商乐是秦汉传统音乐的余脉，包括相和歌、鼓吹曲，以及江南吴歌、荆楚西声，是当时南方乐府民歌的代表。

吴歌是东晋以来采自江南一带的民歌，“其始皆徒歌，既而被之管弦”（《隋书·音乐志》）。吴歌以男女赠答情歌为主，结构通常为五字一句、四句一段的分节歌或长短句，曲尾常有用虚字唱出的衬腔，称为“送声”，如《子夜》《凤将雏》和《那阿滩》。它的伴奏乐器常用箜篌、琵琶、篪、笙、筝等。

吴歌，包括“歌”和“谣”两部分。“歌”一般说就是“唱山歌”，也包括一些俗曲之类；“谣”就是通常说的“顺口溜”。吴歌和历代文人编著的诗、词、歌、赋不同，是下层人民创造的口头文学，是具有浓厚民族特色和地方色彩的民间文学韵文。吴歌生动地记录了江南农民和下层人民的生活史，从内容来看既包括情歌，又包括劳动歌、时政歌、仪式歌、儿歌等。

吴歌以民间口头演唱方式表演，口语化的演唱是其艺术表现的基本方式。吴歌是徒歌，在没有任何乐器伴奏的情况下吟唱，其类型大致有引歌（俗称“歌头”，长篇叙事歌称“闹头”）、劳动歌、情歌、生活风俗仪式歌、儿歌和长篇叙事歌等几种。刘半农在为顾颉刚的《吴歌甲集》作序时说：吴歌的意趣不外乎“语言、风土、艺术三项”，而这三件事，干脆说来，就是民族的灵魂。

江南水乡吴文化地区孕育的吴歌，有其鲜明的特色，自古以来，通常是用委婉清丽、温柔敦厚、含蓄缠绵、隐喻曲折来概括它的特点，区别于北方民歌的热烈奔放、率直坦荡、豪情粗犷、高亢雄壮。吴歌具有浓厚的水文化特点，和耸立的高山、宽阔的草原不同，它如涓涓流水一般，清新亮丽，一波三折，柔韧而含情脉脉，和吴侬软语有相同的格调，有独特的民间艺术魅力。

汉代流传下来的百戏中已有一定的故事表演，称为“角抵戏”，例如《东海黄公》。南北朝最主要流行的是歌舞戏，有《代面》《拨头》和《踏摇娘》等。这几种民间歌舞表演，只有笛、拍板、腰鼓、两杖鼓伴奏，但已经结合了歌舞、人物装扮和故事情节，表演中有化装、帮腔、换场，是戏曲的雏形。

六、隋唐五代

随着经济的发展，经艺人加工改编而成的“里巷歌谣”成为城市小曲，又叫曲子。曲子成为当时流行的歌曲形式，例如《碧鸡漫志》和《关山月》等。

隋唐音乐成就集中体现在“燕乐”。燕乐包括当时宫廷中用于宴乐，由汉族传统音乐、少数民族音乐和外来音乐三种成分构成的各类歌舞大曲及器乐、声乐作品。歌舞大曲是唐代新形成的一种集器乐、舞蹈、歌曲于一体，含有多段结构的大型乐舞，在隋唐宫廷燕乐中具有重要地位，也代表着隋唐音乐文化的高度水平。大曲的结构较为复杂，基本上可分为三部分：散序、中序、破。有《浑脱》《柘枝》《伊州》《甘州》和《凉州》等大曲。除了音乐风格各异，大曲的形式和规模也丰富多样。在舞蹈风格上属“健舞”的有《秦王破阵乐》和《剑器》等，属“软舞”的有《春莺啭》和《绿腰》等。其中，被列为法曲的《霓裳羽衣》在唐代大曲中最为人们所称道。

《霓裳羽衣》属大曲中的法曲类。关于它的产生，有不少美丽的传说。有一则说它是唐明皇从月宫中偷记回来的仙乐，足见人们对它的喜爱和赞赏。唐代著名诗人白居易在名篇《霓裳羽衣舞歌》中用文言文对它作了详尽的描绘，翻译成现代汉语是：

“轻盈的旋转像雪花飘舞，矫捷的前行像受惊的游龙。垂下的双手像柳丝那样娇美无力，舞裙斜着飘起时仿佛白云升起。画眉流盼说不尽娇美之态，舞袖迎风飘飞带着万种风情。是上元夫人（道教中的女神）招来了仙女萼绿华，是西王母扬袖送别仙女许飞琼。快节奏的第十二遍舞曲繁富华丽，就像跳动珍珠摇击玉片一样亮丽清脆。舞罢时像飞翔的鸾凤收起翅膀，舞曲终了就像一声长长的鹤鸣。”通过这些生动传神的描绘，我们不难想见《霓裳羽衣》高雅脱俗的风姿神韵，以及舞伎们美妙高超的舞技。

随着佛教的发展，先前的“唱导”结合民间盛行的“说话”和叙事性民歌，逐渐演进为一种被称为“俗讲”的说唱形式，所用的讲唱本子就是“变文”。

七、辽宋金元

随着都市经济的繁荣，适合市民和文人趣味的诸如词调音乐、说唱音乐、戏曲音乐等都得到了尤为迅速的发展，如《忆江南》《柳青娘》《水调歌头》《声声慢》《调笑令》和《菩萨蛮》等。宋元时期，除了以演唱支曲为主的“小唱”外，还有不少结构较大的套曲形式或讲唱兼用的说唱体裁，比较重要的有陶真、鼓子词、货郎儿、唱赚、诸宫调等。南宋初期，浙江温州兴起了名为“永嘉杂剧”或“南戏”的民间戏曲，如《赵贞女蔡二郎》《王魁负桂英》和《乐昌分镜》等。

《琵琶记》是从早期南戏《赵贞女蔡二郎》改编而来，写的是赵五娘和蔡伯喈的故事。蔡伯喈即蔡邕，东汉末著名文人，但在民间传说中，蔡伯喈只是借用历史人物之名。陆游《小舟游近村舍舟步归》诗说：“斜阳古柳赵家庄，负鼓盲翁正作场。死后是非谁管得，满村听说蔡中郎。”可见南宋时蔡伯喈故事已经成为民间讲唱文学的流行题材。《南词叙录》则在《琵琶记》剧目下注言：“即旧伯喈弃亲背妇，被暴雷震死。”蔡伯喈在《琵琶记》以前的作品中是个不忠不孝的反面人物，而《琵琶记》在保存《赵贞女蔡二郎》意在维护家庭稳定这一核心内涵的同时，又对剧情作了重大改动。最为关键的地方，只把原来作为反面人物的蔡伯喈改造成一个忠孝双全的正面人物，所谓“有贞有烈赵贞女，全忠全孝蔡伯喈”。《琵琶记》所叙写的，确是“子孝与妻贤”的内容。高明强调封建伦理的重要性，希望通过戏曲“动人”的力量，让观众受到教化，把当时士大夫所不屑的南戏看作可以“载道”的工具，意在抬高南戏的地位和价值。同时，高明能正视社会生活的真实，在肯定孝子贤妻的同时，揭示封建伦理本身存在的矛盾，展示封建伦理而产生的社会悲剧，给予观众强烈的震撼。

元代是我国戏曲史上第一个黄金时代。元杂剧是在宋、金杂剧院本的基础上，吸取唱赚、诸宫调等民间音乐的艺术成就创制的。元杂剧又称北杂剧，主要代表作家有关汉卿、王实甫、马致远、白朴等，主要代表作有《窦娥冤》《汉宫秋》和《西厢记》等。其内容主要以揭露社会黑暗，反映人民疾苦为主，现实主义与浪漫主义相结合，主线明确，人物鲜明。其结构上最显著的特色是四折一楔子和“一人主唱”。

如《感天动地窦娥冤》第三折：

【正宫】【端正好】没来由犯王法，不提防遭刑宪，叫声屈动地惊天！顷刻间游魂先赴森罗殿，怎不将天地也生埋怨。

【滚绣球】有日月朝暮悬，有鬼神掌着生死权。天地也，只合把清浊分辨，可怎生糊突了盗跖、颜渊。为善的受贫穷更命短，造恶的享富贵又寿延。天地也，做得个怕硬欺软，却原来也这般顺水推船。地也，你不分好歹何为地？天也，你错勘贤愚枉做天！哎，只落得两泪涟涟。

《窦娥冤》全剧为四折一楔子，高中课文选的本剧中的前三折，是全剧矛盾冲突的高潮部分，写窦娥被押赴刑场杀害的悲惨情景，揭露了元代吏治的腐败残酷，反映了当时的社会黑暗，歌颂了窦娥的善良心灵和反抗精神。

八、明清

明清时期，随着手工业及商品经济的发展，市民音乐逐渐成为音乐艺术的主要成分。自娱性的民歌小曲、民间歌舞音乐，以及带有商品性质的说唱、戏曲音乐，都在这一时期取得了历史上前所未有的艺术成就。民歌小曲有《闹五更》《寄生草》《罗江怨》《哭皇天》和《挂枝儿》等。汉族的民间舞较为普遍的就有秧歌、花鼓、采茶、花灯、打连响、跑旱船、竹马灯等；少数民族的民间歌舞中则有维吾尔族的木卡姆，藏族的锅庄、囊玛，苗族的跳月，侗族的玩山等繁多的种类。

花鼓舞因地域的差异而大致可分为三间花鼓子、茅坪建东花鼓、归州跳花鼓和新滩琵琶丝弦四大花鼓舞种，这四种花鼓舞在唱腔、击乐、唱词、舞蹈动作、服装等方面都各具特色。其中三间花鼓子流传至今已有两千多年了，一般由两名成年男子表演，分旦角和丑角。旦角头戴黑色绣花勒帽，身穿大红色滚边绸衣，腰系紫红色花长罗裙，脚穿绣花鞋，右手拿花折扇，左手拿红绸帕。表演时丑先上，旦后上，三人击乐，击乐有“流水”“长板”和“短板”三种，一般由表演者自唱自说。唱腔有

"大锣腔"和"扭鼓子腔"两种。三间花鼓子唱有本头也有无本头的。有本头的是唱古人，也就是唱传统的"花鼓词调"，唱起来可以通宵达旦不重复，无本头的是触景生情地即兴创作。它的音乐中最有特色的就是"扭鼓子腔"，分为曲一、曲二、曲三、曲四。其中的"曲四"的结构上近似东北的二人转，表演时似唱非唱，似数似说。旦角男扮女装，丑角弓背小跑、摇身晃脑，插科打诨，逗人发笑。三间花鼓子表演时一般都有情节贯穿，有头有尾，而且风趣、诙谐，唱词随口就来，贴近生活，引人入胜。

第四节　建筑与雕塑

原始时代的人，或穴居，或巢居。随着人类技术文明的累积提高，人类建筑经历了从穴居到半穴居再到地面建筑的发展。至六七千年前，人类进入氏族社会，才有长江流域的干阑式建筑和黄河流域的窑洞式建筑的出现。原始社会后期的仰韶遗址，房屋多采木骨架上扎枝条再涂泥法，柱子排列整齐，木构、外墙分明，表明建筑水平达到新高度。而后的龙山文明，广泛地在地面涂白灰以防潮和清洁，且有最古老的居室装饰（白灰墙上刻图案）。原始社会公共建筑，如祭坛、神庙，创出了沿轴展开的多重空间组合和建筑装饰艺术。壕沟和城墙也逐渐出现，城市正在孕育。

奴隶社会，在可能是夏朝的遗址中，宫殿内有回廊环绕，说明夏代至商早期，中国传统的院落式建筑群组合已经开始走向定型。商时青铜工艺（工具）的纯熟，加以奴隶劳动的集中，使建筑技术提高。陕西岐山的早周遗址，是我国最早的四合院实例。且西周瓦的发明，使建筑从简陋向较高阶段发展。西周代表性建筑遗址尚有湖北蕲春的干阑式木架建筑。春秋时期重要的发展是瓦的广泛使用和台榭的出现，且此时已开始使用砖了。今有陕西凤翔的秦国都城雍城遗址为证。

战国时商业发展，出现一个城市建设高潮，如在临淄、邯郸等大城市，"高台榭，美宫室"，近年发掘有战国秦咸阳宫殿一座。铁制具开始应用，筒瓦、板瓦在宫殿的使用已经广泛。"后代之规模，在此凝定，后代之基础，根本成立。"（梁思成语）秦之阿房宫、骊山陵规模之大空前，并有扩充长城之举。汉代建筑的突出表现在木架结构（后世常见的抬梁式和穿斗式已经形成）渐趋成熟，砖石建筑和拱券结构有很大的发展。因随着铁具的使用，汉代的石建筑，尤其在东汉，突飞猛进，如石墓、墓祠、石兽石碑等，著名的有四川雅安东汉益州太守高颐墓石阙和石辟邪、北京西郊东汉幽州书佐秦君墓表等。西汉长安，建有大规模的宫殿、坛庙、陵墓、苑囿。

魏晋南北朝继承汉代，不复如汉多创新，其时最突出的有佛寺、佛塔和石窟的营建。北魏末北方就有三万余座佛寺，最大者为洛阳永宁寺。我国现存最早的佛塔为建于此时的河南登封嵩岳寺砖塔。此时期开凿了云冈石窟。北朝比南朝佛寺更盛，且多贵族"舍宅为寺"，进一步推动佛寺中国化。佛塔至中国缩为塔刹和多层木构楼阁组合，成为中国式木塔，如永宁寺塔。此外，还发展了石塔、砖塔。石窟崖分塔院、佛殿、僧院型三种。山水式园林兴于秦汉并于此时又有重大发展，其再现有限空间内的造园法已普遍采用，且增加高坐具如方凳、源凳等。石刻技术较汉更有提高，如今南京郊区一批南朝陵墓的石辟邪、石麒麟、石墓表等。

隋代文帝建大兴城，炀帝建洛阳城，后被唐继承发展为西东二京，宏伟且有严整的方格网道路系统城市规划。隋著名建筑有李春建的安济桥，是世界最早的敞肩拱桥；有规划营建东西二都的宇文恺兴建的离宫、仁寿宫，二宫有园林建筑风貌。隋始划分区域，皇城与杂人不同区，是一重要改革。

唐朝建筑技术和艺术有巨大的发展，特点主要有：①规模宏大，规划严整。当时唐扩后的长安是世界最宏大繁荣的城市，其规划严整，影响了日本平城京等建筑，代表性建筑有大明宫等。②建筑群处理愈趋成熟。不仅加强城市总体规划，宫殿、陵墓等也加强了突出主体建筑的组合，强调纵轴方向的陪衬手法。如大明宫轴线上之空间变化。③木建筑解决了大面积、大体量的问题，并已定型化。如现存的唐后期五台山南禅寺正殿及佛光寺。④设计与施工水平提高。房屋建成后还要在梁上记下建者的名字。⑤砖石建筑进一步发展。佛塔采用砖石构筑者增多，唐时砖石塔已开始朝仿木建筑发展。著者如河南登封法王寺塔、西安小雁塔。⑥建筑艺术加工的真实和成熟。没有为纯粹装饰而加构件，也没有歪曲材料性能以屈从装饰。我国古典建筑传统在唐时表现更为彻底，朴实而庄重，力美统一。

五代主要继承唐而少创造，仅吴越、南唐石塔和砖木混合结构的塔比唐时有所发展，前者如南京栖霞山舍利塔等，后者如苏州虎丘云岩寺塔。南汉有铸铁塔。

两宋手工业与商业发达，建筑也达新高度。由于商品经济的发达，城市结构和布局发生根本变化。汴梁无法再采取里坊制度和夜禁，城市消防、交通运输、商店桥梁都有新发展。在木架建筑方面，采用了古典的模数制，延续了中国古典建筑的伟大传统。

为了掌握设计与施工标准，节省国家开支，保证质量，政府重新编修建筑标准，最终由将作监李诫编成《营造法式》一书。书中资料采自历来工匠相传可行之法。宋代在建筑组合方面有较大的发展，在总平面上加强了进深方向的空间层次，以便突出主体建筑。从正定隆兴寺、石刻汾阴后土祠图和宋画滕王阁、黄鹤楼图中，可以看出这一建筑发展的新趋势。同时，宋代的建筑在装修与色彩运用方面也有很大的发展，如格子窗、格子门、球文等。唐前建筑以朱、白两色为主，唐代用色则逐渐明快起来。宋代木架部分采用华丽彩画，屋顶铺设大量的琉璃瓦，外观更加华美；内部则增设高桌椅等多元化应用的家具，使得生活更加便利与多趣。宋代砖石建筑的水平达到了新高度，佛塔为主，桥梁次之。宋塔特点是多为砖石塔，最高为河北定县开元寺宋料敌塔，高 84 米。现存最早的琉璃塔则是开封的宋祐国寺塔。宋代的桥梁有拱式、梁式，长度甚至达到 540 米。这时出现了中外闻名的洛阳桥、五里桥、广济桥、汴梁虹桥、绍兴八字桥等。就广东地区而言，肇庆的梅庵是一座保存完整的典型宋代建筑，虽经历代整修，但仍保留了宋代的原貌，是国家重点保护文物单位。

除唐建的外，宋增添更多。辽建筑吸收唐北方传统，除陵墓常用圆形平面外，佛塔多用砖砌的密檐塔，极力仿木建筑塔，登峰造极，与宋楼阁式砖石塔仿木异曲同工。其著者有北京天宁寺塔、山西灵丘觉山寺塔等。其留下的山西应县佛宫寺释迦塔，是我国现在唯一的木塔。金沿袭辽又受宋影响，装饰与色彩较宋富丽，一些殿宇用绿琉璃瓦结盖，华表阑干用汉白玉，雕镂精丽，是明清宫殿色彩的前驱。金墓中的砖雕细密工巧，已走向烦琐堆砌。西夏则受宋与吐蕃影响，具汉藏文化双重内涵。

元初工商农业发展受到破坏，建筑发展也处凋敝状态。至忽必烈当政时期恢复生产，并因统治者崇信宗教，佛教、道教、伊斯兰教、基督教都有发展，宗教建筑异常兴盛，尤其喇嘛教寺院，如妙应寺白塔。木架建筑（佛教寺与道教观）承宋、金而规模质量都逊于宋，且多采用节约措施。目前元代留下木建筑有数十处，山西洪洞县的广胜下寺和山西永济县永乐宫（因建水库而迁至芮城）可为代表。

明代社会内部出现资本主义萌芽，许多城市成为手工业中心，如苏州为丝织中心、松江为棉织业中心、景德镇为瓷器制造中心等。明建筑进步，主要表现在砖已普遍用于民居砌墙。由于明大量应用空斗墙，推动了砖墙的普及。明砖质量与加工技术都有提高，出现了全用砖拱砌成的建筑无梁殿，如南京灵谷寺、山西太原永祚寺、苏州开元寺等处。其中琉璃面砖、琉璃瓦质量提高，应用领域更广，广泛应用于塔、门、照壁等建筑，如南京报恩塔。木结构建筑经元简化，至明形成新的定型木构架。斗拱结构作用减少，梁柱构架整体性加强，构件简化。宫式建筑风格较为严谨稳重。此外，建筑群布置更为成熟，建筑的装修、彩画、装饰日趋定型化，风水之说大兴。不仅明孝陵、十三陵等官方建筑以建筑群的形式出现，官僚地主的私人园林也十分发达。明代家具闻名世界，由于海上贸易输入热带地区坚实美观的树木品种，家具的工艺得到极大提升，尤以苏州的家具最为精美。

清建筑大体因袭明代传统，但也有几方面发展。首先，供统治阶级享乐的园林建筑达极盛期。如畅春园、避暑山庄等大园林景观的兴建。其中藏传佛教建筑兴盛，大体采平顶房与坡顶房结合法，造型多样。如承德避暑山庄东侧与北面山坡上建的12座喇嘛庙，创造了多彩的建筑形式，是清代建筑乃至中国建筑史上难得的佳品。其次，清代民居建筑丰富多彩。清的领域版图极大，少数民族众多，气候各不相同，建筑形式千姿百态。肇庆地区的德庆龙母祖庙依江而建，为砖、木、石结构，就是一座特点鲜明的清代南方建筑。其中的雕梁画栋，木雕、石雕、砖雕、灰塑堪称一绝，被誉为“古坛仅存”。其建筑系按低水区特点设计，柱基特高，墙四周砌以水磨青砖，盖以琉璃瓦，殿内外地面，全以花岗岩石板铺设。每逢水淹过后，庙内稍作清扫便干净如故。这正是清代建筑具有地域性特征的典型表现。

就建筑整体风貌来看，清建筑群布置已相当成熟。简化单体设计、提高群体与装修设计水平，在明代定型的基础上，用官方形式固定下来，颁布了《工程做法》一书。但建筑技艺仍有所创新，如用水湿压弯法使木料弯成弧形檩枋，用对接与包镶法把短木制成大木柱等。北京钟楼和西藏布达拉宫等一批建筑显示了清代砖石建筑的伟大成就。

【思考与练习】

1. 中国书法艺术在历史发展进程中呈现出什么样的人文精神?
2. 中国绘画艺术有着什么样的东方特质?
3. 中国音乐舞蹈在历代有什么样的代表作品?
4. 中国建筑艺术与中国文化之间有什么样的内在联系?
5. 中国古代艺术在世界艺术发展史上具备何种独特地位?

第十一讲　中国古代教育与科技

中国古老而悠久的文化，突出地体现在教育和科技方面，中国古代教育科技成果为人类文化发展做出了卓越贡献。以儒家为主导的中国古代教育思想以及以科举、书院为代表的教育实践，是中国人精神文化生活的主要方式，深刻地体现了中国人的文化生活追求和中国文化的精神特质。中国古代有发达灿烂的科技，四大发明是中国人的骄傲。然而，随着人文兴盛和伦理教育的日益强化，科学技术日益边缘化，古代发达的科技成为历史记忆和文化遗迹，以至于中国近现代科学技术落后于西方。

第一节　中国古代教育思想

一、儒家代表人物的教育思想

以孔子为代表的儒家思想是中国文化的主体，而儒家教育思想又是其重要的组成部分。儒家思想的形成和发展大致经历了三个发展阶段：春秋战国是儒家思想的初创期，儒学始为“显学”；汉代的“独尊儒术”使儒家思想成为中国封建社会发展的统治思想；宋明理学成为中国古代后期儒家思想的主体。儒家教育思想是儒家思想在社会历史长河中不断发展的一个侧面。

（一）孔子开创的儒家教育思想

孔子提出“性相近，习相远”的观点。一方面是“性相近”，人性有其共性、一般性；另一方面是“习相远”，人性在后天受外力影响或改造可以向不同方向发展。孔子承认人的差别受环境与教育的影响，肯定了教育和学习在人的发展中的作用，反对以天命观为基础的“血统论”和宗法世袭观念。儒家教育究其实质是一种道德教育。孔子认为，“不学诗，无以言”“不学礼，无以立”，主张“言行一致”，而其所谓的“行”主要指道德实践。

儒家主张人性本善，政治上提倡仁政，强调教育在教化万民、治理国家中的重要作用。“建国君民，教学为先。”孔子认识到人性有差异，并善于因材施教，对不同的人施以不同的教育：对于圣贤之人，应强调修身养性、率先垂范；对于普通民众，需要教化之以安天下。儒家教育通过格物、致知达到诚意、正心，进而达到修身、齐家、治国、平天下。儒家不是只强调“自我”发展，更加看重人的社会发展，提倡“己欲立而立人，己欲达而达人”。

孔子提出“有教无类”和因材施教的思想。他认为，所有人都可以接受教育而从善，应该一视同仁地对他们进行教育。这一教育思想开创了文化下移道路，是中国教育史上的创举。孔子所创设的私学，也成了中国教育史上与“学在官府”相对的“学移民间”的划时代的标志。

（二）孟子的教育思想

孟子是儒家仅次于孔子的另一位代表人物。他宣传“仁政、爱民”的王道，提出了性善论，认为人的本性是善的，与生俱来便有“善端”：“恻隐之心，仁之端也；羞恶之心，义之端也；辞让之心，礼之端也；是非之心，智之端也。”他认为人性是倾向于善的，教育对个体的作用就在于“存心养性”，在于求其放心。仁、义、礼、智等都是人原有的本性，教育的作用就是收回散失的善性加以存养扩充，“学习之道无他，求其放心而已矣”。孟子将自己的思想推而广之，认为“善教”对社会的作用比“善政”更重要，“善政，民畏之，善教，民爱之。善政得民财，善教得民心”（《孟子·尽心》）。教育可以改变人，对人的成长起着“化性起伪”的作用，孟子从其“性善论”出发，提出“人皆可以为尧舜”的思想。

（三）荀子的教育思想

荀子把当时的儒者划分为俗儒、雅儒、大儒。大儒是教育所要培养的理想人格，不仅知识广博，且能“以浅持博，以古持今，以一持万”，以已知推未知，自如地应付新事物、新问题，治理好国家。荀子重视《诗》《书》《礼》《乐》《春秋》等儒家经籍的传授，尤重《礼》《乐》。他认为，礼是自然与社会的最高法则，乐是表现情感的重要方式。在教育思想方面，与孟子“内求”的思路相反，荀子强调“外铄”，倡导行对于教育的重要性。道德实践被认为是儒家思想的最终归宿。他说：“吾尝终日而思矣，不如须臾之所学也。吾尝跂而望矣，不如登高之博见也。登高而招，臂非加长也，而见者远；顺风而呼，声非加疾也，而闻者彰。假舆马者，非利足也，而致千里；假舟楫者，非能水也，而绝江河。君子生非异也，善假于物也。”（《荀子·劝学》）

1. 闻、见、知、行的教学认识过程

荀子曰："不闻不若闻之，闻之不若见之，见之不若知之，知之不若行之，学至于行之而止矣。"（《荀子·儒效》）闻、见是学习的起点，也是知识的来源。但是，感官和闻见只能分别反映事物的一个方面，在闻、见的基础上进一步学习，必须向更高阶段发展，即"知之"，实现由感性认识到理性认识的转变。而且，还存在更高水平的"知道"，即"行"。行是学习的最高阶段，只有这样，"知"才能称得上"明"。荀子对教学过程的认识非常之深刻。

2. 专心有恒

荀子特别重视学习态度的培养，强调专心有恒，全力以赴，勿一心二用。《劝学》篇中，他曾举"鼫鼠五技而穷"的故事。据说鼫鼠有五技：会飞，却不能上屋；能爬树，却不能到树顶；能游水，却不能渡谷；能探穴，却不能掩身；能走路，却比不上人。荀子说："骐骥一跃，不能十步；驽马十驾，功在不舍。锲而舍之，朽木不折；锲而不舍，金石可镂。"（《荀子·劝学》）学习需要专心致志的精神，要心无旁骛、持之以恒，不能三心二意、浅尝辄止。

3. 解蔽救偏

荀子在《解蔽》中说："凡人之患，蔽于一曲，而闇于大理。"所谓"蔽"就是对复杂的事物和现象缺乏全面了解。只有解除其蔽，以救其偏，才能正确认识事物。荀子提出了解蔽之法，这便是"兼陈中衡"。他说："无欲、无恶，无始、无终，无近、无远，无博、无浅，无古、无今，兼陈万物而中县（悬）衡焉。"（《荀子·解蔽》）把所有事物都展示出来，对事物作全面的比较、分析、综合，择其所是而弃其所非，如实地把握事物及其关系。可见，解蔽是教学和学习有成效的关键。

4. 倡导尊师

荀子曰："礼者，所以正身也；师者，所以正礼也，无礼，何以正身？无师，吾安知礼之为是也。"在儒家思想中，"礼"是最高的社会规范，教师是"礼"的化身，学生必须服从教师。教师关系到国之兴衰、法之存亡，荀子进而把教师提高到与天、地、君、亲同等的地位。同时，还对教师提出了很严格的要求：一要有尊严，使人敬服；二要有崇高的威信和丰富的经验；三要具备传授知识的能力而不违反师说；四是要能体会"礼法"的精微道理，且能加以阐发。这些思想对我们今天的教育和教师发展仍然有着启示。

二、先秦儒家教育思想的基本内容

先秦儒家教育思想以“仁”“礼”“中庸”“有教无类”等为内容，以“内省”“慎独”“知耻”等为方法，以“和谐”为内在追求。儒家教育思想对中国后世的文化教育产生了深刻影响。

（一）修身正己

儒家实行“仁政”，推行以德治国，教化民众使他们服从封建伦理道德规范。教化民众，关键是修身正己。“修己”是前提和基础，“治人”是结果和目的，但重点则在“修己”。儒家认为，仁德是人们自有而自为的，是人内在的道德理性和情感，它既非外物所强加于人，也非外物所能夺走。儒家特别强调率先垂范，儒学巨子应“以天下为己任”，只有具有独立人格，才能真正地实践“治国、平天下”的理念。巨子要有“舍生取义”的牺牲精神和“先天下之忧而忧，后天下之乐而乐”的忧患意识，以自己的优良品德去改造和同化普通民众，建立上仁下义、上慈下敬、尊卑有别的统治秩序。

（二）教化天下

儒家教育思想的核心价值是教化天下。儒家讲求以道德礼义来安民定邦，即所谓“道之以政，齐之以刑，民免而无耻；道之以德，齐之以礼，有耻且格”（《论语·为政》）。要做到“为政以德”，就必须以教化为先。孔子把人口、财富、教育当作“立国”的三个要素，认为在发展生产、人民富裕之后，唯一的大事就是“教之”。孟子认为治国的关键是“得民心”，而教育是“得民心”的具体措施。“善政不如善教之得民也。善政，民畏之。善教，民爱之。善政得民财，善教得民心。”（《孟子·尽心》）《学记》是儒家教育思想的集大成，把教育的社会作用概括为“建国君民，教学为先，化民成俗，其必由学”，这是儒家关于教育的社会作用的经典结论。

（三）以道德培养为主

孔子教育学生使之“成人”，教育的内容就是怎样“做人”。所谓“成人”“成德”之教，教育就是帮助学生发现自身本有的“善”。教育宗旨主于“成人”，强调要“兼济天下”“修己以安人”。儒家教育离不开仁义礼智信，修身齐家治国平天下的社会理想必须以社会为依托，离开社会，儒家教育就无从谈起。孔子把“内圣外王”作为儒家圣人的标准，“修己以安人”“修己以安百姓”，这是孔子对“内圣外王”最著名的表述。“修己”即是“内圣”，“安人”“安百姓”即是“外王”。只有把“内圣”与“外王”合一，方可称为真正的圣人。

（四）独特的教育方法

儒家的内在观强调内化、内求、自得，在教学过程中强调发挥学生的主动性。因材施教、启发诱导、循序渐进、教学相长等都体现了这一点。孔子最早提出并实行了启发式教学，他说：“不愤不启，不悱不发，举一隅不以三隅反，亦不复也。”（《论语·述而》）“君子之教，喻也。道而弗牵，强而弗抑，开而弗达。道而弗牵则和，强而弗抑则易，开而弗达则思，和易以思，可谓善喻矣。”（《学记》）孔子主张“教”“学”并重、学思并重、传习结合。对于教学过程来说，就是把传授和练习相结合；对于学生而言，就是要把接受知识和练习、实习相结合。《中庸》把孔子提出的学习过程分为五个阶段，即“博学之，审问之，慎思之，明辨之，笃行之”。

三、中国古代教育思想的发展

（一）董仲舒的教育思想

董仲舒是汉代最著名的经学大师，有“汉代孔子”之称。董仲舒主张实行“德教”，认为教育的最终目的是维护统治阶级的利益和统治地位。他提出“性三品”说，把人性划分为“圣人之性”“中民之性”“斗筲之性”三个等级。“圣人之性”是绝对的善性，不需教育；“斗筲之性”为天生的恶性，虽教难善；“中民之性”为大多数，“有善质而未能善”。因此，“中民之性”是教育的主要对象。

1. 教育改革主张

董仲舒在《举贤良对策》中提出：“罢黜百家，独尊儒术；开创太学，改革选士制度；兴教化，正万民。”这是董仲舒教育改革思想的主要内容。

第一，罢黜百家，独尊儒术。董仲舒认为，为了保证政治法纪的大一统，必须首先统一思想。他建议“罢黜百家，独尊儒术”，以实现思想的统一，即“诸不在六艺之科，孔子之术者，皆绝其道，勿使并进，邪辟之说灭息。然后统纪可一而法度可明，民知所从矣”。

第二，兴学校以养士，行教化美习俗。他认为“不养士而欲求贤，譬犹不（琢）玉而求文采也”。大学是“贤士之所关”“教化之本原”，建议“立大学以教于国，设庠序以化于邑，渐民以仁，摩民以义，节民以礼”，从而达到“教化行而习俗美”的目标。他提出兴办学校，培养人才，推广社会教化，形成良好的社会习俗。

第三，重选举以选用贤才。选举贤良，“量材而授官”，直接推动了汉代察举制的创立。他要求选用“德教之官”，而不可“独任执法之吏”；认为选用官吏应以“量材而授官，录德而定位”为原则，只有贤能的官吏才能担当起教化人民的职责。朝廷求得贤才最可靠的方法是兴办太学，通过教育培养贤士。

2. 教学内容

董仲舒重视教学，为了培养德性，教学内容完全地儒学化。他主张以“六艺”（《诗》《书》《礼》《乐》《易》《春秋》）培养人才。他认为：“六学皆大，而各有所长。《诗》道志，故长于质。《礼》制节，故长于文。《乐》咏德，故长于风。《书》著功，故长于事。《易》本天地，故长于数。《春秋》正是非，故长于治人。”（《春秋繁露·玉杯》）他提出以“三纲五常”为教育内容，三纲即“君为臣纲，父为子纲，夫为妻纲”，与“三纲”相配合的是“五常”，即仁、义、礼、智、信。“三纲”是道德的基本准则，“五常”则是与个体的道德认知、情感、意志、实践等心理、行为能力相关的道德观念。

3. 教育方法

董仲舒认为，教学贵在强勉努力，只有通过刻苦钻研才能达到“博”与“明”的境地；学习不能“太博”，也不能“太节”，应节博结合，循序渐进；学习应专一虚静，“目不能二视，耳不能二听，手不能二事，一手画方，一手画圆，莫能成”。而且，学习时要头脑冷静，排除杂念，虚心以求。

董仲舒主张在道德教育中“以仁安人，以义正我”。他要求以“仁者爱人”的情怀去爱护、关心他人，宽以容众，同时约束自己，经常自我反省。他还指出：“强勉行道，则德日起而大有功。”就是说，奋勉努力地进行道德修养，德性就能日益显著，取得良好的成效。采取“众小成多，积小致巨”“渐以致之”“累善累德”的方法，持之以恒，陶铸善性。主张道德教育必须做到“仁”与“智”的统一，强调道德修养中情感与认知的统一。道德修养的焦点在于对利与义的态度上，“利以养其体，义以养其心。心不得义不能乐，体不得利不能安”。利满足物质要求，义满足精神需求，二者不可或缺。

（二）汉代以后的教育思想

东汉的王充对正统儒家学说进行了猛烈的抨击，开启了魏晋新思想之先河。以嵇康为代表的魏晋玄学家，“越名教而任自然”，批判儒家学说，彰显个人本位。明代中叶，以陈献章、湛若水、王守仁等为代表的一批思想家和教育家，批判程朱理学，反对恪守教条、迷信权威，主张独立思考，提出了人的价值和潜能问题。如陈献章强调“立心”以建立“自我”；王守仁赞赏自我批判、自我选择的独立人格。王守仁是心学派的集大成者，主张“心即理”，人人都能自我控制。由理到心的发展，必然导致由心向欲的过渡，由此出现了早期的启蒙思想，为中国近代教育思想发展奠定思想基础。

明清之际的启蒙思想家提出了求实的教育思想，为近代资产阶级教育理论的产生奠定了基础。以人为本的教育观引发了教育的大变革，推动了我国近代教育的科学化、民主化、平等化。近代教育思想出现了两大趋势：

一是重视学西学。龚自珍、林则徐、魏源等人主张“师夷长技以制夷”，并提出“中学为体，西学为用”的思想，出发点是以社会为本位的，其目的是为了富国强民、抵御外侮。随着新式学堂诞生、留学生派遣和西学书籍的出现，人们的传统思想观念逐步改变。维新派主张学西学，五四新文化运动之后，学西学已逐渐成为人们的共识。

二是注重个体发展。五四时期的许多教育家都指出，中国的传统教育抹杀人的个性。正如鲁迅先生所说，中国人向来就没有争到过人的价值，至多不过是奴隶。蔡元培认为，普通教育的目的在于“养成健全人格”，提出“尚自然”“展个性”的主张，强调崇尚自然，尊重儿童的个性特点，按照他们的身心发展程序进行教育。陶行知主张知情意合一的教育，使人的身心协调发展，促进自身的不断完善，着重培养儿童改造自然和社会的生活能力、善于应变的治事能力以及敢于开拓创新的创造能力。

四、古代教育思想的特点

教育是文化的一部分，受整个文化传统影响。在中国文化传统的影响下，古代教育思想便呈现出以下特点：

（一）教育为政治服务

孔子把教育作为治国三要素之一（庶、富、教），认为教化万民比政令和刑法对巩固国家统治更为重要且有效。孟子则把教育看成是“得民心”的根本措施，教育是夺取和巩固政权的必要条件。《礼记·学记》概括了教育的政治作用：“建国君民，教学为先，化民成俗，其必由学。”汉代大儒董仲舒也提出：“教，政之本也。”历代教育家都主张教育必须为政治服务，逐步强化了中国古代教育重政治的特色。

（二）道德教育为核心

中国的文化传统注重整体和谐，强调个体必须无条件地服从整体，重视协调社会关系，注重伦理道德。儒家道德教育提出以“修身为本”，道德修养是基本的教育目标。“德者，才之帅也”，培养人的优良品德是教育最重要的任务，重政治与重伦理的统一是古代教育的典型特征。儒家的内在观要求学习时要善于自省。儒家教育的显著特点是启发人的内心自觉，教育人如何“做人”。孔子要求“求诸己”，始终坚持“己所不欲，勿施于人”。孟子更强调“反求诸己”。《大学》中提出“慎独”的修养方法，也就是要求自我省察。中国古代教育以儒家学说为主要内容，以道德修养和道德教育为中心，尤其是宋明理学，把伦理道德视为“天理”，强调修身养性、“自省自察”，主张静以养心，修心以德，培养真正的“君子”品格。

（三）内化育人

孔子对“学”“思”“习”“行”诸范畴都作了具体论述。“学”是“学习”，“思”是“思考”，“习”是“温习”，“行”是“实践”。“习”既是“学”的展开，又是“行”的准备，而“学”“习”必须与实践、行为相结合，才有助于“思”的实现与人格的完善。孔子说：“人无远虑，必有近忧”，“三军可夺帅也，匹夫不可夺其志也”。孟子主张“持志”“养气”，“志，气之帅也；持其志，毋暴其气”，“其为气也，至大至刚，配义与道”。教育成于内而形于外，只有按照道德规范身体力行，才能不断提高自身修养水平。

第二节　中国古代教育制度

中国古代的选官制度主要有世官制和察举制。世官制是西周时实行的世卿世禄制。春秋时世官制开始衰落，及至战国，世官制崩溃，秦代实行军功爵制、客卿制等。察举制度始于汉代，被举者尤重德行、才能，而非全靠家世。魏晋南北朝实行九品中正制，设立专典选政的中正官，开了后世举士举官分途之先河。九品中正立制之初，虽有选贤用意，但不久即被门阀左右，成为世族把持政权的工具，以致出现了“上品无寒门，下品无世族”的现象。科举制度创设于隋，以分科举士而得名，以后不断完善和发展，出现了各种教育制度。

一、科举制度

科举制度是中国传统文化的一部分，不仅在中国历史上起过重要作用，通过科举选拔了许多人才，而且对国外也产生过重大影响。科举制度是通过考试来选取人才的一种选官制度，始于隋，形成于唐，延续至清末，存在了1 300多年。

（一）科举制度的产生和发展

北魏均田制在隋唐的推行，摧毁了大族豪强的庄园经济，使大批自耕农和庶族地主得以产生，并参与文化和权力的分享，正所谓“旧时王谢堂前燕，飞入寻常百姓家”。科举使士子竞相攻读，“太宗皇帝真长策，赚得英雄尽白头”。科举制度因不计生员出身，唯才是举，较广泛地从社会各阶层选拔人才，使庶族寒士自信“天生我材必有用”，扩大了政权的统治基础。

隋炀帝设置明经、进士二科。唐增设明法、明书、明算等常设科目，还设有一史、三史、开元礼、童子、道举等非常设科目。武则天在位时增设武科。明经、进士等科的考试内容，主要是儒家经典、明法、明书、明算等科。元朝科举制有明显的民族色彩，科举分蒙古色目、汉人南人两科。清初也实行过满、汉分科。科举是与封建制度相匹配的选官制度，考试以“四书”为出题范围，将儒学正宗引向极致，科举制度实施了长达1 300年。

随着封建统治的没落，科举制度的弊病愈加明显，已不适应社会发展的需要。考试内容局限于儒家经义的范围，考试方法注重死记硬背，日益流于形式，束缚学术思想发展，许多优秀人才被排除在外，如杰出的作家施耐庵、罗贯中、吴承恩、曹雪芹都非进士出身。康有为等维新派人士详析八股取士的危害，“乃以三百万可用之粳稻力、人才、月日，钩心斗角，敝精费神，举而投之枯困搭截文法之中；以言圣经之大义，皆不与之以发明也；徒令其不识不知，无才无用，盲聋老死；是比白起之坑长平赵卒四十万，尚十倍之。其立法之谬异，流弊之奇骇，诚古今所未闻，而外人所万怪诧者也。”（康有为《请废八股折试帖楷法试士改用策论折》）1905年，科举制度正式废除。

（二）科举考试的方式和内容

科举考试有口试、帖经、墨义、策问、诗赋五种。帖经和诗赋是唐代试士的重要项目。帖经是主试者将经书上的字任取一行，用纸帖盖三字，令考生将被遮盖的字读或写出来。墨义是主试者从经书中提出若干问题，令考生就书中原文笔答，不加解说。策问是主试者就当时政治、经济、军事、生产等方面提出亟待解决的问题，由应试者发表意见，书面回答。唐代取士还要经吏部复试，复试内容为：一身，要求体貌丰伟；二言，要求言词辨正；三书，要求楷法遒美；四判，要求文理优长。宋以后主要试经义。

北宋神宗以后，废除了帖经和墨义，代之以经义。经义就是以五经中的文句为题，应试者作文阐明其义理，比之帖经、墨义是一种进步。王安石专门写作了《三经新义》对经文作了解释。元代规定，经义考试须从“四书”中出题，答案须根据朱熹的《四书章句集注》，不得任意发挥。明中叶以后，又要求阐发经义的文章采用八股文的形式，经义考试从内容到形式都有严格要求。

（三）考试程序

唐代进士科的考试基本上每年都举行，宋神宗熙宁时定为三年一考。考试的程序分为地方考试、省级考试和中央考试。地方考试称为院试，考生须先参加县试和府试，取录后再参加由中央派往各省的学道（或称学政、学台）所主持的院试。院试录取者即成为生员，即秀才。秀才由学政每年考试一次，叫作岁考。在大比之年的前一年参加科考，科考成绩列为头等、二等和三等的前三名，准予参加次年在省城举行的乡试。乡试录取者称为举人，第一名举人称为解元。举人可于第二年进京参加中央举行的考试。

中央考试的第一步是在礼部举行的会试，会试取中者称贡士，第一名称会元。会试后举行殿试，贡士均参加殿试，只考策问，依成绩分为三甲（三等），一甲三人称“进士及第”，二甲若干人为“进士出身”，三甲若干人为“同进士出身”。一甲第一名称状元，如果乡试、会试、殿试均考取第一名，称“连中三元”。一甲第二名称榜眼，第三名称探花。

（四）评价

科举考试是一种竞争机制，自建立就面临着公正的考验。从宋至清，科举制度走向成熟，中央政府不断颁布法令，规范考试内容和形式，采取严格措施，确保考试趋于公正。例如，主考官的直接委任，试卷的糊名、誊录、弥封，举行殿试等办法的实行，杜绝了“走后门”，使科举的公正性基本得到保证。为了保证科举的公平，强化公平竞争机制，各级考试中名额的分配，尽量做到“合理”。由于各地区经济、文化、人口等发展差别较大，在名额的分配上就尽量体现这种差别。另外，对年龄等不加限制，只要有真才实学，哪怕是总角稚子、耄耋老翁，皆可入试。同时加大惩罚力度，对作弊考生与主考官严惩不贷。

自两宋以后，出身寒门的读书人可以参与科举考试，平等竞争。据《宋史》统计，列传中41%出身寒门，南宋进士中56%出身非官僚家庭。所谓“朝为田舍郎，暮登天子堂”就是庶民入仕的写照。科举还对不同民族和国家的士人一视同仁，消除了以往的民族偏见，如唐朝日本留学生阿倍仲麻吕（晁衡）高中进士，明洪武四年高丽人金涛中三甲第五，清代很多有才华的少数民族人士也获得进士出身。

科举已经成为中国历史和文化的一部分。作为一种教育制度，科举在人才选拔和公平竞争方面有积极的贡献，但也抹杀了人的创造性，其消极影响同样非常深远。即使如此，科举制还是有一些可以借鉴的做法。比如科举考试虽然严苛，也还有一些人文关怀。明清时期各州县学生赴省参加乡试前，地方官都要设宴欢送，并给予经费支持。唐称曲江宴，宋为琼林宴。对屡试不第的可怜读书人，有时也特赐出身，以示安慰。清代有“重宴琼林”，对考中进士满60岁者，经由礼部奏准，得与新科进士同赴琼林宴。清代举人有“重宴鹿鸣”，武举有“重宴鹰扬”，童生入学则有“重游泮水”，对每个学人都是有纪念意义的。

二、官学与国子监

中国古代的夏商已有上庠、东序、右学等学习场所，但还难以完全具备办学条件。到了西周，社会生产力水平提高，出现了脱离生产劳动的文化官吏，加之文字已经成熟，为我国古代高等教育发展提供了物质基础和文化基础。周代的教育机构为官方垄断，“学在官府”。春秋战国时期社会巨变，文化散失民间，“天子失官，学在四夷”，私人办学开始兴盛。从此，古代社会教育出现官学和私学两种类型。

官学体系中，太学和国子监是中国古代社会的最高学府。汉代官学分五级，即中央的太学、鸿门学，地方分学、校、庠、序四级。太学即由“大学”衍生出来，是古代规模最大的高等学府。晋武帝咸宁二年创办国子学；齐改国子学为国子寺；隋炀帝改为国子监；唐宋两代太学与国子学并存；元明清时期则不设太学，只设国子学或国子监，元代除了传统的“国子监”外，还有“蒙古国子监”和“回回国子监”。明清国子监兼具国家教育管理机构和最高学府两重性质。

东汉末出现了我国古代最早的艺术大学——鸿都门学；南朝时期儒学、史学、文学、玄学分馆授业制度是我国分科教育的开端；唐代、宋代和明代创办的书学、算学、律学、医学、画学、武学等专科学校，可能是世界上最早的专科学校。

三、私学与书院

私学是中国历代私人举办的学校。私学有蒙养教学和经师讲学，后者相当于大学。孔子是开办私学的祖师爷，他“有教无类”“诲人不倦”，弟子三千之众，贤者七十二，系统传授“六艺”知识，将自己的政治理想寄托在弟子身上。汉代以后，私学分为蒙馆和学馆两级，蒙学通常在十五六岁以前完成，之后进入私家经师的学馆去深造，私家经师多为当世的著名学者，培养了大批不求功名的学术人才，对民族文化发展起到了很大的推动作用。

书院是中国古代学者研究学问、聚徒讲学的教育场所，为中国古代学术繁荣和人才培养发挥了重要的作用。书院始于唐代，在宋朝有了较大发展，并出现了一些著名的书院，如白鹿洞书院、岳麓书院、石鼓书院、应天府书院、茅山书院、嵩阳书院等。明清书院官学化，大部分书院成为准备科举考试的场所。

书院作为中国古代一个重要的教育组织形式，不仅仅是教育场所，也是当时的学术中心。书院以培养人才为宗旨，以繁荣学术为己任，教学活动和学术研究紧密结合、相得益彰，形成了众多的学术派别，学术研究成果得以传播和发展。书院教学实行门户开放制度，听讲者不受学派和地域限制，有利于学术交流。

四、文字狱

文字狱是封建统治者树立权威、维护政权的一种手段，是巩固封建皇权、封建专制主义的政治工具。在封建统治下，文字狱不同于一般狱讼，十分残酷且出乎常情。文字狱几乎全部是冤案、假案、错案，罪名是罗织而成，总要扣上“叛逆”的帽子。清代文字狱按照“大逆”的处理：“凌迟处死”，“正犯之子、孙、兄弟，及兄弟之子，年十六岁以上皆斩。男子十五岁以下，及正犯之母、女、妻妾、姊妹，若子之妻妾，均给付功臣之家为奴，财产入官”。文字狱最典型的是秦、明、清三代。

秦代的“焚书坑儒”是中国最早的文字狱。李斯认为，国家体制问题在秦朝初建时就已经解决了，恢复分封制是儒学之士以古非今的表现，如不制止，必然使皇帝威权下降，臣民结成党羽，因而主张焚《诗》《书》，禁私学。具体办法是：“史官非秦记皆烧之，非博士官所职，天下敢有藏《诗》、《书》、百家语者，悉诣守、尉杂烧之。有敢偶语《诗》《书》者弃市。以古非今者族。吏见知不举者与同罪。”（《史记·秦始皇本纪》）秦始皇批准了李斯的建议，下令焚书，随后以“为妖言以乱黔首”的罪名，令御史逮捕审问儒生，将460名儒生在咸阳坑杀。焚书坑儒是文化专制主义的举措，目的是巩固中央集权的封建帝国，实行严格的思想统制，结果是秦之前中国长期积累的文化遗产皆付之一炬。

明初，朱元璋对儒家提倡的民本思想颇为反感，尤其是孟子的“民为贵，社稷次之，君为轻”的思想，认为这是对皇权的蔑视。朱元璋生性多疑，对皇位缺乏自信。浙江府学教授林元亮作《谢增俸表》，内有“作则垂宪”；福州府学训导林伯璟作《贺冬至表》，有“仪则天下”；北平府学训导赵伯宁作《万寿表》，有“垂子孙而作则”；桂林府学训导蒋质的《正旦贺表》中有“建中作则”；澧州学正孟清的《贺冬至表》中有“圣德作则”。“则”与“贼”读起来同音，朱元璋把它看成是同义，认为是在变换手法骂他。常州府训导的《正旦贺表》有“睿胜生知”，“生”字读作“僧”字；祥符县学教谕的《正旦贺表》有“取法象魏”，“取法”被看成是“削发”。朱元璋认为这是拐弯抹角嘲讽他。尉氏县教谕的《万寿贺表》有一句“体法乾坤，藻饰太平”，“藻饰太平”被看成是“早失太平”。诸如此类文字，朱元璋看后勃然大怒，便下令杀掉书写这些贺表的人。明初还大兴胡惟庸、蓝玉案，被牵连者数万人，其中不乏士人、儒生。以至于人人自危，不敢妄论国事，读书人的创造性被扼杀。

清代文字狱更为频繁并更加残酷。据载，康熙、雍正、乾隆三朝有文字记载的文字狱就多达80余次。清朝为巩固封建专制统治，大力提倡儒学，宣扬忠孝仁爱的道德观念，以此来规范和控制人民的思想，消除汉人的反抗情绪。康熙亲自到曲阜祭孔，写了“万世师表”的匾额，表示对孔子的尊崇；乾隆九次去曲阜，朝拜孔子，撰修《明史》，编纂图书，乘机查禁和销毁了大批不利于清朝专制统治的书籍。同时，对仍抱有民族反抗情绪的知识分子，大兴文字狱，罗织罪名进行迫害和屠杀。

“明史案”是清朝最著名的文字狱。康熙二年（1663），浙江湖州有一富户庄廷鑨，购得邻居明末大学士朱国桢的明史遗稿，并增补了崇祯朝和南明的史事，作为自己的著作，其父庄允城请一些名人作序并刊印。因书中有指责清朝的内容，被人告发，惹下大祸。庄允城被抓受酷刑而死，庄廷鑨被开棺戮尸，庄家16岁以上的男子全被处死，妻女发配，写序、刻印、校阅、售书、买书的人和有关地方官吏，被杀70多人，充军去边疆的有几百人。

“南山集案”发生在康熙后期。翰林编修戴名世写了一本书叫《南山集》，其中有一篇是根据方孝标的《滇黔记闻》而写成的《孑遗录》，详细记载了南明永历朝的史事，并主张在《明史》中为南明皇帝立《本纪》。这本是学术观点，也是尊重历史，却触怒了清朝统治者，又大开杀戒，导致戴名世被杀，方孝标被开棺戮尸，方氏子孙充军黑龙江，受牵连被杀的有300多人。

雍正时制造的文字狱更多。例如查嗣庭案，礼部侍郎查嗣庭于雍正四年（1726）主持江西乡试，所出试题是《诗经》上的“维民所止”，被认为“维”“止”二字，是有意影射雍正砍头，查嗣庭被以“大不敬”的罪名抓去问罪，死在监牢中，又被戮尸，族人被杀被流放。雍正朝杀人最多的是吕留良、曾静一案。乾隆朝的文字狱更多，是康熙、雍正两朝的四倍，大多是捕风捉影、无中生有，借题发挥来镇压汉族知识分子。如翰林学士胡中藻所写的诗中有一句，“一把心肠论浊清”，便被说成意在诋毁清朝，招来杀身之祸。

第三节　中国古代科技

中国文化是人类四大文明古国中唯一未曾中断过的文化类型。黑格尔曾说：“当黄河、长江已经哺育出精美辉煌的古代文化时，泰晤士、莱茵河和密西西比河上的居民还在黑暗的原始森林里徘徊。”① 在15世纪末欧洲人发现新航路之前，中国文化和科技一直居于世界领先地位。中国古代的科学技术水平是西方所望尘莫及的，远远超过同时代的欧洲。从3世纪至15世纪，中国拥有世界上最早并在当时是最先进的科学技术发明70多项。可以说，15世纪以前，中国一直是人类文明和科学的中心之一。

一、中国古代科技的历史地位

中国是世界农耕文化起源的中心之一。稻、粟、丝绸是中国对世界文明的最初贡献，陶器是人类社会发展史上划时代的标志。早在10 000年以前，中国原始居民就发明了制陶技术，成为世界上最早制作和使用陶器的国家。距今7 000年前的河姆渡遗址，有大批稻谷、米粒、稻秆堆积物，说明当时的原始居民已经掌握了水稻的种植技术，并把稻米作为主要食粮。7 000多年前，粟已成为中国北方人民的主要食粮，中国粟经阿拉伯、小亚细亚、俄国、奥地利传遍整个欧洲，同时向东传到朝鲜、日本等地。距今五六千年前，中国先民就熟练地掌握了养蚕缫丝技术，大约于2 000年

---

① 转引自居三元，张殿美. 东方文化词典·序［C］. 北京：北京大学出版社，1993.

前，养蚕、缫丝和丝织技术传到越南；1 800 年前传到朝鲜、日本；1 600 多年前传到中亚；公元550 年左右传入希腊；公元1100 年左右传入意大利。养蚕、缫丝和丝织技术是人类宝贵的物质财富。

中国古代有着发达的科技。春秋战国时期，天文历法就有突出进展，如鲁国史官对恒星和日食的观测，甘德对二十八宿的确定，鲁史已有世界上关于哈雷彗星的最早记录，已经揭去天象的神秘面纱，展示出人类理性认识世界的能力。两汉是中国古代科技的一个高峰。为适应农业生产的需要，汉代职官对天文历法进行观测研究，取得显著成就，《史记·天官书》《汉书·五行志》保存着汉代天文知识。汉代形成两种宇宙结构说——盖天说与浑天说，前者认为天如盖，地如盘，天覆盖地；后者认为天地都是圆的，天在外，如蛋壳，地在内，像蛋黄。浑天说大体推算和观测日月星辰的度位。东汉张衡发明观测天象的“浑天仪”“候风地动仪”，能在短期内测出地震的时间、方位与强度。西方在1 700 年后才造出类似仪器。

西汉修订充实成书的《黄帝内经》，包括《素问》和《灵枢》两篇，用朴素唯物主义观点解释生命起源、疾病成因、形神关系，并在各器官相互关系、生理及心理与人疾病的关系问题上作辩证分析，奠定中医理论的基石。《灵枢》还记述了针刺技术。东汉末张仲景著《伤寒论》《金匮要略》，强调“辨证施治”。名医华佗长于外科，用麻沸散作全身麻醉；编“五禽戏”，提倡体操运动。《周髀算经》成书于西汉。东汉中期的《九章算术》，其中《方程》处理了三元一次和四元一次联合方程式问题，早印度400 年，早欧洲1 300 年；《勾股》提出勾方股方之和等于弦方的勾股定理。长沙马王堆帛书中“长沙国南部舆地图”，是现存最早的大比例尺实用地图。班固的《汉书·地理志》是我国第一部以疆域、政区为主体的地理著作，内容翔实准确，是世界上最早对各级政区户口进行的一次统计。

明朝出现了无数科技方面的成就，最为著名的科学家如徐光启、徐霞客、宋应星、方以智和李时珍等。徐光启编著了农业巨著《农政全书》，与意大利传教士利玛窦合作翻译《几何原本》，深刻影响周边国家。宋应星的《天工开物》，在当时全世界是先进的，涉及农业、军事、日常用具的制造等各个方面。明朝军队使用的火器多达几十种。郑和下西洋所乘的宝船也是当时世界上最为先进的。明朝还不断接触和吸收西方的科学技术，翻译了《建筑十书》《各种精巧的机械装置》和《哥白尼天文学概要》等著作。

二、四大发明

（一）造纸

纸是人类文明的标志，是文字载体的一大革命。东汉蔡伦发明造纸术，是对文化事业的一项伟大贡献。纸的发明是中国古代文明的重要标志。其实，早在西汉时期，中国已发明了用植物纤维制成的纸——灞桥纸。这种纸的制造办法是：将麻长时间浸泡在水中，使纤维变得既烂又碎，然后用席子把悬浮在水中的纤维捞上来，使之成为薄薄的、均匀的一层，摊开铺平，晒干后揭下来就成了植物纤维纸。

东汉和帝时期，蔡伦综合前人经验，用树皮、麻头、破布和破渔网等造纸，造出的纸体轻质薄，适合书写。他们先将这些原料用水浸泡，使其润胀，再剪碎或用斧头剁碎，用水洗净后以草木灰水浸透并进行蒸煮，将原料中的油脂和果胶等杂质除去。清水漂洗后捣烂成糊状，再用水将之配成悬浮的浆液，然后用纸模捞取纸浆，晒干后就成了纸张。蔡伦的造纸术传到世界各地，影响巨大。3 世纪，造纸术传至交趾（今越南），交趾人利用当地生产的蜜香木已能生产蜜香纸。东晋时造纸术传入朝鲜，直到隋炀帝大业六年（610），朝鲜国王派僧人将从中国学到的造纸法和造墨法传到日本，日本造出了和纸，尊蔡伦为造纸的祖师。唐玄宗时期，中国造纸术传到大食，逐步取代了欧洲的羊皮纸。11 世纪后，造纸术传到欧洲各地。

（二）印刷术

随着纸张的普及，中国雕版印刷在唐朝开始出现。宋初，雕版印刷书籍的品种和数量大幅增长，北宋时期大规模地雕刻印刷佛藏和道藏，对后世雕版印刷的发展和文化传播有深远影响。北宋庆历年间，毕昇首创泥活字印刷术，活字印刷术的发明大大促进了人类科学文化的发展和交流，具有划时代的重要意义。之后，西夏和回鹘学习使用活字印刷术，并从泥活字印刷演进为木活字印刷。元朝使用锡活字，明朝改用铜活字印刷。宋代以后，中国活字印刷术沿东西两个方向向世界各地传播，向东传播到朝鲜、日本、菲律宾等国家，向西传播到阿拉伯和欧洲。

南宋后期，大批宋人渡海到高丽避难谋生，其中的印刷工匠将活字印刷术传到高丽，对制字材料革新后创造出铜活字、铁活字、木活字、陶活字等。14 世纪末，高丽设置书籍院专掌铸字印书事务，从而促进了朝鲜金属活字印刷术的普及。15 世纪，朝鲜开始使用铅活字印刷。16 世纪末，日本才开始使用活字印刷，并于 1593 年用活字印刷《古文孝经》，这是日本第一本活字印本。

中国元朝与中亚、欧洲的接触十分频繁，来往于陆、海丝绸之路的传教士、商人、工匠、医生、官员都成为信息的传递者，中国的印刷品和有关印刷的知识随之传入欧洲。马可·波罗把中国的雕版印刷品带至西方，欧洲人看到后颇受启发，便想模仿雕版印刷。波斯的历史学家拉施德在名著《世界史》中，对中国的雕版印刷术作了详细的记述。14 世纪末，欧洲一些国家开始出现雕版印刷品。15 世纪中叶，德国活字印刷术向欧洲各国传布，促进了科学技术的突飞猛进，欧洲进入文艺复兴时期。

（三）火药

火药是中国古代人民的重大发明之一。8 世纪至 9 世纪，中国人发现的硝石、硫磺和炼制火药的技术就传到了阿拉伯、波斯等国家。阿拉伯人把硝称为“中国雪”，波斯人则称之为“中国盐”。宋代开始，中国已用火器制造武器，制成火药火器和火枪。蒙古军队在对金国和南宋作战中，获得了制造火药武器的技术。1219 年，成吉思汗西征，带去了中国的火药武器，蒙古兵使用火箭、火炮等武器和阿拉伯人作战，兵力西达中亚，再由中亚而及波斯，由波斯而及黑衣大食和白衣大食。

（四）指南针

中国是世界上最早发现磁铁指极性的国家。《管子》《吕氏春秋》已有关于磁石性能的记载。《韩非子·有度》说“先王立司南以端朝夕”，则是指南针的最早文字叙述。东汉王充更详论司南：用天然磁石磨制而成，其形如勺，底圆，置于平滑盘上，勺柄就自动转向南方。这是对指南针制法、结构和功能的最早记述。经历了漫长的演进过程，北宋时，中国人正式发明了指南针。

北宋科学家沈括在所著的《梦溪笔谈》中，最早记载了人工造磁铁的办法。他对指南针的制造和应用作了科学的说明和分析，按照不同的装置方法将指南针分为四种：一是水面漂浮法，指南针横穿上几段灯草，借以浮在水面，水静针定即可指示方向；二是指甲旋定法，将指南针放在平伸的拇指指甲上，稳定时针尖所指就是南方；三是碗唇旋定法，将磁针放在碗唇上；四是蚕丝悬挂法，用黄蜡将蚕丝粘在指南针中腰的重心上，挂在避风处所，针不动时针尖指向南方。

宋代海上交通和对外贸易相当发达，泉州、广州是世界上第一流的大商港，指南针得到广泛使用。当时，广州的一些海船出海，遇有阴雨，就用指南针指示方向。宋代《宣和奉使高丽图经》中记载，舟师在航行中，夜观星，昼观日；遇阴晦天，白天黑夜都看指南针。郑和下西洋远航各地也是靠指南针。指南针经阿拉伯国家传入欧洲，促进了航海事业发展，推动了欧洲的社会变革。指南针应用于航海是古代科技发展的重大成就。可以说，没有指南针，就不会有世界近代发达的航海事业，哥伦布就不会发现美洲大陆，也就没有麦哲伦的环球航行和一系列地理大发现，更不会有全球的经济文化交流和世界近代文明的突飞猛进。沈括在《梦溪笔谈》中把指南针的偏向，叫作磁偏角。西方直到1492年，哥伦布横渡大西洋，使用中国发明的指南针，才发现磁偏角，比中国的发现晚了400多年。

"火药、指南针、印刷术——这是预告资产阶级社会到来的三项伟大发明。火药把骑士阶层炸得粉碎，指南针打开了世界市场并建立了殖民地，而印刷术则变成新教的工具，总的来说变成科学复兴的手段，变成对精神发展创造必要前提的最大的杠杆。"① 火药、指南针、印刷术在人类历史进程中的巨大作用不容置疑，四大发明是中华民族的光荣和骄傲。

【思考与练习】

1. 先秦具有代表性的教育思想家的主要观点有哪些?
2. 试述以儒家为主导的中国古代教育思想的主要特征。
3. 如何评价中国科举制度对中国文化的影响?
4. 试述中国古代科技成果在中西文化交流中的作用和影响。

① ［德］马克思，恩格斯．马克思恩格斯全集（第47卷）［M］．中共中央马克思恩格斯列宁斯大林著作编译局译，北京：人民出版社，1998. 427.

第十二讲　西学东渐和东学西渐

中国文化是在交流和融合中不断发展的，这不仅指文化内部的交流与融合，更重要的是不同文化体系之间的交流与融合。通过相互借鉴和影响，文化之间获得发展资源，实现了相互促进。中国文化与西方文化之间的交流是双向的，既有中国文化对西方文化的影响，又有西方文化对中国文化的影响，两种文化相互借鉴与吸收，西学东渐和东学西渐呈现出两种文化发展路径，共同构成了一幅世界文化生动发展的景观。肇庆作为中西文化交流的桥头堡，在中西文化交流中发挥了独特的作用。特别是以利玛窦为代表的文化使者，在肇庆留下了深深的文化足迹，是我们弥足珍贵的文化遗产。

第一节　古代中外文化交流

中国文化经内部各民族文化相互交融、相互渗透得到发展，同时吸收外来文化，在兼收并蓄中不断发展和壮大。具体来说，中国文化先后吸收了游牧文化、波斯文化、印度佛教文化、阿拉伯伊斯兰教文化、欧洲基督教文化。尤其唐朝和元朝，作为中国国力最强盛的时期，开放包容，版图辽阔，中外文化交流频繁。中国文化传播四方，深刻影响了其他文化的发展，同时外来文化大量传入中国，异域的宗教、科学技术、艺术对中国传统文化产生巨大的影响。

一、中外学术交流

秦汉魏晋南北朝时期，高句丽大力引进汉文化和汉字，在国都平壤模仿中国设立太学，用汉文书籍教授课程，汉文五经三史书籍非常流行。早在5世纪，中国文化就传入日本。中国文化对日本和朝鲜的影响非常之广泛。15世纪时，朝鲜李世宗和郑麟趾、申叔舟、成三问等学者，广泛吸收中国《洪武正韵》等音韵学成果，创制《训民正音》，结束了朝鲜语言与文字（原用汉字）不统一的现象。李朝初年，郑梦周出使明朝回国后，系统介绍了程朱理学。16 世纪时，朝鲜出现了理学的黄金时代。17 世纪后，中朝两国学者接触更加频繁，朝鲜学者注意搜购中国书籍，又与中国学者结交。洪大容等自清朝回国后，积极主张学习清朝的先进技术和文化成就。

越南自 14 世纪至 19 世纪，也产生出不少汉文诗文集。越南黎朝、阮朝时期，汉文学创作非常兴盛，产生了《琼苑九歌》等汉文诗文集，还实行崇儒政策，黎太宗时开始祭孔，以后进一步规定实行每年春秋两祭。阮朝时，尊称孔子为“至圣先师”。于京城设立国子监，置五经博士，奖励经学，并实行科举考试，以“四书”“五经”为考试内容，儒学、经学学者辈出。

二、中外艺术交流

（一）音乐和舞蹈

汉武帝以前，中国与外部世界的交流不多。张骞通西域后，西域乐器大量输入，如箜篌传入中国，以后还出现了适合这种乐器演奏的《箜篌引》。又如琵琶，是古代印度与波斯的乐器，经中国乐家改制成中国的传统乐器。魏晋南北朝时期，乐曲大量输入形成西方乐舞东渐的态势。十六国时期，印度天竺乐输入前凉。北魏与北周时期，安息的安国乐、康居的康国乐、朝鲜的高丽乐等先后传入中国，同时，弹奏乐曲的成套乐器与乐工的服饰衣着一并传入，异邦舞蹈也随之源源而来。如安国乐中有“未奚”舞曲，高丽乐中有歌芝栖舞曲，天竺乐中有天曲舞曲。中外艺术交流为唐代乐舞的繁荣打下了良好的基础。

宋元时期传入中国的音乐、舞蹈也很多。元代宫廷中已有回回音乐，新传入的乐器有火不思，为弹弦乐器；七十二弦琵琶，来自报达国（今伊拉克巴格达）；兴隆笙，为木制音箱，上有 90 根紫竹管，以竹为簧，通过风口演奏出声。摩洛哥旅行家伊本·白图泰在广州等地见到中国广泛流行着波斯、阿拉伯音乐。[①] 流行的回回乐曲有《伉里》《马黑某当当》《清泉当当》等（陶宗仪《南村辍耕录》）。

（二）美术和雕塑

印度绘画艺术随着佛教传入中国。东汉明帝所建佛寺中就有佛教壁画，到魏晋南北朝时期，佛教画已十分兴盛，中亚与天竺的绘画技术为中国画家借鉴、吸收。南朝

---

① ［摩洛哥］伊本·白图泰. 伊本·白图泰游记［M］. 马金鹏译. 银川：宁夏人民出版社，1985. 552～559.

画家张僧繇受到印度画法的影响，吸取了天竺的晕染法，增加了画面的立体感。此后，晕染法成为中国画的基本技法之一。隋唐时期，一些天竺、西域画师东来，如僧金刚三藏（师子国人）、僧昙摩拙叉（隋时天竺人）。比较突出的是隋时于阗人尉迟拔质那及其子尉迟乙僧。乙僧在长安奉慈寺普贤堂绘有壁画，所用画法是凹凸法。初唐画家阎立本的“历代帝王图”，采用了一定程度的晕染法，富于光的感觉。

吴道子师承张僧繇，主要从事寺院壁画创作，人称“百代画圣”。“道子画人物，如以灯取影，逆来顺往，旁见侧出，横斜平直，各相乘除，得自然之数。不差毫末。”同时，又有人指出他“行笔磊落挥霍，如莼菜条。人物有八面生意活动，方圆平直，高下曲直，折算停分，莫不如意。其傅彩于焦墨痕中，略施微染，自然超出缣素”，世称“吴装”。吴道子在京洛寺画仙人像，天衣飞舞，满壁风动，与静态的“曹衣出水”不同，把握了动态，世称“吴带当风”。

雕塑与绘画相比，所受外来影响更大。汉代石刻艺术品中常见有翼神人及蛇身双翼的图案，这是希腊艺术在中国的变体。魏晋南北朝时期，佛教雕塑迅速发展，犍陀罗风格与中国传统雕塑风格汇合而成的石窟寺艺术，堪称中外艺术交融的典型。著名的云冈、龙门、麦积山、敦煌等石窟都建于此时，这是中国雕塑艺术的繁盛时代。

第二节　肇庆在中西文化交流中的历史地位

明朝后期（16 世纪末叶），以利玛窦为代表的大批天主教传教士来华，带来了西方文化，包括欧洲古典哲学、逻辑学、美术、音乐以及自然科学中的天文、物理、数学、化学、机械学等。西方文化和科学技术成果拓展了中国人的视野，徐光启、李之藻等学者积极学习西方先进的科学技术。

一、澳门开埠

澳门半岛位于珠江三角洲南端，地处亚热带，原属广东香山县，本为一渔村，名“莲花茎”，后称澳门。葡萄牙商队绕过好望角进入东方，开始把触角伸入南中国。明嘉靖三十二年（1553），外国商人请求进入澳门晾晒货物，葡人开始进入澳门。不久，葡人以缴纳 20% 货税为条件获得公开贸易的资格，获准公开进入澳门贸易，澳门渐成为葡人在华贸易和停泊船只的居留地。万历元年（1573），葡人正式向明朝政府缴纳地租，每年白银 500 两，澳门从此成为中外贸易的港口。但直到 1849 年前，中国政府对澳门一直行使主权。

随着商船的到来，西方天主教传教士也踏上澳门，澳门很快成为一个天主教徒社区。到1635年，已有天主教徒25 000人，耶稣会、方济各会、奥斯定会和多明会等主要团会均在澳门建立分支机构，大量华人开始入教。到1635年，华人教徒已有15 000多人，澳门在很大程度上已被天主教化，天主教已成为汇聚于澳门的中外人士的重要宗教信仰之一。澳门是一个多元社会，“华洋杂居”，各种宗教信仰“和平共处”，耶稣圣像同妈祖神像或关帝塑像并存，教堂的钟声与寺庙的晨钟暮鼓此伏彼起，形成澳门的一大奇特景观。澳门的中国人仍旧信仰佛教、道教，崇拜妈祖，尊孔祭祖，道教徒和佛教徒是澳门华人的主体。具有500年历史的妈祖庙是澳门渔港的一个重要象征，妈祖信仰则是澳门华人的民间信仰。

澳门的开埠使中外文化交流进入了历史新时期。第一，中外文化交流的重点已从中国周边的东亚、东南亚、南亚、中亚、西亚转向西欧；第二，由于16世纪以来西欧逐步进入资本主义阶段，其科学技术、文化艺术、社会制度在世界上居于先进地位，中外文化交流的内容，带有明显的“西学东渐”的性质；第三，中华文化的精华通过西方传教士开始“东学西渐”，中国优秀文化对世界文明的贡献也进入新阶段。

二、利玛窦在肇庆的传教活动

肇庆地处珠三角西北，是西方文化进入内地的第一站。从明嘉靖末年到清乾隆年间，肇庆是两广总督的驻地，也是两广的政治中心。澳门内港濠江承流西江水，澳门与西江流域的政治、经济、文化等方面的联系十分密切。由肇庆开始在中国传教，是传教士们的无奈选择，但利玛窦在肇庆的传教取得了较大进展。

自从意大利传教士范礼安意识到到中国传教必须“学华语，读华书”，便努力使罗明坚、利玛窦到肇庆站稳脚跟。同意罗明坚等进入肇庆的是两广总督陈瑞。陈瑞曾任湖广总督、刑部尚书，与内阁首辅张居正相好。1582年12月，他批准罗明坚等进入肇庆，准许他们居住，并提供食宿。这在明末闭关锁国、严禁外国人入居内地的情况下是一次很大的突破。但可惜，到第二年春，因张居正案发，陈瑞受牵连，罗明坚被迫返回澳门。1583年10月，肇庆知府王泮说通新任两广总督郭应聘，允许罗明坚、利玛窦再来肇庆。王泮是一位对中国传统文化理解很深的人，而且思想开放，他拨地给利玛窦建教堂和寓所，还亲笔题写“僊（仙）花寺”“西来净土”两块匾额。从此，天主教在中国传教得到批准，“利玛窦规矩”从肇庆开始实践。

所谓“利玛窦规矩”就是在中国传教要遵守中国的礼仪，尊孔敬祖；尊重中国传统文化、习俗；外国传教士必须学习中文、懂得儒学；在传教过程中传播西方先进科学技术。“利玛窦规矩”是康熙与罗马教廷在“礼仪之争”后对利玛窦传教的肯定。在利玛窦等在肇庆成功传教的影响下，为了进一步培养懂汉文并熟悉中国礼教的传教士入内地传教，澳门教会向耶稣会总会提出建议，将原来属中小学规格的圣保禄公学扩建、升格为大学。1594 年 12 月 1 日，圣保禄学院正式注册成立。学院开设的课程有汉语、拉丁语、修辞学、音乐、哲学、神学、数学、天文历学、物理学、医药学等。从课程设置结构上看，圣保禄学院是中国及远东的第一所西式大学，在中西文化交流史上扮演了独特角色。汉语是东来的传教士学习的重要科目，通过学习，他们不仅可以用汉语进行日常交往，还能用汉语介绍西方文化，著书立说。

三、梁发与基督新教

基督新教是德国神学家马丁・路德于 16 世纪宗教改革时从罗马教廷中分裂出来的，以后在西欧各国中广为流传。基督新教成功传入中国当始于英国传教士罗伯特・马礼逊。他于 1805 年受伦敦差会派遣到中国传教，先在澳门学中文，后赴美国，1807 年到达广州，以美国商馆职员名义帮助东印度公司从事外贸活动。为了打开传教局面，他把《圣经》译成中文，又编纂出版了《英华字典》。马礼逊将《新约全书》译成中文，还编辑《神道论》等布道小册子，在澳门印刷出版，还出版《汉语词汇》《广东土话字汇》等工具书，为中英文化交流做了许多工作。通过马礼逊等传教士的努力，新教在华人中开始传播。

最早的中国新教信徒有在澳门帮助马礼逊印刷出版书刊的印刷工人蔡高（又名蔡亚高）。他是广东肇庆府高明人，于 1814 年 7 月入教。梁发于 1816 年 11 月在马六甲入教。1823 年，梁发被马礼逊任命为第一位基督新教的华人牧师。梁发 1786 年出生于肇庆府高明县罗俊乡西梁村，15 岁到广州谋生，学习画工及木版印刷，曾帮助马礼逊印刷《圣经》等书。他在传教活动中撰《劝世良言》《新世寻援要略解》《真道寻源》《灵魂篇》等书。《劝世良言》等书对当时中国人民反清斗争，尤其是太平天国领导人洪秀全影响很大。洪秀全创立拜上帝会，撰写《原道醒世训》《原道觉世训》等书，均受到梁发的启迪。

第三节 西学东渐

一、西方哲学思想传入中国

明清时期，西方哲学思想主要是通过传教士传入中国的。意大利耶稣会士高一志(Alfons Vagnoni)，原名王丰肃，万历年间在南京传教，后因罪押解广州，改名高一志，潜赴山西绛州、蒲州等地传教。生平著述甚多，尤精于哲学。当其东来之先，曾在米兰教授哲学三年，来华后乃将西方哲学思想介绍于中国。高一志撰《空际格致》一书，以火、气、水、土为宇宙四大元素，反对中国五行兼用金木之说。之后，介绍西方哲学者为傅泛际（Franciscus Furtado），他与李之藻共译《名理探》，诠释亚里士多德之伦理学。希腊之求知方法为研究科学应有之步骤，而当时中国学人崇尚理学，重自觉，重顿悟，颇具宗教风味。李之藻以提倡西方科学自命，有用希腊哲学矫时弊之意。

康熙二十二年（1683），南怀仁译《穷理学》进呈，即《名理探》之续书。他在奏折中介绍说："《穷理学》为百学之宗，订非之磨勘，试真之励石，万艺之司衡，灵界之日光，明悟之眼目，义理之启钥，为诸学之首需者也。"明清之际，传教士翻译介绍之西方哲学著作，还有傅泛际、李之藻同译的《亚里斯多德论天》，毕方济口授、徐光启笔录的《灵言蠡勺》，利玛窦诠著的《记法》，艾儒略译的《性学摘述》等，对中国唯心主义哲学产生过重大影响。

二、西方艺术传入中国

（一）音乐

西洋音乐是通过天主教传入澳门的。澳门开埠后，陆续兴建了教堂。教堂音乐最主要是风琴，时人称为"风乐"。"男女日夕赴寺礼拜，听僧演说。寺有风乐，藏革柜中不可见，内排牙管百余，外按以囊，嘘吸微风入之，有声呜呜自柜出，音繁节促，若八音并宣，以合经呗，甚可听。"（屈大均《广东新语·澳门》）随着肇庆建造了内地第一座教堂，为宗教仪式之用，风琴、铜弦琴之类的西洋乐器应在这时传入，以后随着传教士传到北方。利玛窦曾向万历帝进献铁弦琴和《西琴曲意》一卷，传教士庞迪我在明宫内安置了许多西洋乐器，供皇室欣赏音乐之用。汤若望见崇祯皇帝喜欢西乐，撰书解释西洋乐器，还为他制作了一具用水力推动的乐器。

入清以后，西乐逐渐普及开来。康熙皇帝曾随传教士研究西乐，并任用传教士作宫廷乐师，以制造乐器演奏西乐。当时宫中首席西乐师是徐日升，其他还有南光国、巴多明等人。康熙皇帝还曾命德理格教授皇子西方乐理。康熙朝编纂了《律吕正义》，由徐日升、德理格协助编撰，解释五线谱的编写及用法，称为“卫线界声”。

（二）绘画

油画是欧洲文艺复兴时期产生的画种，因其能表现复杂层次及画面肌理，遮盖力和可塑性强，坚实耐久，表现力强，色彩丰富，在欧洲相当普及。利玛窦是把西方油画带入中国的第一人。他带了一幅圣母像去肇庆，“他们始终对这幅画的精美称羡不止，那色彩，那极为自然的轮廓，那栩栩如生的人物姿态”①。明人顾起元详细描述了西洋油画：“凡人之面，正迎阳，则皆明而白；若侧立，则向明一边者白，其不向明一边者，眼耳鼻口凹处皆有暗相。吾国之写像者解此法用之，故能使画像与生人亡异也。”（顾起元《客座赘语·利玛窦》）西洋画通过澳门，由传教士带入广东和中国内地。

早期受西方油画影响较深的中国画家当推清初画家吴历（1633—1718）。他是江苏常熟人，号墨井道人，清初六大家之一。50 岁时入天主教，到澳门三巴寺修道 6 年，画法受西方油画影响很大。“他画《槐芳堂图》，浓荫遮掩下的房屋，用墨极淡，周围烘染则深，显示强烈的光亮感，十分夺目，这种画法在传统画法中是少见的，显然是受到西画注重光感和阴影画法的影响。”

明清时期澳门的西方画家很多，但最有成就而且为广东培养了油画人才的，当数旅居澳门达 26 年之久的英国人钱纳利（George Chinnery）。他于 1825 年到澳门，直到 1852 年去世。他在澳门用炭笔、水彩等创作了大批描绘澳门风土人情的作品，形成了独树一帜的艺术流派。广东人关乔昌就是钱纳利的学生，他在广州十三行开了一间“庭呱画室”，专画外销画，常用西洋画法描绘岭南风情，其风格与钱纳利相仿，几可乱真，时人称“中国托马斯·劳伦斯”。清朝康、乾二朝，宫中悬挂西洋画，并有南怀仁、马国贤等传教士作西洋画。乾隆时期，设于宫中的画院内有传教士供职，如郎世宁、王致诚、安德义、潘廷璋等。郎世宁供职内廷很久，以善绘著称一时，与传教士们共同绘制了著名的乾隆战功图多幅。

---

① ［意］利玛窦，金尼阁. 利玛窦中国札记［M］. 何高济等译. 北京：中华书局，1983. 168.

三、西方科学技术传入中国

（一）天文历法

中国是世界上最早创立天文学的国家，明末西方传教士到中国，传来先进的西方天文历法。最先介绍西方科学的是利玛窦，他注意到中国急需改革历法，就向中国官吏、学者广泛介绍西方天文历法。万历二十九年（1601），他在奏疏中向万历帝推荐西方天文历法，并自荐为中国改历，但未能实现。利玛窦在李之藻等中国学者的帮助下，先后翻译西方历算书籍多种，如《浑盖通宪图说》《圜容较义》和《乾坤体义》，三书都为《四库全书》著录。在利玛窦等人的影响下，随后来华的耶稣会士大多通晓西方天文历法，如庞迪我、熊三拔、龙华民、邓玉函等人。他们来华后在中国士大夫中产生很大影响，坚决主张使用西法的主要是徐光启、李之藻。万历三十八年（1610），朝廷任用传教士译西洋历法。崇祯二年（1629），明廷设西方历局，除徐光启、李之藻外，吸收传教士龙华民、邓玉函进局工作。崇祯三年（1630），又征传教士汤若望、罗雅谷入局译书、演算，督修历法。经过“西臣与在局人员日算夜测”，西局工作成绩很大，崇祯四年（1631）正月第一次进呈所纂历书。

西方的历书成就可观，崇祯帝赐名为《崇祯历书》。入清后，汤若望又增加《历法西传》一卷、《新法历引》一卷。书中加了哥白尼、伽利略的学说，康熙改名为《西洋历法新书》。明季改历工作已基本完成，先后对这一工作作出贡献的传教士有庞迪我、熊三拔、龙华民、邓玉函、罗雅谷、汤若望。以上改历工作，可视为西方天文历法传入中国的标志。顺治帝批准使用汤若望进呈的新历书，即《崇祯历书》，并于历书外题《依西洋新法》五字，改名为《时宪历》。顺治帝又命汤若望掌钦天监印信，任命为监正，开传教士供职钦天监的先河。自此，西方历法得以在中国实行。此后，汤若望等传教士继续翻译西方天文历书，制造天文测绘仪器，对西方历算之学东渐做出了很大贡献。

康熙八年（1669），比利时人南怀仁入钦天监任监副，后升为监正。1688 年由闵明我顶补南怀仁为钦天监监正，传教士徐日升、安多、苏霖、白晋、张诚备历政顾问，同在钦天监。巴多明、戴进贤、徐懋德、刘松岭、安国宁、高慎思、汤士选、索德超、李拱辰、福事高、高守谦等先后入钦天监供职。1822 年，毕学源在钦天监助理历务，后任监副，至 1838 年止。自明末清初至 1838 年，除少数时间间断外，钦天监内一直有传教士任职，而且有不少传教士掌管钦天监。①

（二）地理学

利玛窦到肇庆后，把西方的世界舆图挂在墙上，岭南西按察司副使王泮见到这幅图后立即要求利玛窦“为他画了一幅世界地图，把北京作为中心子午线。该图由中国的官方翻译成汉文。王泮又自己垫资令人于万历十二年（1584）十月镂版并从中加入了一篇序，他将图分送给其友人而将木版留于府中。当时也向澳门寄去了几份。余者则用白绸缎裱糊，而于万历十三年（1585）十二月又通过托莱多红衣主教送给了教皇格里哥利十三世和西班牙国王菲利普二世”②。

中国古代的地图制作，自魏晋间地理学家裴秀创造“计里画方”以来，经唐代贾耽、元代朱思本提倡，一直盛行于明代。另一方面，直到16世纪末，中国出版的地图其范围也只是王朝的辖区及周边的日本、朝鲜、琉球等国。利玛窦入华后，出现了受欧洲地图影响的椭圆形地图，也传入了反映欧洲人地理知识的世界地图。利玛窦绘制的世界地图共有三版：第一版就是王泮在肇庆见到并翻译成中文的于1584年镂版刊行；第二版是利玛窦1598—1599年在南京制作的；第三版是1602年于北京制作的。

继利玛窦之后，庞迪我曾奉万历帝之命翻译欧洲地图，并依据自己的知识附以图说，惜未完成。1623年，艾儒略根据利、庞旧稿加以增补，完成《职方外纪》六卷，《外纪》前冠《万国全图》，其后分叙五洲各国，较详尽地记载了当时各国风土地理知识，虽然不少内容不一定准确，但堪称当时一本较完备的世界地理书，在中国影响较大。康熙初年，利类思、安文思、南怀仁等传教士撰写了《西方要纪》一书，专记西洋国土、风俗、人物、土产及海程远近，可补利玛窦《全图》及艾儒略《外纪》的不足。

意大利耶稣会士卫匡国，在实地精密测量的基础上，综合中外学者的研究成果，于顺治十一年（1654）在奥格斯堡出版《新世界图》和《中华帝国图》。翌年又在阿姆斯特丹出版《中国新地图册》，内有地图17幅，并附文字说明，一时被认为是关于中国地理学方面最完全、准确的著作。卫匡国的学生南怀仁在1672年刊印《坤舆图说》，1674年又刊印《坤舆全图》数幅。

---

① ［英］李约瑟．中国科学技术史（第四卷第二分册）［M］．《中国科学技术史》翻译小组译．北京：科学出版社，1975．663．

② ［法］安田朴，谢和耐等．明清间入华耶稣会士和中西文化交流［M］．耿升译．成都：巴蜀书社，1993．230．

16 世纪时，欧洲人绘制地图时已使用经纬度线方法进行测量。利玛窦精于此法，来华后每至一地就测定该地的经纬线度数，以后又依据这些测绘数字绘制地图。这可视为西方测绘学传入中国之始，也开了中国以科学方法绘制地图的先河。来华的传教士大多精于测绘学，逐渐把西方测绘学传到中国，并向康熙皇帝传授了测绘法。康熙皇帝在中俄《尼布楚条约》订立后，深感缺乏中国东北满洲地区的地理知识，于康熙四十六年（1707）命白晋、雷孝思、杜德美等传教士与中国学者何国栋、明安图等组成测绘队，跋山涉水，走遍各省，费时十载绘制成《康熙皇舆全图》，成为当时亚洲所有地图中最好的一幅。

（三）机械制造

明天启六年（1626），汤若望著《远镜图说》，介绍望远镜的制法及其原理，如凸镜凹镜的配合、光线折射反射原理，西方光学开始传入中国。天启七年（1627），邓玉函与儒生王征共译《远西奇器图说》三卷，王征又自撰《诸器图说》一卷，重点论述各种机械的制造方法，对机械原理进行了介绍，诸如重心、比重原理、杠杆原理、斜面原理等，属于今天力学的范畴。

钟表最先随葡萄牙人传入澳门，以作报时之用。万历十年（1582），罗明坚把一座带车轮的大自鸣钟送给总督，钟表传入中国内地。第二年，他又把自鸣钟的 24 小时改为 12 个时辰，把阿拉伯数字改为中国字，以适应中国人的习惯。万历二十八（1600）年，利玛窦进京朝觐，进贡物中有大小自鸣钟二具。以后用传教士治历，设西局引用西法，钟表成为测时的必需品。钟表传入后深受皇室贵族喜爱。“顺治十年间，世祖皇帝得一小自鸣钟，以验时刻，不离左右。其后，又得自鸣钟稍大者，逐效彼为之，虽仿佛其规模而成在内之轮环，然而上劲之法条，未得其法，故不得其准也。”（康熙《庭训格言》）乾隆时，圆明园中设有钟房，任用传教士造钟表。《红楼梦》中也多次提到自鸣钟，可见当时在达官贵人府中，钟表的使用已很普遍。

欧洲人来华后传入的火器种类渐多，如红夷炮，系得自荷兰人，后改为红衣炮；由葡萄牙人传入的火器则称佛郎机。嘉靖九年，汪鋐出任兵部尚书，从广东请去造炮师，在南京制造佛郎机铳，开始用西方技术制炮。利玛窦翻译《几何原本》时，曾间接介绍西方火器与军事学。徐光启跟他学西学，从中也了解了火器的制法。万历四十七年（1619），徐光启受命练兵，有意购西炮，募炮手以佐教演。万历四十八年（1620），李之藻门人张焘赴澳门，买得大铁铳四门，并带来四名炮手，此为明末第一次购募葡炮葡兵。天启二年（1622），辽事更急，徐光启上练兵制器之疏，“力请多铸西洋火炮，以资城守，帝善其言”（《明史 · 徐光启传》）。于是明廷令传教士罗如望、阳玛诺、龙华民等制造铳炮。崇祯晚年，明廷把希望寄托在西洋火器上，在皇宫旁设立一所铸炮厂，汤若望制成战炮 20 门，又令再铸 500 门。汤若望奉命把战炮用法传授兵仗局内监，并编纂《火药城守》等书进呈。汤若望是唯一精于西洋炮术的传教士，后降清，又把炮术传于清人。

入清以后，以西法造炮最著名者是南怀仁。康熙十三年（1674），清廷为征讨叛军，特命南怀仁铸造火炮。康熙十三年至十五年（1674—1676），共制大小炮 120 位；康熙十九年（1680）又造 320 位；继又造神威炮 240 位。南怀仁还著有《神威图说》，附图 44 幅记载铸造火炮的技术。康熙皇帝还加赐南怀仁以工部右侍郎职衔。

（四）医药学

澳门开埠后，西方医学开始传入澳门。澳门主教卡内罗创办仁慈堂，陆续修建了辣匝禄麻风院和拉法医院（又称白马行医院）。此外，圣保禄学院开设的课程中，除了哲学、神学、语言学外，还有医药学，专门设置医科实习班，是澳门最早设立的医科学校。许多西方传教士和西医曾在澳门行医，著名的如德国传教士邓玉函、皮尔逊，英国传教士马礼逊和东印度公司的李文斯敦等。西方医术通过澳门传入广东，进而传入中国内地。利玛窦就曾在肇庆为中国病人治病。19 世纪初，英国船医皮尔逊在澳门、广州试种牛痘，1805 年写成《种痘奇法》，由斯汤顿于 1817 年译成中文。西方近代医学著作也传入中国，著名的有熊三拔编译的《药露法》；法国传教士巴多明在 17 世纪末将第阿尼斯的《解剖学》译成满文，定名《钦定格体全录》；邓玉函译有《泰西人身说概》。

第四节　东学西渐

一、文学

中国文学通过西方传教士传播到西方。最早传向西方的文学故事是唐代文学家段成式《酉阳杂俎》一书中的"灰姑娘"的故事，1544 年在法国里昂出版了第一个欧洲版本，以后该故事又传到其他国家。目前，人们已经收集到约 350 个与"灰姑娘"类似的其他故事，它们几乎来自欧洲的每个国家，如英国的《玫瑰花与水晶鞋》。

1755 年，伏尔泰曾根据元杂剧《赵氏孤儿》改写成《中国孤儿》，借以揭示中国的伦理道德，在欧洲影响很大。《赵氏孤儿》剧本 1741 年被译成英语，1748 年译成意大利语，德国伟大诗人歌德则以该剧本为蓝本于1783年创作了一部未完成的悲剧《埃尔佩诺》。这一时期，欧洲还出现了其他几部与中国有关的剧本和歌剧，如德国伟大诗人席勒所写的《图兰朵》剧本、由著名歌剧作曲家普契尼创作的歌剧《蝴蝶夫人》等。

二、学术思想

孔子及儒家思想对西方影响最大，特别是在法国启蒙运动与德国哲学革命中，儒家思想产生了巨大的影响。欧洲启蒙思想家所推崇的是高度理想化了的孔子思想，是根据资产阶级反封建需要而加工改造过的孔子思想。他们把孔子作为圣人来称颂，利用孔子思想抨击封建制度。百科全书派从孔子和儒学的政治思想与伦理道德中，分离出了唯物论和无神论成分并加以接受，经过与其他西方思想融汇，形成了反对封建主义和宗教神学的理性观。

德国古典哲学从孔子和儒家思想中吸收了辩证法思想。莱布尼茨是受中国哲学思想影响最大的德国哲学家。他自1676年开始研究孔子及中国思想，以后又与回欧洲的传教士白晋结交，于1697年出版《中国近事》，热情赞美中国，“我们从前谁也不曾想到，在这世界上，有凌驾于我们之上的民族存在，但事实上，我们发现了中华民族”。莱布尼茨不仅赞美中国，而且从中国哲学中吸收了朴素辩证法因素。沃尔佛是继莱布尼茨之后，在德国大学中宣讲孔子思想的哲学家。德国许多哲学家都曾认真地研究中国及中国哲学，在康德的《永远平和论》、黑格尔的《历史哲学》中，都有关于中国的论述，他们都研究过孔子及儒家思想。

伏尔泰对于中国文化极为赞扬，不论是中国的哲学、道德、政治还是科学，他都认为尽善尽美。伏尔泰极为崇拜孔子，认为孔子比基督还伟大，因为孔子从不以神或预言者自命；他不讲神秘，只谈道德，不将真理与迷信混同，而基督教则是虚伪的，迷信的，只给人类带来不幸。孔子说：“己所不欲，勿施于人。”基督从未说过类似的话。基督不过禁人行恶，孔子则更劝人行善。孔子要人“以直报怨，以德报德”。伏尔泰认为西方民族的任何格言、教理都不能与孔子纯粹的道德相比，孔子常讲仁义，如果人们都能照此去做，地球上就没有什么斗争了。因为崇拜孔子，伏尔泰在自己的图书室里挂起孔子像，朝夕礼拜，并称孔子为“天下唯一的师表”。法国启蒙学者孟德斯鸠也对中国社会进行了研究，并借用中国哲学丰富自己的哲学观点。法郎士·魁奈特别崇拜孔子，自称是孔子学说的继承人，常引《论语》中“吾尝终日不食，终夜不寝，以思无益，不如学也”来自勉；又认为中国哲学胜过希腊哲学，一部《论语》可胜希腊七贤。由于魁奈极力赞美中国，又极端推崇孔子，于是被尊称为“欧洲的孔子”。

当中国思想大举西传时，老子学说也被介绍到了西方。老子哲学对俄国文学家托尔斯泰影响巨大。他曾系统研究中国思想文化，而老子一直是“古代圣贤中他最喜爱的一位哲学家”。他喜欢老子骑青牛的画像，其“不用暴力抵抗邪恶”的理论，就是受到老子哲学的影响。

【思考与练习】

1. 古代中国文化对人类有哪些贡献？
2. 肇庆在西学东渐中有怎样的历史地位？
3. 西学东渐主要表现在哪些方面？
4. 中西文化交流对中国文化产生了哪些影响？
5. 孔子为什么会对欧洲近代哲学家产生较大的影响？

参考文献

1. 韦森. 文化与制序 [M]. 上海：上海人民出版社，2003.

2. 衣俊卿. 文化哲学 [M]. 昆明：云南人民出版社，2005.

3. 冯天瑜. 中国文化史纲 [M]. 北京：北京语言文化大学出版社，1998.

4. 余秋雨. 北大授课——中华文化四十七讲 [M]. 北京：北京联合出版公司，2012.

5. 吴小如. 中国文化史纲要 [M]. 北京：北京大学出版社，2007.

6. 李学勤. 中国古代文明十讲 [M]. 上海：复旦大学出版社，2010.

7. 张岱年，方克力. 中国文化概论 [M]. 北京：北京师范大学出版社，2004.

8. 徐行言. 中西文化比较 [M]. 北京：北京大学出版社，2013.

9. 饶宗颐. 文化之旅 [M]. 北京：中华书局，2011.

10. 郑师渠. 中国文化通史（两宋卷，明代卷，清前期卷，晚清卷） [M]. 北京：北京师范大学出版社，2009.

11. 傅璇琮，蒋寅. 中国古代文学通论（宋代卷，明代卷，清代卷） [M]. 北京：人民出版社，2010.

12. 李泽厚. 中国思想史论 [M]. 合肥：安徽文艺出版社，1999.

13. 余英时. 朱熹的历史世界——宋代士大夫政治文化的研究 [M]. 北京：生活·读书·新知三联书店，2004.

14. 林语堂. 苏东坡传 [M]. 长沙：湖南文艺出版社，2012.

15. 赵园. 明清之际士大夫研究 [M]. 北京：北京大学出版社，1999.

16. 龚贤. 中国传统文化概论 [M]. 广州：世界图书出版公司，2011.

17. 阮堂明，沈华. 中国文化概论 [M]. 广州：暨南大学出版社，2012.

18. 李中华. 中国文化概论 [M]. 北京：华文出版社，1994.

19. 何晓明，曹流. 中国文化概论 [M]. 北京：首都经济贸易大学出版社，2007.

20. 金元浦，谭好哲，陆学明. 中国文化概论 [M]. 北京：首都师范大学出版社，1999.

21. 郭建庆. 中国文化概述［M］. 上海：上海交通大学出版社，2005.

22. 冯天瑜，周积明，何晓明. 中国文化史［M］. 上海：上海人民出版社，1990.

23. 白钢. 中国政治制度史［M］. 天津：天津人民出版社，1991.

24.（宋）朱熹. 周易本义［M］. 北京：中华书局，2009.

25.（魏）何晏注，（宋）邢昺疏. 论语注疏［M］. 北京：北京大学出版社，1999.

26. 陈鼓应. 老子注译及评价［M］. 北京：中华书局，2007.

27. 王先谦. 庄子集解［M］. 上海：上海书店出版社，1994.

28. 方立天. 中国佛教与传统文化［M］. 上海：上海人民出版社，1992.

29. 钱穆. 中国思想通俗讲话［M］. 北京：生活·读书·新知三联书店，2002.

30. 唐君毅. 中国文化之精神价值［M］. 南京：江苏教育出版社，2006.

31. 黄伯荣，廖序东. 现代汉语［M］. 北京：高等教育出版社，1994.

32. 郭建庆. 中国文化概述［M］. 上海：上海交通大学出版社，2005.

33. 朱为鸿，苏文兰. 中国文化概论［M］. 北京：华夏文艺出版社，2009.

34. 黄高才. 中国文化概论［M］. 北京：北京大学出版社，2011.

35. 邹逸麟. 中国历史地理概述［M］. 福州：福建人民出版社，1993.

36. 王宁. 汉字学概要［M］. 北京：北京师范大学出版社，2001.

37. 白寿彝. 史学概论［M］. 银川：宁夏人民出版社，1983.

38. 袁行霈. 中国文学史［M］. 北京：高等教育出版社，2005.

39. 严可均. 全上古三代秦汉三国六朝文［M］. 北京：中华书局，1958.

40. 逯钦立. 先秦两汉魏晋南北朝诗［M］. 北京：中华书局，1983.

41. 全唐诗（增订本）［M］. 北京：中华书局，1999.

42.（清）彭定求等编. 全宋词（简体增订本）［M］. 陈尚君补辑，中华书局编辑部点校. 北京：中华书局，1999.

43. 王国维. 宋元戏曲史［M］. 北京：中华书局，2010.

44. 周先慎. 明清小说（第二版）［M］. 北京：北京大学出版社，2013.

45.［日］真田但马，宇野雪村. 中国书法史［M］. 瀛生，吴绪彬译. 北京：人民美术出版社，1998.

46. 郑祖襄. 中国古代音乐史［M］. 北京：高等教育出版社，2008.

47. 王克芬. 中国舞蹈发展史［M］. 上海：上海人民出版社，2004.

48. 梁思成. 中国建筑史［M］. 北京：生活·读书·新知三联书店，2011.

49. 李泽厚. 美的历程 [M]. 北京：生活·读书·新知三联书店，2009.

50. 徐复观. 中国艺术精神 [M]. 北京：商务印书馆，2010.

51. [英] 李约瑟. 中国科学技术史 [M].《中国科学技术史》翻译小组译. 北京：科学出版社，1975.

52. 毛礼锐，瞿菊农，邵鹤亭. 中国古代教育史 [M]. 北京：人民教育出版社，1983.

53. 王介南. 中外文化交流史 [M]. 太原：书海出版社，2004.

后 记

21 世纪以来，随着基础教育和社会对人才需求的不断变化，高等学校尤其是地方综合性大学顺应时代发展的新形势，也都在逐步地调整和稳定人才培养的理念与目标。在地方性大学面临转型的关键时刻，“中国文化概论”课程作为帮助提升大学生人文修养和综合素质的一门通识教育课程而受到广泛关注。

正是基于新常态下人才培养的需要，我们组织编写了这本《中国文化概论》教材。在编写理念方面，我们试图做到既体现通识课程的基本特点，又关注各个专业的知识背景；既注重文化的民族性，又不忽视文化的地方性；既考虑文化的通俗性，又不失文化的严谨性；既强调课堂教学知识体系的完整性，又突出课外学习与思考的延伸性。在编写思路方面，按照中国传统文化概说—发展历程—产生与发展的物质基础、社会政治结构—核心内容分项介绍和分析的思路来安排内容结构，较为系统而又全面地介绍并讨论了中国传统文化。在教材内容选择方面，正确把握“中国文化概论”课程的特点，从总体上认识该课程在具有理工科和人文社科等不同专业背景下整体提升大学生文化素质的基础作用，准确把握课程性质、教学任务、教学目标、教育对象等因素，合理优选教材内容。

为了能够编写出一本质量较高的教材，我们组织了拥有多年讲授“中国文化概论”通识课经验以及从事中国古代文化研究经历的教师成立了编写组。由孟建安教授和苏文兰副教授共同担任本教材主编，并由朱为鸿教授、李亚旭博士、康庄博士作为编写组成员。从 2013 年 1 月开始，编写组在主编的统一安排下充分酝酿编写主导思想，讨论编写体例，草拟编写提纲与目录，协商分配编写任务，并多次开会商讨编写过程中遇到的问题。于 2015 年 5 月，历时两年半时间，终于完成了本教材的编写任务。初稿完成后，由朱为鸿教授和孟建安教授分别先后统稿，修改、订正、调整、完善并最终定稿。全书共十二讲，具体分工如下：第一讲、第十一讲、第十二讲由朱为鸿撰写；第二讲、第三讲由苏文兰撰写；第四讲、第七讲由李亚旭撰写；第五讲、第六讲、第八讲由孟建安撰写；第九讲、第十讲由康庄撰写。

本教材在编写过程中，引用和参阅了国内诸多同行与前辈的同类著作。我们都尽量一一列入参考文献，但难免有疏漏的地方，敬请谅解。他们的智慧和知识体系为顺利编写本教材提供了非常重要的启示和借鉴，在此谨致由衷的谢忱！本教材得到肇庆学院教务处和外聘评审专家的充分肯定，先后获准校级和省级质量工程项目精品教材类立项，借此出版之际谨表诚挚的感谢！肇庆学院尚铁英女士在编写过程中做了大量文字处理与资料收集、核对工作，深表谢意！暨南大学出版社杜小陆、潘江曼、杜晓杰等同仁为本书的出版付出了辛勤劳动，特表深深的谢意！

由于编写者水平有限，加之诸多事务缠身，本教材难免会存在一些错讹之处；由于是多人协同编写，各章节分别由不同的编写者来完成，所以在行文风格等方面依然会存在一些差异。由于时间紧迫，这些问题只好留待再版时修订、完善！由衷地欢迎广大读者批评指正并提出宝贵意见！

孟建安

2015 年 12 月 16 日